우리가 아는 북한은 없다

재미동포 아줌마의 방북이야기

우리가 아는 북한은 없다

7년간 9회 방북기

신은미 지음

도서출판 말

1. 이 책에 실린 사진은 모두 신은미 씨와 남편 정태일 씨가 촬영했다.
2. 본문 괄호 안의 설명은 필자가 달았다.
3. 북에서는 남쪽과 달리 '사이시옷', '두음법칙' 규정이 없다. 이 책에서는 경우에 따라 북한식 맞춤법을 따르기도 했다(예: 맥주집, 룡문대굴).

3

7년간 아홉 차례 북녘동포 만나며 느낀 점

2018년 조국 한반도에는 대변혁이 일어났습니다. 남북 정상이 세 차례에 걸쳐 회담을 했으며, 북미 정상도 두 차례나 만났습니다. 비록 제2차 북미정상회담에서 합의문을 이끌어 내지는 못했으나 북미 두 정상은 빠른 시일내 다시 마주할 것으로 기대됩니다. 문재인 대통령도 2019년 삼일절 100주년 기념사를 통해 '우리 국민의 자유롭고 안전한 북한여행'과 '이산가족과 실향민들의 고향방문'을 추진하겠다고 말했 습니다. 따라서 앞으로 남북관계가 더 발전함은 물론 폭넓은 교류와 함께 많은 사람의 방북이 예상됩니다.

문재인 대통령의 방북을 생중계로 시청한 우리는 새로운 시각으로 북한을 보게 되었습니다. 북녘의 동포들이 우리가 이제까지 생각하고 있었던 것과는 다르다는 사실을 조금씩 알아가고 있습니다.

그렇지만 아직도 북한에 대한 안 좋은 선입견을 품고 있는 사람들이 많습니다. 그런 편견을 품고 북한을 방문하거나 북한의 문화를 접할 경우 오히려 부정적인 시각을 더 심화시키는 결과를 초래할 수 있습니다.

북한에 대한 우리의 부정적 편견에는 여러 이유가 있지만 그 중 하나가 바로 '북한의 악마화'입니다. 우리는 그동안 북한에 대한 가짜뉴스, 그리고 '말도 안 되는' 반공교육에 의해 철저히 세뇌되어 왔습니다. '누구누구가 처형됐다' 등의 가짜뉴스는 새삼 언급할 것도 없으며 지금도 '가짜뉴스'는 여전히 생산되고 있습니다.

가짜뉴스, 국가보안법의 '북한 악마화'

엉터리 반공교육도 '북한의 악마화'에 큰 몫을 했습니다. 자식이 부모를 신고해서 잡혀가게 한다든가, 농부가 일하는 밭에 인민군이 총대를 메고 감시한다든가, 탈북자 가족은 수용소로 보낸다든가 등등 일일이 열거할 수가 없습니다.

방송에 출연하는 몇몇 탈북자들 또한 '북한 악마화'에 기여합니다. 저도 그런 방송을 여러 번 본 적이 있습니다. 물론 일부 맞는 말도 있습니다. 북한의 풍습이라든가, 학교생활이라든가, 힘들었던 '고난의 행군' 시절 이야기라든가 등등 사실에 기초한 이야기들도 있습니다. 그러나 많은 것이 꾸며낸 이야기입니다. 그런데도 이들은 북한에서 살다가 온 사람이기 때문에 우리는 이들이 방송에 나와서 하는 말을 아무 의심 없이 믿게 됩니다.

'국가보안법' 역시 북한에 대한 정보를 철저히 차단하는 역할을 하고 있습니다. 북한에 대해 사실 그대로 말하는 것도 만일 그것이 북한에 대해 긍정적일 경우 국가보안법 위반이 됩니다. 저도 한국에서 강연 중 "대동강맥주가 맛있다, 북한의 핸드폰 수가 수백만이다, 북한의 강물이 깨끗하다"는 사실을 말했다가 국가보안법 위반으로 조사를 받고, 결국 강제출국에 5년간 입국금지를 당했습니다.

이렇듯 우리는 북한에 관한 한 진실에서 철저히 차단되어 있습니다. 그러나 우리가 아는 이런 북한은 없습니다.

우리는 무엇보다도 북한에 대해 있는 그대로 알고 있어야 합니다. '북녘의 동포들이 무슨 생각을 하고, 무슨 음악을 들으며, 무슨 영화를 보며, 무슨 음식을 먹고, 무슨 옷을 입고, 무슨 일을 하고, 아이들은 어떤 모습이며' 등등. 그리고 북한에 대해 있는 그대로 알고 있다고 해도 우리와는 많이 다른 북녘의 모습을 틀린 것이 아닌, 다름 그 자체로 받아들이고 그들을 문화적으로 이해해야 합니다. 만일 우리의 잣대로 북한을 바라보고 판단한다면 남과 북은 영원히 화합할 수 없게 될지도 모릅니다. 그리고 이는 북녘의 동포가 남한을 바라보는 자세에도 똑같이 적용됩니다.

있는 그대로의 북한을 아는 게 중요

지난 7년간 9차례에 걸쳐 북한의 방방곡곡을 다니며 느낀 것이 있습니다. 통일은 정치적인 접근으로는 거의 불가능에 가깝다는 게 제 개인적인 생각입니다. 지난 수십 년간 남과 북 사이에는 '7.4 공동성명', '남북기본합의서', '6.15 선언', '10.4 선언' 등 당장이라도 통일이 될 것만 같은 합의와 선언을 우리는 보고 또 들었습니다. 하지만 그 합의대로 이루어진 것은 별로 없습니다. 오히려 정권이 바뀌면 그 모든 합의서와 선언문은 휴짓조각이 되고 이전보다 더 분단을 고착시키는 상황을 가져 오기도 했습니다.

문재인 대통령과 김정은 위원장이 서명한 9.19 합의 중 군사적 긴장완화가 제일 큰 합의였다고 전문가들은 말합니다. 그러나 일반인은 그 합의가 정확히 무엇인지 그리고 그 합의가 조국의 평화통일에 얼마나 기여하는지 잘 알지도 못하고, 실감하지도 못합니다. 우리에게 감동을 주고, 통일이 올 수도 있겠다는 희망을 품게 한 것은 김정숙 여사와 리설주 여사가 백두산에서 팔짱을 끼고 다정히 천지로 걸어가는 모습, 김정숙 여사의 옷이 천지 물에 젖을까 싶어 리설주 여사가 김정숙 여사의 옷자락을 잡고 있는 모습, 문재인 대통령과 김정은 위원장이 천지에서 서로 잡은 두 손을 높이 치켜올리는 그런 모습들입니다.

물론 조국 한반도의 미래를 위한 남과 북의 정치적 합의가 우선입니다. 그러나 이와 동시에 활발한 민간교류가 동반되어야 하며 이를 통해 남과 북이 가까워지는 긴 과정을 먼저 거쳐야 한다고 생각합니다.

당연히 민간교류에는 경제교류도 포함됩니다. 남과 북이 경제공동체를 만들어 가는 일은 얼마든지 가능합니다. 왜냐하면, '먹고 사는 일'에 대해서는 남과 북 사이에 큰 이견이 없으며, 남과 북 양쪽 모두 쉽게 동의할 수 있기 때문입니다. 제 개인적인 생각이지만, 통일은 경제에서 비롯될 거라고 저는 믿고 있습니다. 5년간 개성공단에서 일했던 김진향 전 개성공단관리위원회 위원장은 "개성공단에서는 매일 통일이 이루어지고 있었다"고 말합니다. 남과 북이 경제공동체를 완성해낼 때 통일도 함께 찾아올 거라고 저는 생각합니다.

그러한 다방면에 걸친 민간교류가 긍정적인 결과를 가져오려면 위에서 언급했듯이 북한에 대한 허위 왜곡이 아닌, 있는 그대로의 북한을 알아야 하며 북녘동포를 문화적으로 이해하는 것이 무엇보다도 중요합니다.

그리고 그 이해는 머리로 하는 것이 아닌, 사랑을 품고 가슴으로 하는 이해입니다. 이것이 가능할 수 있는 이유는 '남과 북의 동포는 오랜 역사와 문화를 통해 변하려야 변할 수 없는 민족적 정서를 공유'하고 있기 때문입니다.

통일은 가슴으로 하는 것이라고 저는 믿고 있습니다. 그 가슴은 남과 북 그리고 해외동포 모든 이들의 가슴입니다. 남녘동포, 북녘동포, 해외동포의 고통이나 행복에 우리 모두 슬픔의 눈물을 함께 글썽이고, 기쁨의 눈물을 함께 흘릴 때 온 겨레가 원하는 통일은 우리 앞에 다가와 있을 것입니다.

2019년 4월
캘리포니아에서 신은미

Central Part of Pyongyang(평양 중심가 관광지도)

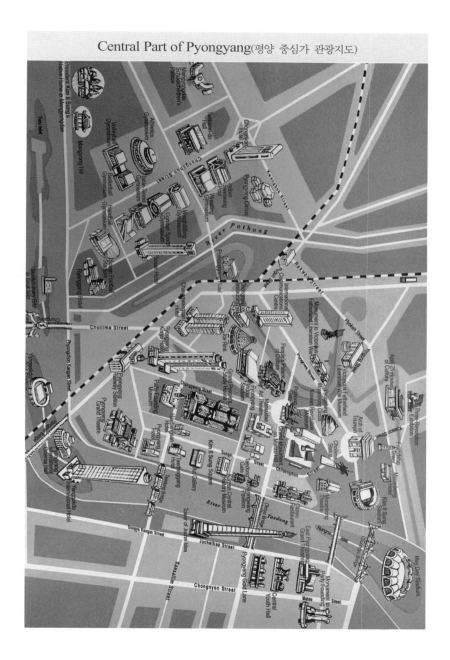

1부

화보 백두에서 판문점까지

사진으로 보는 1~6차 방북기

첫 번째 북한여행

2011년 10월

① 설봉산 석왕사. 왼쪽부터 안내원 김설경, 필자, 운전
  기사 리인덕. **강원도 고산군**
② 첫 북한여행 첫날 안내원 김설경과 함께(김설경은
  나의 첫 북한 수양딸이 됐다). **평양**
③ 고 정주영 현대그룹 회장의 고향 앞바다. **강원도 통천**
④ 북녘 동포의 가족과 함께. **금강산**
⑤ 낚시를 즐기는 북녘 동포들. **강원도(옛 함경남도) 원산**

① 김일성 주석의 생가 '만경대 고향집'. **평양**
② 이탈리안 레스토랑. **평양**
③ 김일성 주석과 김정일 위원장이 세계 각국에서 받은
　　선물을 전시해 놓은 국제친선관람관 **평안북도 향산군**
④ 해외동포 여행객에게 술을 권하는 북녘의 동포.
　　평양 모란봉공원

① ② 정전협정조인 현장. 판문점
③ ④ 판문점 북측 지역.

두 번째 북한여행

2012년 4월

	1	
2		4
3		
5	6	

① '로동신문' 사옥. 평양
② 출근길 부부. 평양
③ 망중한의 공항 직원들. 평양 순안공항
④ 애기를 보여주는 북녘의 엄마. 평양
⑤ 식당에 차려진 크리스마스 트리. 평양
⑥ 평양 시민들의 다양한 표정. 평양

1	2
3	4
5	
	6

① ② 김원균명칭 평양음악대학 공연 장면. **평양**
③ ④ 평양대극장에서 공연을 마치고. **평양**
⑤ 북한의 애국가, 김일성 장군의 노래 등을
　작곡한 음악가 김원균의 동상.
　평양 김원균명칭 평양음악대학
⑥ 평양 대성산공원에서 야외공연을 마친 아이들.
　평양

세 번째 북한여행

2012년 5월

1		
2	4	
	5	
3		

① 결혼식 후 혁명렬사릉을 찾은 신혼부부. **평양**
② 혁명렬사릉. **평양**
③ 혁명렬사릉을 찾은 중학생들. **평양**
④ 북녘의 군인들과 함께. 판문점 북측지역
⑤ '봉수교회'에서 찬양을 하며. **평양**

①～④ 항일 빨치산들의 밀영. 백두산
⑤～⑨ 삼지연혁명사적지. 량강도 삼지연군

위대한 수령 김일
1972년 6
기념사진을

① '국제친선관람관'의 위병.
　 평안북도 향산군
② 단군릉. 평안남도 강동군
③ ④ ⑤ 보현사. 평안북도 향산군

① 을밀대. 평양 모란봉 공원
② 카드 놀이를 즐기는 북녘의 근로자들. 평양
③ 데이트 중인 인민군 병사. 평양
④ ⑤ ⑥ 대동강에 전시된 미 정보함
　　　　프에블로호. 평양

네 번째 북한여행

2012년 5월

1		
2	3	
	5	
4		

① 북녘의 중학생들. 나진선봉
② 북녘의 중학교 교실. 나진선봉
③ 북녘의 중학생들. 나진선봉
④ ⑤ 북녘의 소학교 학생들. 나진선봉

① 항구에 정박 중인 만경봉호.
　나진선봉
② 소쟁기 끌기를 배우며.
　나진선봉
③ 동해로 흘러 들어가는 두만강.
　나진선봉
④ 미국인 수의사와 북에서 거주
　중인 사촌동생의 아이들. 나진선봉
⑤ 한반도 맨 마지막 기차역
　'두만강역'. 나진선봉

다섯 번째 북한여행

2013년 8월

	1	
2		4
3		
	5	

① ④ ⑤ 우리에게 홍난파의 가곡으로 잘 알려진
     성불사 황해도 사리원시 정방산
② ③ 매미를 갖고 노는 북녘의 아이들.
    황해도 사리원시

① ② 평양랭면. 평양 고려호텔 지하식당
③ 출산을 앞둔 첫째 수양딸 김설경네
   집에서. 평양 보통강 구역
④ ⑤ 북녘의 여인들. 평양

① 천지에서 둘째 북한 수양딸 리설
  향과 함께. 량강도 백두산
② 천지에서. 량강도 백두산
③ 둘째 북한 수양딸 리설향과 어랑
  비행장에서. 함경북도 청진
④ 어랑 비행장 직원과 함께.
  함경북도 청진
⑤ ⑥ 칠보산에서. 함경북도 명천군

① ② 발해시대의 절 칠보산
　　개심사. 함경북도 명천군
③ 해칠보의 뱃사공.
　　함경북도 명천군
④ ⑤ 청진에서 야유회 온 북
　　녘의 동포들과 어울리며.
　　함경북도 명천군

1	2
3	5
	6
4	

① 소에게 풀을 먹이는 북녘의 동포.
   함경북도 명천군
② 우마차를 몰고 가는 북녘 동포.
   함경북도 명천군
③ 낡은 트럭을 타고 일터로 향하는
   북녘의 동포들. 함경북도 명천군
④ 하교길의 아이들. 함경북도 명간군
⑤ 자전거를 끌고 언덕을 오르는 북
   녘의 동포. 경북도 명간군
⑥ 시골의 아낙네들. 함경북도 명간군

1	2
3	4
5	

① 선덕 비행장에서 독일어 안내원
　오수련과 함께. 함경남도 함흥
② 마전 해수욕장의 섭조개구이.
　함경남도 함흥
③ 우리에게 '함흥차사'로 잘 알려진
　함흥본궁 함경남도 함흥
④ 우리에게 '흥남철수'로 잘 알려진
　흥남 앞바다. 함경남도 흥남
⑤ 절벽의 중간에서 물을 내뿜는
　울림폭포. 강원도 천내군

① 함흥대극장. 함경남도 함흥

② 함흥 시내. 함경남도 함흥

③ 1996년 애틀랜타 올림픽 유도 금메달리스트 계순희 선수와 함께. 평양

④ 선생님의 인솔 아래 야외학습을 가는 아이들. 황해도 해주

① ② 6.25 전쟁 때 희생된 신천군민들의 묘.
  황해도 신천군
③ ④ 이율곡이 관직에서 물러나 후학을
  양성하던 소현서원. 황해도 해주

여섯 번째 북한여행

2013년 9월

1	
2	3
4	

① 밤거리 산책. **평양**
② 리허설을 마친 중학교 어린이 합창단과 함께.
   평양 모란봉공원
③ 중학교 합창단의 리허설 장면. **평양 모란봉공원**
④ 북녘의 동포들과 춤사위를 벌리며. **평양**

① ② 스포츠 복권인 '체육추첨' 상품. **평양**
③ 평양성 표지석 옆에서. **평양**
④ 평양성벽 위를 걸으며. **평양**
⑤ 시애틀에서 오신 목사님께서 북한의 조카
　손녀딸로 부터 꽃다발을 받고 있다. **평양**
⑥ 북한의 뽑기놀이. **평양**

2부

평양에서 페이스북을 하며
2015년 6월, 일곱 번째 방북기

변함없는 대동강맥주 맛
평양에서 페북을 할 줄이야
짧아진 치마에 하이힐
평양에서 듣는 비틀스 노래
희한한 경고문 '택시에서 신발 벗지 마시오'
눈물바다 만든 단일기
역도선수냐, 과학자냐?
평양엔 천 명 들어갈 수 있는 술집이 있다
장애인은 평양에서 살 수 없다?
이광수, '납북'일까 '월북'일까
아이들의 세상, 송도원
마식령에서는 스키를 타야 제맛
머리 길게 풀어헤치면 정신나간 여자?
농촌의 낯선 간판, '나의 포전'
"수령님 서거하신 날은 금주합니다"

변함없는 대동강맥주 맛

평양의 러시아워

압록강 건너, 청천강 지나

2014년 겨울, 나는 서울의 한 단체에서 강연 초청을 받았다. 2011년 10월 첫 북한 여행을 한 이래 여러 차례에 걸친 방북 경험을 바탕으로 강연을 하던 중, 박근혜 정부에 의해 '종북몰이'를 당하는 일이 벌어졌다. 전북 익산에서 있었던 강연에서는 배후가 의심스러운 폭탄테러를 당하기도 했다. 결국 나는 '국가보안법 위반' 혐의로 2015년 1월, '5년간 입국금지'와 함께 '강제출국'을 당했다.

내가 강연 중, "북한의 대동강맥주가 맛있다, 북한의 핸드폰 수가 250만(2014년 당시)을 넘었다, 북한의 강물이 깨끗하다"라고 한 발언이 북한에 대한 '고무찬양'으로 국가보안법 위반이라는 것이었다.

강제출국 되어 미국으로 돌아온 나는 2015년 6월 일본 순회강연 초청을 받고 일본으로 향했다. 그리고 일본 강연을 마친 나는 그간의 북한여행 중 모녀관계를 맺은 평양의 수양딸들을 만나기 위해 곧바로 나리타 공항을 출발해 중국의 심양으로 가 북한의 고려항공에 몸을 실었다.

중국 심양에서 평양으로 향하는 고려항공 여객기 내부 모습.

평양행 고려항공 기내에 들어서 자리에 앉자 한 승무원이 나를 알아보며 말을 건넨다.

"신은미 녀사 아니십니까? 안녕하십니까?"

"안녕하세요."

"지난 겨울 참 안됐습니다. 대동강맥주가 맛있다고 말했다가 종북으로 몰리셨다는 소식 많이 들었습니다. 강연장에서 폭발물 테러까지 당하셨다던데 건강은 어떠십니까?"

"꼭 대동강맥주가 맛있다고 해서 그런 건 아닌 것 같은데…, 괜찮습니다. 스트레스 때문에 왼팔이 좀 안 좋아 평양에 가면 수기치료라는 걸 받아보려고 해요."

2014년 말과 2015년 초까지 내가 남한에서 겪었던 '종북몰이' 소식을 북에서도 뉴스로 다뤘는데, 이 승무원은 〈로동신문〉을 읽고 알게 됐다고 한다. 이 승무원을 만나기 전에 나는 내 이야기가 북 언론 지면에 오르내렸다는 것을 남한 언론을 보고 알게 됐었다.

북녘의 동포들이 '남한은 북한 맥주가 맛있다고 말하면 종북으로 매도당하는 우매한 사회'이며 '북녘의 소식을 전하는 강연장에 폭발물이 던져지는 무시무시한 사회'라고 오해할까 봐 걱정이다. 하지만, 나도 왜 그런 일이 벌어졌는지 알 수가 없으니 설명해 줄 길이 없다.

심양을 떠난 비행기가 압록강을 건넌 지 얼마 되지 않을 무렵, 창을 통해 아래를 내려다본다. 강이 보인다. 북한동포 승객에게 물어보니 청천강이란다. 이내 우리는 평양 순안공항에 도착한다.

"고저 통일을 말했다고 오케 그럴 수가…"

평양 순안공항 새 공항청사는 거의 완공된 듯하다. 그러나 우리는 여전히 임시청사를 통해 입국한다. 공항 분위기가 마치 무슨 큰 행사라도 있었던 것 같은 느낌이다. 심양 공항에서 비행기가 연착될 정도라면 모름지기 북한의 최고지도자가 새 공항청사 완공식에 다녀간 게 아닌가 추측해본다.

세관 짐 검사대 너머 마중 나온 사람들을 쳐다보니 수양딸 설경이가 기다리고 있다. 꽃다발을 들고 내게 걸어오는 설경이에게서 제법 아기 엄마 티가 난다.

"오마니, 안녕하십니까. 올마나 힘드셨어요. 세상에 말입니다, 고저 통일을 말했다고 오케 그럴 수가 있습니까. 야~아, 천만다행입니다."

"아냐, 괜찮아. 이게 모두 조국이 분단돼서 일어난 일이야. 조사를 받는 동안 출국정지 때문에 미국 아이들 걱정시키고, 집에 돌아갈 수 없어 불편했던 것 이외에는 괜찮았어. 그나저나 의성(설경의 아들)이는

2015년 6월 24일 평양 순안공항으로 마중 나온 수양딸 김설경. 이제 제법 엄마 티가 난다.

잘 크고 있지?"

"네, 지금 육아원에 있습니다."

"그래, 어서 보고 싶구나."

설경이와 내가 안부 인사를 나누는 사이, 40대로 보이는 한 여성이 다가와 인사를 한다. 앞으로 2주 동안 함께할 분이다. 이름은 김혜영, 인상은 단아하면서도 눈매가 매섭고 흐트러짐이 없다. 몇 마디 인사만 나눴지만 성격이 강직하고 빈틈이 없을 것임을 단번에 알아차릴 수 있다. 아니나 다를까, 남편이 옆에서 고개를 절레절레 흔들며 내게 눈짓을 한다. 마치 '저렇게 매섭고 냉정하게 보이는 사람과 어떻게 2주일이나 함께 다닐 수 있냐'는 듯이.

반면 2주 동안 우리를 태워줄 운전기사는 서글서글한 눈매에 얼굴에는 항상 미소가 있는, 상냥하고 친절하기가 그지없는 전형적인 이웃집 아저씨 스타일이다. 남편은 운전기사와 몇 마디 나누더니 다행이다

평양 러시아워.

싶은지 날 쳐다보며 안도의 표정을 짓는다.

설경이와 우리 부부를 태운 차량이 평양 시내에 진입한다. 거리는 차들로 꽉 차 있고 신형 차량이 눈에 많이 들어온다. 대부분이 평화자동차에서 생산된 북한산 자동차나 중국제 자동차들이지만, 렉서스나 BMW 같은 고급 차량도 보인다. 내가 마지막으로 북한을 여행한 게 2013년 9월인데, 2년도 채 되지 않아 차량이 2배 가까이 늘어난 것 같다.

창문을 내리니 신선한 평양의 공기 대신 매연 냄새가 차 안에 들어온다. 자본주의 체제 아래서 경제발전과 공해는 양립한다고 하는데, 이건 사회주의 경제 체제 아래서도 마찬가지인 모양이다. 여하간 이제 평양 공기가 좋다는 말은 옛말이 된 것 같다. 차량이 호텔에 도착하자마자 설경이가 아쉬워하며 작별인사를 한다.

"오마니, 긴 여행 힘드실 텐데 어서 좀 쉬십시오. 저는 의성이 데리러 가야 합니다. 편하실 때 집으로 오십시오."

"어머, 가야 해? 얘, 좀 더 있다 가지. 그럴 줄 알았으면 호텔로 오기 전에 의성이도 볼 겸 탁아소로 먼저 갈 걸 그랬구나. 그래, 어서 가봐. 의성이 아빠한테도 안부 전해줘."

다른 나라 호텔 작은 화재도 방송에 나갑니까

미국에서 떠나기 전, 우리가 예약해놓은 고려호텔에 큰 화재가 있었다는 뉴스를 봤다. 주변 사람들이 고려호텔에 가지 말라고 조언했었는데, 막상 와보니 벽의 타일이 떨어진 정도라 안심이 된다. 체크인을 하면서 호텔 직원에게 물어봤다.

"고려호텔에 화재가 있었다는 뉴스를 미국에서 들었어요. 큰 피해는 없었나요?"

"두 동을 연결하는 다리에서 불이 났는데 전혀 일 없습니다. 긴데 미국에서는 다른 나라 호텔에서 난 자그만 불도 방송에 나갑니까?"

"......"

그사이 객실료도 약간 오른 듯하다. 하루에 157달러. 2주일 머무를 예정이지만 지방에 갈 일정을 고려해 9일간 숙박료만 미리 지불했다.

이번 여행부터는 가능한 모든 영수증을 챙기기로 했다. 북한의 물가를 기억하기 위해서다. 여행을 다녀오면 사람들이 북한의 물가를 묻곤 하는데 기억하기가 매우 어렵기 때문이다. 종이가 귀해서인지 영수증도 아주 작다. 대신에 봉투에 넣어 보관하기가

평양 고려호텔. 화재로 인해 파손된 벽을 수리 중이다.

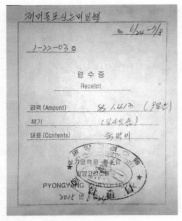
고려호텔 숙박료 영수증.

쉽다. 편지봉투 하나에 2주 동안의 영수증을 모두 담을 수 있을 것 같다.

안내원과 운전기사에게 함께 식사하자고 제안했더니 흔쾌히 수락한다. 40대 중반의 안내원 김혜영 선생은 고급중학교(고등학교)를 졸업하고 김책제철소라는 공장에서 노동자로 일했다고 한다. 일이 끝난 뒤 공장 안에 있는 전문학교에서 공부를 열심히 해 김일성종합대학에 진학할 수 있었단다. 그녀의 전공은 문학. 아이는 딸만 둘이라고.

첫인상과는 달리 푸근한 미소와 자상한 마음씨를 지닌 분이다. 우리 가족의 안위를 묻기도 하면서 부모 없이 있을 우리 아이들 걱정도 한다. 아무 말 없이 시무룩한 표정으로 이야기를 듣던 남편의 얼굴도 서서히 펴지기 시작한다. 40대 초반의 운전기사 리용호 씨는 중학교에 다니는 아들이 하나란다. 부인은 요리사라면서 가족 자랑에 여념이 없다.

북녘의 동포들은 유독 가족 이야기를 많이 한다. 요즘 우리는 가족에 대해 묻거나 말하는 것을 반기지 않거나 실례로 여긴다. 그러나 사실 우리도 예전엔 그랬었다. 부모님 연세는 어떻게 되는지, 뭘 하시는지 등을 묻곤 하지 않았나. 우리의 옛 정서를 북한동포들은 그대로 간직하고 있다.

가급적이면 '달러' 쓰라는 북한

식사를 마치고 중국에서 쓰다 남은 인민폐로 지불하려고 하자 가능하면 달러로 지불해달라고 한다. 2013년 여행 때까지만 해도 인민폐, 달러, 유로 가리지 않고 받았는데 이번에 와서 보니 달러를 선호하는 느낌이다. 인민폐와 유로가 달러에 비해 가치가 하락하고 있기 때문이 아닌가 짐작해본다.

아마도 북한은 자국 통화와 함께 외국 통화가 동시에 사용되는 몇 안 되는 나라 중 하나일 것이다. 외국인은 물론 북한 주민들도 외화를 소지하고 있으며, 실제 사용도 한다. 외화식당 또는 외화상점이라는 곳에서는 외화만 사용 가능하다.

많은 양의 외화가 통용되는 상황에서 북한 당국은 어떤 금융 정책을 펴고 있는지 궁금해진다. 언젠가는 북한도 자국 통화만 사용하는 경제 환경이 돼야 할 것이다. 그렇게 되기 위해서는 북한 화폐에 대한 신용 회복 외에는 방법이 없을 듯하다. 가치 하락이 심하고 때로는 화폐 개혁을 통해 구권 일부만 교환해주는 상황에선 어느 누구도 북한 화폐를 소지하지 않을 테니까 말이다.

물론 북한 당국이 정책적으로 외화 사용을 금지할 수도 있겠다. 하지만 그렇게 될 경우 경기 위축 그리고 경기 타격은 피할 수 없다. 북한 화폐의 신용 회복은 오랜 시간을 필요로 할 것이다. 그래도 궁극적으로는 자국 화폐가 기반이 되는 경제 환경을 조성해야 할 것이다.

과연 난 평양에서 페북을 할 수 있을까

헤어지기 전 안내원 김혜영 선생과 다음날 일정을 의논했다.

"김 선생님, 손전화 심(SIM)카드를 샀으면 좋겠는데요. 요즘 여기서 외국인들도 전화 사용이 가능하다고 들었어요."

"네, 맞습니다. 보통강 호텔에 고려링크 지점이 있는데 그리로 가시지요. 긴데 국제전화만 가능하고 국내전화는 안 됩니다."

"국내전화는 쓸 일이 없으니 괜찮아요. 설경이나 설향이한테 전할 말 있으면 김 선생님께 부탁드릴게요. 사실 전화 통화보다는 인터넷 사용이 필요해요. 인터넷도 되겠지요?"

"네, 됩니다. 외국인용 심카드는 국제전화, 이메일, 인터넷 모두 가능합니다."

"페북도 되겠지요?"

"페북이라니요?"

고려호텔 객실 안에서 대동강맥주를 한 잔 들이켰다.

"페이스북이요."

"그게 뭔가요?"

"인터넷이 연결되면 할 수 있는 건데 설명 드리기가 좀 힘드네요. 막아놓지만 않았으면 가능할 텐데…. 중국에서는 페이스북이라는 것이 안 되거든요."

"뭐 인터넷도 된다니까 일없을 겁니다."

과연 북한에서 페북을 할 수 있을까? 미국에 있는 아이들에게 카톡이나 메신저로 안부를 전할 수 있을까?

살짝 흥분된 감정을 추스르며 상점에 들러 그 '말썽 많았던' 대동강맥주를 사 방에 돌아온다. 씁쓸한 기분으로 맥주병을 바라보며 한 잔 들이켠다. 그래도 대동강맥주 맛은 여전히 변함이 없다.

평양에서 페북을 할 줄이야

나래카드, 심카드

전자결제 가능한 나래카드

이번 여행에는 북한역사를 전공하는 재미동포 박세희(가명) 교수가 동행한다. 박 교수는 대부분의 시간을 연구를 위한 자료수집에 보낼 계획이지만 같은 호텔에 머물면서 많은 시간을 함께할 예정이다.

박 교수는 어젯밤 헤어질 때 자신은 아침을 먹지 않을 예정이니 로비에서 만나자고 했다. 그런데 오늘 아침 막상 식당에 와 보니 박 교수는 언제 왔는지 혼자 식사를 하고 있다. 커피만 한 잔 마시려고 식당에 들렀다가 호기심이 생겨 이것저것 조금씩 맛보고 있단다. 점심때 냉면을 먹을 생각으로 많이 참고 있는 중이란다. 박 교수가 앉은 테이블을 보니 이미 텅 빈 죽그릇도 하나 놓여 있다. 또 수북이 담은 밥을 토장국 그리고 여러 반찬과 함께 정신없이 먹고 있는 게 아닌가.

아침 식사를 마친 나는 우선 1층 로비에서 '나래'라는 이름의 현금카드를 샀다. 전자결제 기능이 있는 이 현금카드를 이곳에선 '나래카드'라고 부른다. 북한에 대한 금융제재 때문에 북한에서는 신용카드 사용이 불가능하다.

고려호텔의 아침 식사.

대신 '나래카드'는 대부분의 식당이나 상점에서 모두 사용 가능하다고 한다. 무엇보다도 평양에서 휴대전화를 이용할 경우, 중간 중간에 사용료를 입금해야 하는데 '나래카드'가 사용 가능한 곳이라면 어디에서든지 사용료 입금이 가능하다.

안내원들이 갖고 있는 스마트폰을 보면 변화하는 북한의 모습이 보인다. 일전에는 대부분 구식 전화기를 들고 다녔다. 지금은(2015년 당시) 휴대전화 가입자 수가 350만 명을 넘었단다. 많은 사람이 스마트폰을 사용한다. 언뜻 보기에 내 스마트폰과 크게 달라 보이지 않는다. 안내원의 전화기를 들여다보고 있던 난 얼른 심카드를 사러 가자고 재촉했다.

호텔을 나서자 제일 먼저 눈에 띄는 것은 택시다. 2013년 9월에 왔을 때도 길에서 택시를 자주 봤지만, 지금처럼 많진 않았다. 각양각색의 택시들이 거리를 질주한다. 택시 디자인이나 회사 이름이 다양한 것으로 미루어 보아 평양에 택시회사가 적어도 7~8개는 되는 것 같다. 심지어 고려항공도 택시회사를 운영한다.

북한에서는 택시를 사회주의의 이념에 맞지 않는 교통수단으로 여긴다는 이야기를 들은 적이 있다. 택시가 있긴 하나 기껏해야 외국인

'나래' 현금카드 사용설명서(왼쪽). 북한 안내원의 휴대전화.

을 위한 것이었다고 한다. 택시를 이념적으로 부적절한 것으로 간주했다면, 아마도 '사람이 사람을 태우고 끄는 인력거처럼 봉건사회의 비인간적인 교통수단' 정도로 여겼기 때문이 아닐까.

그런데 일반 주민들이 이용하는 택시가 이렇게 많이 늘어났다니, 이들의 이념에 변화라도 생겼다는 말일까. 아니면 경제가 발전하면서 생기는 자연스러운 현상일까. 사람들이 택시를 많이 이용하느냐는 질문에 김혜영 선생은 "출퇴근 시간엔 택시 잡기가 쉽지 않다"라면서 앞으로 택시가 더 늘어날 수밖에 없다고 설명해줬다.

택시요금, 서비스의 질, 운전기사의 매너, 청결 상태 등 여러 가지가 궁금해진다. 안내원에게 나중에 택시를 자주 이용해보자고 제안했다.

북한에서 무슨 페북을?

보통강호텔 로비에 있는 고려린크(Link) 지점에 도착하니 단체관광

평양 시내에서 줄지어 손님을 기다리는 택시들.

안내원들이 여권 뭉치를 들고 심카드를 사고 있다. 한참을 기다리고 나서야 내 차례가 왔다. 여권과 함께 직접 작성한 신청서를 제출하고 심카드를 구입했다. 가격은 200달러. 첫 구입 시 내장돼 있는 데이터 50MB를 모두 사용하고 나서부터는 별도로 충전할 양만큼의 돈을 내야 한다.

50MB 가격은 약 30달러. 50MB라면 사진 열 몇 장을 보낼 수 있다. 가격이 엄청 비싸다. 물론 이 가격은 외국인 관광객에 해당되는 것이며 국내 주민에게는 훨씬 싸다고 한다. 남편이 불평을 늘어놓자 고려링크 여직원이 "앞으로 가격이 내려갈 것"이라면서 우리를 위로한다.

북한 심카드를 넣은 전화기를 떨리는 마음으로 켜봤다. 여기저기 눌러본다. 내가 원하는 모든 누리집이 다 열린다. 흥분된다. 카카오톡도

전자결재카드 '나래'와 고려린크 심카드.

되고, 메신저도 되고, 중국에서는 사용할 수 없었던 페이스북도 된다. 미국 프로골프 누리집도 열리고, 내가 시민기자로 활동하는 〈오마이뉴스〉와 다른 신문도 볼 수 있다.

사실 이전까지는 북한에 올 때마다 일종의 고립감 같은 것을 느끼곤 했다. 호텔에서 국제전화 정도는 쓸 수 있었지만, 그게 전부였다. 이로 인해 매번 북한에 갈 때마다 불편한 심경을 노골적으로 드러내는 남편에게 "세상과 격리돼 모든 걸 잊고 여행에만 전념할 수 있으니 얼마나 좋으냐"라고 주문을 걸었다.

하지만 이런 '낙천적 합리화'로 아무리 포장해봐도 내 마음 역시 늘 갑갑했다. 그런데 이제부터 나는 세상과 분리되지 않았다. 적어도 내게 북한은 더 이상 고립된 나라가 아니다. 손바닥만 한 스마트폰 하나가 북한을 세계와 연결해주고 있기 때문이다.

남편은 인터넷 연결이 되자마자 미국프로골프 경기 결과 검색에 여념이 없다. 나는 남편에게서 겨우 전화기를 빼앗아 미국의 아이들과 페북 메시지를 주고받았다. 아이들이 깜짝 놀란다.

"엄마, 거기 어디세요?"

"여기는 북한, 오바."

"뭐라고요? 북한? 거짓말…. 무슨 북한에서 페북을…. 엄마 북한에서도 추방당하셨어요? 지금 어디세요?"

"아니. 여기 북한이야. 지금 평양에 있어."

"에이~, 엄마 좀 어떻게 되신 거 아니에요? 북한에서 무슨 페북을…."

"집에는 별일 없지?"

"네."

"그래 이제는 하루에도 몇 번씩 연락할게."

아이들은 믿을 수 없다는 눈치다. 하긴, 북한에서 페이스북을 하는 나도 믿기지 않기는 매한가지니까.

식당에서 가격표 보는 법

고려링크에서 너무 오랜 시간을 소요했다. 이번 여행에 동행한 박 교수는 옆에서 지쳤는지 시원한 냉면을 먹으러 가자고 재촉한다. 우리 는 '해맞이식당'이라는 곳에 가기로 하고 차에 올랐다.

박 교수는 식당이나 상점의 가격표를 볼 줄 몰라 어리둥절해 한다. 예를 들어 비슷한 물건이 어떤 상점에서는 2만4천 원이라고 적혀 있는 가 하면 또 어떤 상점에서는 300원이라고 표기돼 있기 때문이다.

북한 상점은 외화를 사용하는 상점과 북한 화폐를 사용하는 상점으 로 구분돼 있다. 외화를 사용하는 상점의 가격표는 1달러당 공식 환율인 북한 돈 100원(2015년 현재 106원이지만 계산 편의상 100원으로 한다.)으로 환산 된 가격이 적혀 있다. 예를 들어, 외화상점에서 구두 한 켤레가 2천 원이라면 그건 곧 20달러(2,000/100 = 20)인 것이다.

평양 해맞이식당 안내판. 사진 오른쪽은 일식 안내판이다.

　북한 돈을 사용하는 상점의 가격표에는 1달러당 북한 내 실거래 환율인 약 8천 원(1달러당)으로 환산된 가격이 적혀있다. 구두 한 켤레에 16만 원이라고 표시돼 있다면 그건 곧 20달러(160,000/8,000 = 20)다. 그리고 북한 돈을 사용하는 상점 내에는 으레 화폐교환소가 있다. 그곳에서는 달러를 공식 환율이 아닌 실거래환율, 즉 1달러를 북한 돈 약 8천 원에 교환해 준다.

　이렇듯 북한의 공식 환율은 실제 환율이 아니다. 그저 외화 상점에서의 가격 표시를 위한 환율로밖에 구실을 못 하고 있는 셈이다. 이런 점 때문에 외국인 관광객들은 쉽사리 혼동하곤 한다.

　박 교수는 공식 환율로 환산된 외화식당의 냉면값 320원을 실거래환율(1달러당 8천 원)로 잘못 계산했다. 그의 계산 방식대로 하면 냉면값은 4센트(320/8,000 = 0.04)다. 이걸 한국 돈으로 환산하면 약 47원이다. 냉면값이 너무 싸다고 좋아하던 박 교수는 실제 그 식당의 냉면값이 3달러

20센트(320/100 = 3.20, 공식 환율 적용)인 걸 뒤늦게 알게 되곤 크게 실망한다. 그렇지만 미국에서 먹는 냉면값에 비하면 가격이 1/3 정도라면서 이내 미소를 짓는다.

평양 해맞이식당의 냉면(위)과 쟁반국수.

소적쇠구이(석쇠에 구운 소불고기)와 육회를 안주 삼아 맥주를 마신다. 식욕이 확 돈다. 박 교수와 운전기사는 쟁반국수, 남편은 냉면 300g, 안내원 김혜영 선생은 냉면 200g을 주문했다. 평소 나는 냉면 100g을 먹곤 했는데, 오늘은 200g을 주문한다. 박 교수는 냉면을 g(그램) 단위로 주문하는 걸 무척 신기해한다.

인터넷으로 세상과 소통하고, 냉면 국물까지 주욱 들이켜니 속이 다 뻥 뚫린다. 창문으로 밖을 보니 평양 아이들이 튜브를 들고 물놀이를 가는 게 보인다.

정착한 독립채산제

현재 많은 북한의 식당들은 독립채산제로 운영되고 있다. 독립채산제란 이익의 일부를 국가에 내고 나머지 이익은 식당 경영진이 소유하

식당 창밖으로 본 아이들의 모습. 물놀이를 가는지 튜브를 들고 있다.

고 식당 운영은 스스로 하는 제도다. 예전에는 기업소가 운영을 엉망으로 해 손실을 내도 모두 국가에서 지원해줬다. 그러나 지금은 이익을 내는 건실한 기업만 살아남을 수 있다고 한다.

북한을 여행하다 보면 간혹 운영이 부실한 국영기업소를 볼 수 있다. 이용하는 사람도 거의 없고 화장실은 물이 줄줄 새어 바닥을 흥건히 적셔도 수리를 하지 않아 차마 들어가기가 싫을 정도다. 국가에서 예산을 책정할 테고 경영진 또한 월급과 배급을 꼬박꼬박 받으니 나태해질 수밖에 없을 것이다. 각별히 인민을 위해 봉사하는 것 같지도 않은 이런 기업소들은 국가의 재원을 낭비할 뿐 사회에 아무런 도움도 되지 않는다.

국영기업소의 이런 폐단을 간파한 북 정부가 정책적으로 독립채산제를 도입한 것인지, 아니면 정부의 재정 부족으로 인해 더 이상 모든 기업소를 예전처럼 지원할 수 없어서 하는 수 없이 생겨난 제도인지 알 수 없으나 나는 이런 북한의 변화를 긍정적으로 평가한다.

　　오늘날 북한의 많은 식당이 독립채산제 방식으로 운영되고 있지만, 여전히 국영식당도 있다. 국영식당이란 이익보다는 주민들에게 싼 값에 음식을 제공하는 식당으로 국가가 운영하는 기업소다. 이곳 사람들은 이런 식당을 '인민 봉사 식당'이라고 부르는 듯하다. 안내원의 말에 따르면 "국영식당은 식당의 이익보다는 인민을 위해 봉사하는 식당이기 때문에 국영식당에서 봉사하는 사람들에게 접대를 받을 때에는 고마운 마음이 절로 생긴다"고 한다.

　　나 같은 외국인들이 들르는 외화식당은 거의 모두 독립채산제로 운영되는 곳이다. 외화만 사용할 수 있는 이런 식당의 가격은 국영식당에 비해 훨씬 비싸다. 접대원들의 서비스도 최상이다. 국가가 아닌 기업소에서 월급을 받는 종업원들은 친절할 수밖에 없다. 접대원이 상냥하고 서비스가 좋아 손님을 많이 끌 경우 월급도 올라간다고 하니 말이다.

　　이제는 타 식당 요리사나 접대원을 스카우트하는 일도 벌어진단다. 시설이나 음식의 질도 매우 훌륭한 편이다. 몇몇 식당은 가히 세계적인 수준이다. 이것 또한 그럴 수밖에 없다. 식당들 사이에 경쟁 구도가 형성됐기 때문이다.

　　이런 외화식당의 주 이용 고객은 외국인들일까? 아니다. 식당에 갈 때마다 확인해봤는데, 외국인 관광객을 본 기억이 없다. 손님 대부분은 북한 주민들이다. 그렇다면 왜 북한 주민들은 값이 저렴한 국영식당에 가지 않고 비싼 외화식당을 찾는 걸까.

아마도 그건 저렴한 가격에 양질의 음식을 제공하는 국영식당이 수요를 충족시키지 못하기 때문일 것이다. 예를 들어, 국영식당인 옥류관의 경우 주로 일종의 배급표를 받고 가는 것으로 알고 있다.

그러나 아무리 옥류관이 초대형 식당이라 할지라도 그 많은 수요를 충족시킬 수는 없다. 국영식당 앞을 지나갈 때마다 자신들의 차례를 기다리고 있는 사람들로 식당 주위는 늘 인산인해를 이뤘다. 그러니 외화를 소지하고, 구매력을 갖춘 주민들은 양질의 음식과 편리한 서비스를 제공하는 외화식당을 찾을 수밖에 없는 것이다.

한편 이런 사실은 북한에 구매력을 갖춘 시민들이 그만큼 많이 생겨났다는 증거이기도 하다. 그렇다면 그들은 대체 외화를 어떻게 소유할 수 있는 걸까. 주로 중국과의 활발한 경제활동을 통해서다. 동시에 남한은 경제 교류의 기회를 중국에 넘겨주고 있는 것이기도 하다. 아쉬움을 넘어 화가 나기까지 한다.

지금 평양에는 외화 식당들과 외화 상점들이 수없이 생겨나고 있다. 나는 이런 현상이 독립채산제에서 비롯됐을 것으로 생각한다. 기업은 이익을 남기고 그 이익의 일부가 재투자돼 확대 재생산을 하는 것 아니겠는가.

개인적인 바람이지만, 나는 북한의 경제가 사회성을 실천하는 국영기업과 개인의 욕망을 충족시켜주는 독립채산제 기업이 조화를 이루는 모습으로 발전하면 좋겠다.

"고난의 행군 시절 남편이 부르더니"

점심 식사를 마친 우리는 박 교수와 함께 그녀가 필요한 책들과 영어 자막이 있는 북한 영화 DVD, 그리고 북한 음악 CD를 사기 위해 식당을 나섰다. 박 교수의 북한 여행 목적은 연구 활동을 위한 것이고 내 목적은 관광 겸 수양 가족을 만나는 것이었다. 나는 북한 여행이 처음인 박 교수를 위해 많은 일정을 그와 함께하기로 했다.

서점까지 거리는 2~3km, 우리는 걷기로 했다. 안내원 김혜영 선생이 다소곳이 팔짱을 낀다. 그리곤 조용한 목소리로 나를 부른다.

"언니."

주체사상으로 똘똘 뭉쳐있고, 공산주의 도덕으로 무장한 안내원 김혜영 선생이 부르주아 정서에 젖어있는 나를 언니라고 부른다. 가슴이 뭉클해진다.

"언니, 맛있게 드셨어요? 난 오늘 소적쇠구이를 먹으니 옛날 생각이 났어요."

"옛날 생각이라니요?"

"말씀 놓으세요."

"아니에요. 별말씀을. 무슨 생각이 떠올랐어요?"

"남편 얘기예요."

"그래요, 남편 자랑 좀 해보세요. 나는 남편 흉밖에 할 말이 없는데."

"오마나, 언니두. 저렇게 자상한 남편을 두고….'

"어서 말해 보세요."

"거의 십몇 년 전인가 봐요. 고난의 행군 시절 때였으니까. 정말 힘들

안내원 김혜영 선생.

였지요. 옥수수국수를 불려 죽을 만들어 먹었으니까. 애들은 저한테 장마당에 가서 장사라도 해 배불리 먹게 해달라고 아우성을 치구. 나는 '당원인 엄마가 굶어 죽어도 그래서는 안 된다'고 애들을 타이르곤 했어요. 그러던 어느 날 남편이 전화를 해 나 혼자만 어디로 나오라는 거예요. 나가 보니 나를 고깃집으로 데리고 가는 것 아니겠어요? 당시 식량이 모자라다 보니 개인이 운영하는 자그마한 식당들이 많이 생겼을 때라 돈만 있으면 그래도 끼니를 이어갈 수 있었어요. 돈이 어디서 생겼는지 남편이 돼지불고기 2kg을 시키더니 먹으라는 거예요. 자기는 밖에서 잘 먹는다며 손도 안 대면서. 잘 먹긴 뭘 잘 먹겠어요. 얼굴은 새까맣고 빼쩍 말라가지구. 어서 먹으라 해 정신없이 먹었지요. 배가 불러올 때쯤 그때서야 집에 있는 애들이 떠오른 거 아니겠어요. 먹다 남은 고기를 싸 들고 집으로 달려갔어요."

"어머, 얼마나 흐뭇했어요. 나도 그런 감동을 한번 받아봤으면…."

"오마나, 언니두. 행복에 겨워 그러는 거 다 알아요. 그런 감동은 경험하지 않는 게 더 좋아요."

그녀는 노래를 부르면서 걷자며 남편이 생각날 때마다 부른다는 〈심장에 남는 사람〉을 선창한다. 아, 내가 지난해 한국에서 연 '통일 토크콘서트' 때 불러 '종북'이란 소리를 들은 바로 그 노래. 이런 사실을 아는 박 교수가 나를 쳐다보며 쓴웃음을 짓는다.

나도 그녀를 꼭 껴안고 노래를 따라 불렀다. 그녀가 사랑스럽게 다가온다. 이렇듯 북한 여행의 하이라이트는 북녘의 동포들을 만나 오랜 세월 헤어져 살며 다하지 못한 사랑을 나누는 일이다. 그리고 그들과 나눈 사랑은 오랫동안 그 여운을 남긴다.

짧아진 치마에 하이힐

평양역 앞 은하수음식점

치유되지 않는 상처

우리 일행은 서점을 찾아 평양 시내를 한참 동안 헤맸다. 안내원 김혜영 선생도 처음 찾아가 본다는데, 대체 간판이 없으니 어디에 있는지 알 길이 없다. 김혜영 선생은 연신 "분명 여기 어디라고 그랬는데…"라면서 건물이란 건물은 다 들어가 본다. 나는 서점보다 길거리를 구경하며 사진 찍는 데 더 관심이 있으니 차라리 잘된 일이다.

길거리에 학생들이 줄지어 걸어간다. 일부는 '미제와 결판을 내자' '미제야 함부로 날뛰지 말라'라는 구호가 적힌 피켓을 들고 간다. 오늘이 무슨 날이냐고 김혜영 선생에게 묻자 "오늘은 미국놈들이 전쟁을 일으킨 날"이라고 답한다.

그러고 보니 오늘이 6월 25일이다. 남이나 북이나 아직도 이날을 이런 식으로 기념한다. 한 가지 다른 점이 있다면, 북한은 '미제'에 대한

적개심을, 남한은 '북괴'에 대한 적개심을 고취한다는 것이다.

남한 입장에서 보면 남한에 의한 통일에 결정적 장애 역할을 한 것이 중국인데, 남한에서 '중공 오랑캐'에 대한 성토는 더 이상 보이지 않는다. 심지어 남한의 대통령은 '중공 오랑캐' 군대의 열병식에 참석해 축하마저 한다. 이렇

서점을 찾아 평양 시내를 헤매면서(위). 한 학생이 정치구호가 적힌 피켓을 들고 평양 시내를 활보하고 있다.

듯 세상은 변하고 있다. 이제는 이날을 한국전쟁 때 희생된 모든 분을 위해 묵념하며 애도하는 날로 만들었으면 좋겠다.

"아파트값이 얼마인가요?"

서점을 찾아 헤매다 보니 주민들이 사는 아파트 동네에 이르렀다. 덕분에 구석구석 구경할 수 있었다. 아파트는 우리 수양딸들이 사는 아파트보다 훨씬 깨끗하고 좋다. 휴식하는 공간(휴식터)도 크고, 각 가정에서 비둘기를 키우는지 공동 비둘기장도 있다. 또 여기저기 상점들도 있고, 채소나 과일·음료수 등을 파는 가판대도 있다.

우리 수양딸들도 이런 아파트로 옮기면 좋지 않을까 싶어 값이 얼마

평양 시내의 한 아파트에 있는 가판대.

나 되는지 물었다가 망신만 당했다. 김혜영 선생으로부터 "그동안 북을 그렇게 자주 왔으면서도 아직도 아파트값을 묻느냐"라는 핀잔을 들었다. 이곳에서는 부동산을 사고팔지 않는다는 사실을 잠시 망각했다.

한편 남쪽에서 들려오는 언론 보도에 의하면 북한에서도 아파트 거래를 한다고 하는데, 뭐가 진실인지 알 수 없다. 우리 딸들이 사는 아파트를 재건축하면 현재 입주자들에게 우선권을 준다고 하니 그냥 그때까지 기다려 보는 수밖에.

겨우 서점을 찾았다. 들어가 보니 창문 한구석에 작은 글씨로 '서점'이라고 적혀 있다. 밖에서는 전혀 보이지 않을 정도다. 박 교수가 찾는 영화 DVD나 음악 CD 등이 얼마 없어 우리는 또 다른 서점이나 상점을 찾아 나섰다.

오늘은 온종일 쇼핑으로 시간을 보냈다. 남편은 그저 북한의 술과 담배에만 관심이 있다. 온갖 종류의 북한 담배를 마구 사들인다. 이곳에서 '구럭지'라고 부르는 비닐 쇼핑백에 담배만 한 가득이다.

나는 '봄향기'라는 상표의 화장품과 샴푸와 린스, 인삼 제품, 꿩 털로 만든 부채 그리고 우리 아이들에게 줄 과자 등을 샀다. 상점에서 나오면서 과자를 하나 먹어보니 우유나 버터가 거의 들어가 있지 않아 맛이 아주 담백하다. 그러나 우유와 버터 맛에 길들여진 우리 아이들은 별로 좋아할 것 같지 않다.

평양의 기념품 판매점(위)과 남편이 사들인 북한 담배.

그런데 박 교수가 산 해바라기 씨로 만든 과자는 정말 고소하고 첨가물도 거의 없어 건강에도 좋을 것 같다. 맛도 꽤 좋다. 어른, 아이 누구나 다 좋아할 것 같은 맛이다. 이 정도라면 어디에 내놔도 손색이 없어 보인다. 함께 동행한 박 교수는 해바라기 씨 과자를 북한 여행하는 내내 가방 속에 넣고 다닐 정도로 그 맛에 푹 빠졌다.

우리는 차를 호텔로 돌려보내고 걷거나 대중교통을 이용하기로 했다. 지하철역에서 전철을 기다리는 동안 신문 게시대로 가니 〈로동신문〉이 걸려 있다. 사람들이 게시대를 빙 둘러싸고 심각한 표정으로 집중하면서 신문을 읽는다. 파고 들어갈 틈이 없어 고개를 내밀어 굵직한 활자만 읽어본다.

톱기사의 제목은 '경애하는 김정은 동지께서 완공된 평양국제비행장

평양 지하철의 신문 게시대.

항공역사를 현지지도하시였다'. 내 짐작이 맞았다. 평양에 도착하던 날, 심양에서 비행기가 연착한 이유가 바로 이것 때문이었다. 북한 여행에 관록이 붙으니 이제는 별 짐작이 다 맞아떨어진다. 이제는 '척 하면 삼천리'다.

각양각색의 여학생 신발

지하철역을 나서자 브라스밴드 연주가 쾅쾅 거리를 울린다. 출퇴근 시간에 평양 거리에서 자주 목격하는 장면이다. 나는 연주보다 여학생들의 신발에 시선이 갔다. 남학생들의 신발은 모두 같은데 여학생들의 신발은 각양각색이다. 게다가 여학생들의 교복 웃옷도 조금씩 모양이 다르다. 짧은 소매, 긴 소매, 흰색, 하늘색…. 학교에서 정해준 디자인인 검정 구두에 동일한 교복을 입어야 했던 내 중고등학교 시절보다 비교적 자율성이 있어 보인다.

변화는 북한 주민들의 복장에서도 드러난다. 학생들은 나름 멋을 부리고 성인 또한 그들만의 패션으로 치장한다. 심지어 '폴로' 상표가 달린 셔츠를 입고 다니는 어린이들도 있다. 어른들의 옷 색상도 더 밝아지고

길거리에서 연주하는 밴드부 학생들. 여학생들 신발이 각양각색이다.

디자인도 화려해진다. 여성들의 치마는 짧아지고 구두 굽은 높아졌다. '멋쟁이' 북한 여성들에게 귀걸이, 팔찌 그리고 스마트폰은 기본이고 화려한 양산은 필수 아이템이다. 여성들이 외모를 가꾸고 치장을 하려는 건 어딜 가나 같다. 북한이라고 예외는 아니다.

게다가 정부의 외국어 강화 정책에 따라 학생들을 비롯해 주민들 사이에는 외국어 학습 열풍도 대단하다. 비록 외부와는 아직 연결이 안 되지만 국내에서 사용하는 인트라넷이 있다. 북한의 IT산업 역시 발전하고 있다고 한다. 앞으로 10년, 아니 5년 정도만 지나도 북한은 지금과는 또 다른 모습일 것이라 예상해본다. 내가 북한을 처음 방문했던 2011년과 지금 2015년 사이에도 눈에 띄게 큰 변화가 있었으니 말이다.

평양역 앞 은하수음식점

평양 시내 여기저기를 걷다 보니 어느덧 호텔이 있는 평양역에 도착했다. 다리도 아프고 배도 고프다. 남편도 박 교수도 옆에서 배고프다며 저녁 먹으러 가자고 아우성이다. 마침 역 앞에 있는 한 식당에서 숯불구이 냄새가 우리 일행을 유혹한다. 우리는 서로 눈을 몇 번 마주치고는 누가 먼저라 할 것 없이 그 식당으로 향한다. '은하수 음식점'이라는 간판이 달려 있다.

박 교수는 저녁 일정을 위해 호텔에서 기다리고 있을 그녀의 안내원 송영혜 씨에게 역 앞 '은하수 음식점'으로 빨리 오라고 연락을 넣는다.

'멋쟁이' 북한 여성. 스마트폰을 사용하고 있다(위).
'평양 멋쟁이'에게 양산은 필수 품목이다.

북한의 음식점은 남한과 달리 반찬을 하나하나 따로 주문해야 한다. 우리는 전식으로 떡볶이, 해삼냉채, 양배추 보쌈김치, 미역무침, 소불고기, 소갈비, 모둠야채를 주문했다. 그리고 주식으로는 냉면과 쟁반국수를 주문했다.

소고기를 보니 첫 북한 여행이 생각났다. 2011년 10월 북한을 처음 여행했을 때 북한에서의 첫 식사 메뉴가 불고기였다. 소고기가 어찌나 질긴지 도저

평양역 앞 '은하수 음식점'. 소고기는 뉴질랜드 수입산이었다.

히 씹히지 않았다. 보다 못 한 안내원(지금은 내 수양딸이 된 김설경)이 눈치를 채고 "뱉으십시오"라고 했을 정도였으니까. 나중에 들은 것이지만, 북한에서는 국가가 소를 관리하며 식용으로 소를 도축하는 건 불법이란다. 그렇다면 아마도 당시 내가 먹은 소불고기는 나이가 들어 더 이상 움직일 수 없는 늙은 소를 도축한 게 아닌가 생각된다.

그러나 그 후 여러 번의 북한 여행을 하면서 육회와 소적쇠구이를 맛있게 먹었다. 고기가 상당히 부드러워서 그사이 법이 바뀌었는지 의아했는데 이번에 그 의문이 풀렸다. 종업원에게 "이 소고기는 국내산이에요?"라고 묻자 "뉴질랜드 수입 소고기입니다"라는 대답이 돌아왔다. 갈비는 미국에서 흔히 볼 수 있는 소위 'LA갈비'가 틀림없어 보인다. 하지만 나는 더 이상 묻지 않기로 했다. 북한과 미국 사이에 교역이 없으니 아마 제3국을 통해 들어왔으리라 짐작된다.

평양역 앞 스낵코너 풍경.

나는 북한이 외국에서 소고기를 수입한다는 사실을 처음 알았다. 아마 국가가 수입하는 게 아니라 독립채산제로 운영되는 식당들이 무역업자를 통해 구입하는 것으로 추측한다. 국가기관에 소속돼 있지만, 실질적으로는 사기업으로 운영되는 이런 비즈니스들이 전국에 퍼져있는 장마당과 함께 지금 북한의 민간경제를 주도하고 있다는 생각이다.

조국에 사랑의 묘약을

식당 밖 먹자골목은 사람들로 붐빈다. 예전에 봤던 체육복권 판매대도 그대로다. 역 앞에는 열차를 기다리는 사람들로 가득 차 있다. 2012년 5월 이곳에서, 신병훈련을 막 마친 병사들이 더플백(duffle bag)을 깔고 앉아 임지로 가는 열차를 기다리던 모습이 떠오른다. 키가 아주 작고 나이도 어려 보이는 병사들을 보고 얼마나 가슴이 아렸는지….

당시 나는 그 어린 병사들과 일부러 눈을 마주쳐 눈인사를 해주곤 했다. 어린 아들을 군대에 보내놓고 그 어머니는 얼마나 마음을 졸이며

평양역 앞의 모습.

눈시울을 적셨을까. 똑같은 심정으로 눈시울 적실 남녘의 어머니들을 생각하며 민족의 화합과 조국의 평화 통일 염원을 가슴에 새기는 순간이기도 했다. 즐거웠던 하루가 갑자기 우울해진다. 무기력한 발걸음에 허공을 바라보며 토하듯 기도한다.

"주여, 70년 분단의 상처로 피멍울진 우리 민족! 형제의 심장에 총을 겨눠야 하는 철책선으로 자식을 보내놓은 우리의 어머니들은 오늘도 먼 하늘 바라보며 앞치마 움켜쥐고 눈물을 흘립니다. 주여, 제발 자비를 베푸소서!"

평양에서 듣는 비틀스 노래

하나음악정보센터와 문수놀이공원

"I wanna hold your ha~nd"

2015년 6월 26일. 오늘도 아침부터 우리 일행인 박 교수의 연구에 필요한 북한영화 DVD와 북한음악 CD를 구하기 위해 함께 나선다. 첫 방문지는 '하나음악정보센터'. 일종의 음악 라이브러리다. 일단 박 교수가 원하는 북한 음악이 있는지를 확인해야 한다.

사실 이곳은 박 교수보다 내가 더 관심을 두고 있는 곳이기도 하다. 나도 하나음악정보센터 한쪽에 자리를 잡고 모니터를 들여다본다. 웬만한 음악은 다 갖춰 놨다. 세계적인 테너들인 파바로티, 도밍고, 까레라스를 비롯해 심지어 엘비스 프레슬리, 비틀스의 노래들도 있다. 음악뿐만 아니라 영화도 소장하고 있다.

파바로티 등의 노래들은 이곳의 커피숍이나 맥주집에서도 흔히 들을 수 있지만, 미국의 록 음악은 들을 수 없었다. 그렇지만 음악을 연구하는

평양의 음악 라이브러리 하나음악정보센터(왼쪽). 평양의 하나음악정보센터. 교원 혹은 대학생으로 보이는 사람이 영상물을 시청하고 있다.

사람들을 위해 미국 대중음악들도 일부 소장돼 있다고 한다. 이곳에서는 유럽의 노래나 영화들도 볼 수 있었는데, 해설원은 "이 모두가 예술을 사랑하는 장군님(김정일 위원장)의 배려"라는 말을 빼놓지 않는다.

하나음악정보센터를 이용하는 사람들은 주로 음악이나 영화를 전공하는 교원·대학생들로 보인다. 이곳에는 30~40석 규모의 음악감상실도 있는데, 지금까지 구경해본 적 없는, 그야말로 최고의 음향시스템을 갖추고 있다. 이런 시설을 보통사람들이 마음대로 이용할 수는 없을 것이다. 그러나 음악이나 영화를 전공하는 선생들과 학생들에게 이 시설은 더없이 좋은 라이브러리가 될 것이다. 남편은 헤드폰을 쓰고 옆 사람들을 의식하지도 못한 채 비틀스의 노래를 따라 부른다.

"I wanna hold your hand. I wanna hold your ha~nd."

평양에 있는 문수물놀이공원.

악몽 같았던 물놀이 미끄럼틀

'하나음악정보센터'를 나오니 뜨거운 햇볕이 내리쬔다. 전날 냉면을 먹으면서 식당 창가를 통해 물놀이 가는 아이들을 본 것을 기억해낸 박 교수가 안내원 김혜영 선생에게 물놀이 공원에 가자고 제안한다. 나는 아무런 준비도 없이 어떻게 물놀이를 가느냐고 이의를 제기한다. 김혜영 선생은 "물놀이장에 가면 수영복이며 뭐며 다 있다"라면서 걱정 말고 가자고 한다. 남편 역시 "여기까지 와서 애들처럼 물놀이장이나 가냐"면서 가지 않겠다고 펄쩍 뛴다. 어디 좋은 데 가서 시원한 맥주나 마시잔다. 박 교수가 남편을 겨우 달래 일정에도 없는 수영장에 갔다. 물놀이 공원의 이름은 '문수물놀이공원'. 실내와 실외로 이뤄진 물놀이 공원은 규모가 상당히 크고 시설도 훌륭하다. 외국인 입장료는 수영복, 비누, 샴푸, 린스, 수건 등을 포함해서 미화 10달러.

파도타기와 동굴 속에 흐르는 인공 물줄기를 타고 떠내려가기를 즐기던 박 교수와 나는 이 물놀이장에서 가장 인기 있는 놀이기구를 타보기

평양 문수물놀이공원.

로 했다. 드럼통 같은 것을 꼬불꼬불 연결해 놓은 롤러코스터 미끄럼틀
이다. 막상 미끄럼틀 위에 올라가 보니 아래에서 본 것보다 훨씬 길고
경사가 가파르며 굴곡이 심하다. 속도가 빨라 보이는 데다가 낙차도
커 위험할 것 같다. 우리 차례가 돼 보트에 올랐다.

이후부터는 잘 기억이 나지 않는다. 마치 악몽에서 깨어나려고 몸부
림쳤던 것만 같은 감정만 남아있을 뿐. 어떻게 보트에서 내렸는지조차
모르겠다. 겁에 질린 박 교수는 내 옆에서 소리 내어 울고 있다. 몹시
놀란 모양이다. 무슨 일인가 싶어 사람들이 우르르 몰려와 우리를 에워
싼다.

30분 정도 지났을까. 다행히도 안정을 찾은 박 교수는 배가 고프다며
매대(매점)를 찾는다. 박 교수를 파라솔 테이블에 앉히고 김밥과 아이스
크림 그리고 생수를 샀다.

김밥은 허여스름한 단무지 같은 것 외에는 아무것도 들어간 게 없다.

잔뜩 실망한 박 교수가 내키지 않는다는 표정을 지으며 한 입 베어 물었는데, 갑자기 눈을 크게 뜬다. 아이스크림을 먹고 있던 내게 어서 먹어보라며 김밥 한 줄을 권한다.

맛이 고소하다. 김의 향기가 돋보인다. 밥에 참기름을 치고 맛소금으로 짐작되는 양념을 넣어 버무렸다. 함께 씹히는 달지 않은 짭짤한 짠지무가 훌륭한 반찬이 돼 입속에서 어우러진다. 오히려 여러 가지 재료를 넣으면 이 김밥의 고유한 맛이 없어질 것만 같다. 호들갑을 떨며 맛있게 김밥을 먹고 있는 우리에게 김혜영 선생이 의외라는 표정을 짓는다.

"시내 판매대에서도 많이 팝니다. 값도 여기보다 아주 눅습니다(쌉니다). 나중에 길거리 매대에서 사 드셔 보십시오."

이후 우리 일행은 길거리 매대에서 김밥을 사 들고 먹으면서 걸어 다니기도 했다. 점잖고 격식을 많이 따지는 북한동포들이 이상한 눈초리로, 때로는 장난기 섞인 표정으로 우리를 힐끔힐끔 쳐다보곤 했다.

도대체 어떻게 물가가 결정되는가?

물놀이장의 프런트 데스크. 이발 750원(한화 약 110원), 미용 2천 원(한화 약 295원), 미안(얼굴 마사지) 1만5천 원(한화 약 2,200원), 전신 안마 4만 원(한화 약 5,900원), 부분 안마 2만 원(한화 약 2,950원)이라고 적힌 가격표가 보인다.

특이한 것은 머리 미용료와 전신 안마비가 무려 20배나 차이가 난다는 것이다. 대체 안마를 얼마나 오랫동안 하는지 알 수는 없으나 안마와 머리를 하는 데 드는 시간이 각각 1시간가량이라고 가정해볼 때, 안마의 가격이 미용료보다 무려 20배나 비싸다.

머리 미용에 필요한 기술이나 안마에 필요한 기술, 그리고 들어가는 재료나 도구 등에는 큰 차이가 없다고 여겨진다. 그러니 북한에서 재화나 용역의 가치가 그것에 투입된 노동시간에 의해 정해지는 것 같지는 않다.

그렇다고 수요와 공급에 의해 시장물가가 정해지는 것도 아닌 듯하다. 왜냐하면 전신 안마와 머리 미용이 동일한 노동과 물질이 투입되는 상품이라고 단순화할 경우, 전신 안마에 대한 수요가 머리 미용에 대한 수요보다 가격이 20배나 차이가 날 정도로 크다고 생각되지 않기 때문이다.

궁금해진다. 대체 북한에서는 재화나 용역의 가치 또는 가격이 어떻게 정해지는 건지. 재화나 용역에 투입된 노동시간이나 또는 시장의 원리 이외에 또 다른 요인, 예를 들면 이념적인 요인 같은 것이 있을까? 전신 안마는 '봉건시대의 전근대적이고 비인간적인 서비스'라서 원하는 이는 돈을 더 내고 즐기라는 뜻인 걸까. 이런 분야에 대해 잘 모르는 나는 북한을 여행하면서 늘 궁금한 것 중의 하나가 '도대체 어떻게 물가가 결정되는가'라는 것이다.

국립교향악단 공연 푯값이 50원(한화 약 7원)

어찌 됐든, 여성의 머리 미용료가 한국 돈으로 295원이라니 상상할 수 없을 정도로 값이 싸다. 이는 물론 북한 주민들을 위한 가격이다.

한국언론에 의하면 북한 근로자의 한 달 봉급은 북한 돈으로 약 5천 원, 그러니까 한국 돈으로 불과 735원에 지나지 않는다고 한다. 월급을 받아 미용실 두 번 가고 나면 남는 돈이 거의 없다는 말이 된다. 그렇다면 과연 북한동포들은 어떻게 생존한다는 말인가?

그동안의 북한여행을 통해 관찰한 바에 의하면, 국가로부터 배급을 받는 직종에 종사하는 사람들의 봉급이 낮은 것은 사실인 듯하다. 그러나 공공요금이 거의 무료에 가까워 배급만 제대로 나온다면 그럭저럭 살아갈 수는 있을 것이다. 2011년 10월, 첫 북한여행 당시 북한동포들의 국립교향악단 공연 푯값이 북한 돈으로 50원(한화 약 7원) 정도였던 것으로 기억한다. 그러니 문화생활도 가끔 할 수 있을 것이다. 그러나 배급이 원활하지 못하다든가, 누군가 배급되지 않는 품목을 원할 경우 어려움을 겪을 것은 자명하다.

그러다 보니 가족 중 한 사람 정도는 외화식당이나 상점 같은 곳에 나가 일을 하거나, 아니면 장마당에 나가 장사라도 해야 보다 여유로운 생활을 할 수 있을 것이라 생각된다. 독립채산제로 운영되는 평양의 기업소 평균 월급은 미화 50달러(북한 돈으로 약 40만 원) 정도 되는 것 같다. 4인 가족 중 한 사람은 국가로부터 배급을 받는 직종에서 일하고, 다른 한 사람은 월 50달러 정도의 수입을 가져올 수 있는 일을 한다면, 북한의 싼 물가를 고려해볼 때 큰 어려움 없이 살아갈 수 있을 것으로 판단된다.

아무리 국가에서 배급을 준다고 해도 한 달에 1달러도 안 되는 봉급으로는 한 가족이 살아갈 수는 없다. 또한 국가가 개인이 필요로 하는 모든 품목을 배급할 수도 없을 것이다. 아마도 이런 연유로 장마당이 생성됐을 테다. 그리고 장마당이 퍼져나가는 데는 이런 이유가 있을 것이라 짐작해 본다.

남한에서 '맛대로촌닭'을 운영하는 최원호 사장이 평양에 연 닭고기 전문식당이다. 5.24조치로 남한의 주인은 이곳을 관리할 수 없게 됐는데, 북한 주민들이 이 식당을 운영하고 있다.

주인 없는 식당은 문전성시

'문수물놀이공원'을 나와 늦은 점심을 먹는다. 김혜영 선생이 안내한 식당은 '닭고기 전문식당'. 식당을 향해 걸어가면서 나는 깜짝 놀라고 또 반가워 어쩔 줄 몰랐다. 왜냐하면 이 식당은 남한의 한 사업가가 평양에 문을 연 식당이기 때문이다. 이 식당의 정식 이름은 '락원 닭고기 전문식당'인데 간판엔 그냥 '닭고기전문식당'이라고만 적혀 있다.

나는 2012년 5월 미국인 친구들과 함께 북한 관광여행을 왔을 때 이 식당에서 식사한 적이 있었다. 그러나 이 식당 주인이 남한 사람이라는 것을 알게 된 건 한참 뒤 〈오마이뉴스〉 기사('평양에 있는 치킨집, 한시도 잊은 적 없어요')를 읽은 다음이었다.

이 식당은 김포공항 근처에 있는 '맛대로촌닭' 사장님이 6.15시대라 불렸던 2007년 평양에 연 식당이다. 그러나 5.24 조치로 인해 교류가 중단돼 이 식당엔 더 이상 주인이 없다.

그래도 북한동포들은 이 식당을 잘 운영하고 있다. 음식 맛도 여전히 좋고 식당은 손님들로 북적인다. 언젠가 5.24 조치가 풀려 남한의 사장님이 돌아오시는 날, 식당의 봉사원들과 모두 얼싸안고 덩실덩실 춤추는 모습을 상상해 본다. 사장님의 '민족 화합과 조국의 평화적 통일에 대한 염원'은 결실을 맺을 것이다.

평양에 신식 마켓이 생기는 이유

점심 식사를 마친 박 교수는 자료 수집을 위해 인민대학습당으로 향한다. 나는 북한의 물가를 더 자세하게 알고 싶어 김혜영 선생에게 마켓으로 안내해달라고 요청했다.

우리가 도착한 곳은 '광복지구상업중심'이라는 슈퍼마켓. 이 마켓은 외화가 아닌 북한 돈만을 사용하는 곳이므로 북한 돈을 소지할 수 없는 외국인은 원칙적으로 방문할 수 없는 곳이다. 그러나 간혹 외국인이 쇼핑하는 모습도 보인다. 아마도 장기 체류하는 외국인이 아닌가 추측해 본다. 화폐교환소가 있어 외화를 소지하고 있는 북한 주민은 이곳에서 돈을 교환해 쇼핑을 한다. 정확히 기억이 나진 않지만, 1달러에 북한 돈 대략 8천 원 정도.

김혜영 선생에 따르면 이곳의 물가가 장마당보다 싸다고 한다. 그 이유는 재래식 시장인 장마당 대신 문화적인 시장인 이곳을 보다 많이 이용하게 하기 위해서란다. 그러나 야채 같은 품목은 장마당 물건의

유통이 더 빨라 싱싱하다고 한
다. 추측하건대 국가가 이러한
현대식 마켓을 세우는 이유는 장
마당에서 돌고 있는 외화를 흡수
하기 위한 목적도 있을 것이다.

마켓에는 웬만한 물건은 다
있다. 이탈리아산 레드와인의 경
우 브랜드에 따라 가격이 다양했
다. 어떤 것은 북한 돈 2만5,900
원(한화 약 3,800원) 또 어떤 것은
11만3,500원(한화 약 1만6,500원).

평양의 슈퍼마켓인 '광복지구상업중심'의 모습(위).
매장에 진열된 이탈리아산 와인.

이곳은 촬영이 금지된 곳이라
겨우 사진 몇 장만 찍을 수 있었

다. 그래서 물가를 정확하게 기억할 수 없다. 다만 생활필수품인 식료품
은 남한에 비해 5~10배 정도 싼 것으로 기억한다. 그리고 생활필수품이
아닌 경우에는 남과 북의 가격 차이가 줄어드는 경향이 있었다.

마켓을 들러보고 4인 가족의 경우 국가에서 배급을 받고 월 50달러
정도의 수입이 있거나 또는 배급이 전혀 없는 상태에서 월 100달러
정도의 수입이 있다면 그런대로 살아갈 수 있을 것 같다는 결론을 내렸
다.

통계에 의하면 북한의 1인당 GDP는 약 1,200달러 정도라고 한다.
그러니 이곳의 싼 물가를 고려해 볼 때 북녘동포들의 생활이 평소에

내가 평양에서 수기치료를 받고 있는 모습.

내가 생각했던 것만큼 터무니없이 힘들지만은 않을 것이라는 추측이다. 다만, 여기도 소득의 격차가 존재한다. 뿐만 아니라, 도시와 농촌 사이의 차이도 있어 이를 극복하는 노력을 기울여야 한다고 생각한다.

'수기치료'를 받다

저녁 식사를 마친 나는 김혜영 선생에게 조용히 물었다.

"김혜영 선생, 혹시 내일 병원에 갈 수 있을까요?"

김 선생이 깜짝 놀란 표정으로 되묻는다.

"네? 병원이요? 오데가 안 좋습니까?"

"왼팔이 좀 아픈데 미국서 물리치료도 받고 했지만 좀처럼 낫지를 않네요. 팔을 들기가 좀 힘들어서요."

"오마나, 어쩐지 좀 이상하다 했습니다. 지금 친선병원의 의사들이 평양호텔에 나와 있습니다. 재일동포 학생들이 수학여행을 와서 평양호텔에 있는데 친선병원의 의료진이 항시 대기하고 있습니다. 내가 연락해 보겠으니 오늘이라도 가시지요."

평양에 있는 친선병원은 외국인들 그리고 해외동포들이 이용하는 병원이다. 북한에서 15년 징역형을 받고 형기를 치르던 중 석방된 재미동포 배준호(미국명 케네스 배) 씨가 친선병원에서 치료를 받고 있다는 사실을 인터넷으로 본 적이 있어 나도 알고 있는 병원이다. 전화로 한참 이야기를 나누던 김혜영 선생이 어서 가잔다. 마침 수기치료(지압 물리치료) 의사 선생님께서 계신단다.

평양호텔에 도착한 나는 리용호 운전기사에게 "갈 때는 택시를 타고 갈 테니 이제 그만 퇴근하시라"고 말했다. 그러나 운전기사는 "몸도 성치 않은 녀사님을 두고 갈 수는 없다"라며 한사코 함께 있겠단다. 나는 운전기사에게 "택시를 타보고 싶어서 그런 것이니 걱정하지 마시라"며 겨우 설득을 한 뒤 호텔에 들어섰다.

치료를 받으니 되레 온몸이 더 뻐근하니 쑤시는 것 같다. 의사 선생님은 내가 평양에 있는 동안은 매일 오라고 하신다. 출국날짜를 물으며 그때까지는 꼭 치료를 받고 완쾌해서 가라고 강조한다.

지갑을 꺼내 치료비를 드리려고 하자 한사코 거절이다. 나중에 선물을 준비해 드리기로 마음먹고 치료실을 빠져나왔다.

호텔에서 나와 택시를 잡으려는데, 좀처럼 빈 택시가 없다. 1~2분가량 지났을까, 나는 놀라운 광경을 목격했다.

희한한 경고문 '택시에서 신발 벗지 마시오'
윤이상 음악당, 평양 교통보안원

택시 합승과 자가용 영업

대동강 변의 평양호텔은 평양대극장 맞은 편에 자리 잡고 있어 비교적 교통량이 많은 곳이다. 손님들을 태운 택시가 우리가 서 있는 쪽으로 서서히 다가온다. 우리 일행을 본 운전기사는 멈추지 않고 그만 가버린다. 그러나 승객을 한 사람만 태운 택시는 여지없이 우리 앞에 멈춰선다. 그런데 김혜영 선생과 말을 주고받은 후에 그냥 가 버린다.

우리 옆에 중년의 여성이 나타나 택시를 기다린다. 두 사람을 태운 택시가 그 사람 앞에 서자 그 중년의 여성이 "개선문"이라고 외친다. 그러자 가는 방향이 같은지 바로 차에 올라탄다. 택시 합승이다.

드디어 빈 차가 다가와서 창문을 내린다. 김혜영 선생에게 방향을 묻는다. "고려호텔"이라는 말을 듣자 안 된다며 이내 옆 사람에게로 옮겨간다. 아마도 근무를 마치고 차고 혹은 집으로 돌아가는 모양이다.

빈 차는 오질 않고 택시를 기다리는 사람들만 늘어난다. 이번에는 택시가 아닌 승용차가 길거리에서 택시를 기다리던 한 사람에게 다가간다. 기다리던 사람은 몇 마디 주고받더니

평양 택시에 오르는 안내원 김혜영 선생.

이내 차에 올라탄다. 자가용 영업이다.

나는 일전에 이 모습을 분명히 본 적이 있다. 장소도 모습도 똑같다. 대극장, 호텔, 택시를 잡으려는 사람들 모두 다 같은 건물, 같은 사람들이다. 예전 서울의 모습을 떠올리며 일으킨 착시현상인가 보다.

처음 타본 북한 택시

택시가 모자라는 게 분명하다. 당연히 합승 행위와 자가용 영업이 자생할 수밖에 없다. 북한은 자가용이 흔하지 않으니 아마 기업소 소속의 승용차일 게다. 아무리 원리원칙을 준수한다고 하지만 적어도 오늘(2015년 6월 26일) 내가 목격한 이 장면을 보고 나니, 어떤 사회도 교과서대로 살아가는 것 같지는 않다. 언젠가는 "고려호텔 따블"이라는 말이 택시를 기다리는 사람들의 입에서 나오게 될지도 모르겠다. 앞으로 택시가 급격히 늘어날 것은 뻔한 일이다.

겨우 빈 차를 세웠는데 운전기사는 우리 행선지를 묻는다. 김혜영 선생이 "해외동포 손님을 모시고 있는데 좀 갑시다"라고 말하자 "어서 타십시오"라는 대답이 들려온다.

처음 타 보는 북한의 택시. 나와 김혜영 선생이 뒷자리에, 그리고 남편이 앞자리에 앉았다.

우선 운전기사의 모습이 마음에 든다. 짧게 깎은 머리, 하얀 와이셔츠에 넥타이를 맨 단정한 차림이다. 백미러로 뒤를 힐끗 보더니 고개를 옆으로 돌려 남편에게 말을 붙인다.

"해외동포시라는데 오데서 오셨습네까?"

"미국서 왔습니다."

"야~, 몬 길 오셨습네다."

이분은 평안도 사투리가 엄청 심하다. 집중해서 들어야 할 정도다. 투박한 말씨지만 백미러에 비치는 표정이나 몸짓이 정겹게 느껴지는 사람이다. 말을 할 때는 싱글싱글 웃는 얼굴이다. 호기심도 많아 남편에게 이것저것 묻는다. '하루가 다르게 변해간다'며 평양 자랑을 하는 등 택시 기사 아저씨는 세상 돌아가는 이야기에 쉴 틈이 없다.

"냄새 빠질 때까지 기다릴 때도 있습네다"

택시요금은 기본요금이 2km에 196원 그리고 그 이후부터는 km당 49원이다. 이 요금은 외화를 기준으로 표시된 요금이다. 그러니 기본요금은 2km에 약 2달러(한화 약 2,360원), 그리고 km당 약 50센트(한화 약 590원)

다. 야간에는 2배다. 호출비가 km당 50센트인 걸 보니 호출시에는 결국 왕복 거리에 해당하는 돈을 내야 한다.

남편이 갑자기 웃음을 터트린다. 내가 왜 그런지 묻자 남편이 안내표를 가리키며 "당신 신발

택시 안에 붙은 소개글과 요금 안내문.

벗지 마"라고 한다. '봉사 안내'라고 적혀 있는 스티커를 보니 '차 안에서 신발을 벗지 마십시오'라는 경고 문구가 있다. 남편이 운전기사에게 물었다.

"차를 타고 신발을 벗는 손님이 있습니까?"

"신발이 다 뭡네까. 더울 땐 꿰딘(뚫어진) 양말을 벗는 사람도 있습네다."

"양말 좀 벗으면 어때요. 그냥 놔두시죠."

"아, 냄새가 날 때가 있단 말입네다. 운뎐(운전)하기도 한심하디만 다음 손님 태우기 뎐(전)에 문 다 알아(열어)놓고 냄새 빠질 때까지 기다릴 때도 있습네다."

그러면서 그 냄새가 얼마나 심한지 과장을 해가며 익살을 떤다. 요금은 "두 딸라(2달러)". 남편이 "야간인데 2배 아닌가요?"라고 묻자 "아, 일 없습네다"라며 어서 내리란다. 4달러를 던져놓다시피 하고 차에서 내렸다. 즐겁고 마음 편한 택시 경험이었다.

일본 강연 때 재일동포들이 준 플래카드.

류동열 그리고 김달삼을 찾아

전날 저녁 치료를 받고 오히려 더 뻐근하게 느껴졌던 왼팔이 아침에 일어나 보니 많이 나아졌다. 옷을 입는데 왼팔의 통증도 훨씬 덜하다. 기분이 상쾌하다.

가방에서 재일동포에게 받은 선물을 꺼내 들고 방을 나섰다. 교토 강연을 마친 뒤 받은 선물인 것으로 기억한다. 한반도 깃발에 통일의 염원을 새긴 플래카드다. 당시 재일동포들로부터 '북에 가거든 우리의 마음을 담은 이 플래카드를 펼쳐 동포들에게 보여주라'는 부탁도 함께 받았다.

평양의 애국렬사릉.

아침 식사를 마치고 호텔 로비로 내려와 펼쳐 들었다. 앞으로 이 플래카드를 가지고 다니며 사람들이 모여있는 곳이라면 어디서든 펼쳐 들고 재일동포들의 '조국통일 염원'의 마음을 보여줄 작정이다.

2015년 6월 27일, 오늘은 '애국렬사릉'이라는 곳에 간다. 2012년 5월 북한 여행 당시 '혁명렬사릉'이라는 곳에 간 적이 있었는데, 그곳은 독립군(항일빨치산)들을 안장한 북의 국립묘지다. '애국렬사릉'은 해방 후 사회주의 국가의 건설에 이바지한 사람들을 안장한 곳이라고 한다.

내가 이곳에 방문 요청을 한 데는 두 가지 이유가 있다. 첫째는 남편이 류동열 장군의 묘소를 참배하고 싶었기 때문이었다. 광복군 참모총장이었던 류동열 장군은 돌아가신 시아버님의 친구 아버님이셨다. 또 남편에게 류동열 장군의 아들은 나이 차이가 크게 나는 고종 6촌 매부다.

둘째 이유는 내가 한 소설가에게 받은 메시지 때문이었다. 제주 4·3 항쟁을 소재로 소설을 쓰고 계신 분인데, "북에 가면 김달삼이라는

 의 자료를 구해줄 수 있
겠느냐"라는 부탁을 받았
다. 덕분에 나는 어렴풋
이 알고 있던 제주 4·3항
쟁에 대해 조금 더 배우게
됐다. 뿐만 아니라 전혀
모르고 있었던 김달삼이
라는 사람에 대해서도 관

평양 애국렬사릉에 안장된 류동렬·김달삼의 묘비.

심을 두게 됐다.

김달삼 선생에 대해 알아봐달라는 내 부탁에 김혜영 선생은 "김달삼
에 대한 자료를 구하는 건 시간이 걸릴 것 같다, 대신 애국렬사릉에
그분도 안장돼 있는 걸 알아냈다"라고 한다. 우리는 바로 애국렬사릉
방문을 요청했다.

류동렬. 나는 이분에 대해 아는 게 거의 없다. 다만 남편에게 들어서
알게 된, 광복군 참모총장이셨다는 사실 그리고 이분과 남편 집안과의
관계에 대해 들은 게 전부다. 김구 선생님을 비롯한 상해 임시정부 요인
들과 함께 미군이 제공한 C-47 수송기를 타고 임시정부 자격이 아닌
개인의 자격으로 치욕에 가까운 귀국을 해야만 했단다. 이분들 가운데
는 광복군 대위 장준하 선생님도 함께 계셨다는 것도 이 일화를 들으면
서 알게 됐다.

한 가지 의문이 들었다. 묘비에 적힌대로 1950년 10월 18일에 돌아가
셨다면 한국전쟁이 한창일 때가 아닌가. 광복군의 참모총장이셨다는

평양의 길거리 판매대에서 튀김빵을 사들고.

분께서 어떻게 이곳에 모셔져 있는지…. 남편에게 물으니 아무런 대답이 없다.

김달삼. 불과 22세의 나이로 제주 4·3 항쟁 당시 빨치산 유격대 총사령관이었다고 한다. 후쿠야마 육군예비사관학교 출신으로 일본군 초급장교(소위)였다는 그가 어떻게 반제국주의 민족혁명에 뛰어들게 됐는지 궁금하다. 하긴 굳이 사상이나 이념을 들먹일 것도 없다. 순진한 마을 사람들이 무지막지하게, 무자비하게, 잔인하게 학살당하는 것을 보고 피가 끓지 않았다면 심장이 없는 사람일 테니까. 그에 대한 소설이 출간되면 꼭 읽어봐야겠다.

"두 개 사달라고 할 걸…"

애국렬사릉을 빠져나와 평양 시내로 들어왔다. 강렬한 햇살이 내리쬔다. 시내를 거니는 여인들은 하나같이 햇볕보다 더 화려한 양산을 들고 있다. 해당화관에서 시원한 '록차랭면'을 먹고 난 뒤, '좀 휴식을 취하자'는 내 강력한 주장에 일단 호텔로 돌아왔다. 오후 일정까지는 2시간 정도 여유가 있다. 그러나 잠시도 가만히 있지 못하는 남편과 박 교수가 거리 산책이라도 나가잔다.

호텔에서 나와 평양의학대학 쪽으로 가는 도중 가판대를 발견한 박 교수가 반가워하며 김밥을 사려고 한다. 그런데 문제가 생겼다. 이곳은 북한 돈만 받는 곳이란다. 북한 돈을 소지할 수 없는 외국인은 물건을 살 수가 없다. 박 교수의 안내원 송영혜 씨는 자기가 사겠다고 한다.

가격을 보니 아이스크림, 팥빙수, 과일빙수가 100원이다. 한국 돈으로 약 15원 정도다. 박 교수는 김밥을, 나는 야채를 넣어 기름에 튀긴 빵을

평양의 길거리 판매대 가격표.

들고 평양의과대학을 지나친다. 어려서 스케이트장에서 먹었던 군만두 맛과 크로켓 맛이 섞여 있는 듯한 느낌이다. 따라나서길 참 잘했다는 생각과 함께 후회가 밀려온다. "두 개 사달라고 할 걸…."

천재 음악가 윤이상 음악당

길을 걷다 보니 '윤이상 음악당'에 닿았다. 우리나라가 낳은 천재 작곡가 윤이상. 지난 세기 최고의 작곡가 중 한 사람으로 꼽히는 세계적인 음악가다. 그의 고향은 경상남도 통영. 그러나 그는 고향땅 통영에는 가보지도 못하고 세상을 떠났다. 그런 그를 기리는 기념관이 이곳 평양의 한복판에 우뚝 서 있다.

일명 동백림(동베를린)간첩단 사건. 지금으로부터 거의 50년 전의 일이다. 유럽에서 활동하던 예술가들과 유학생들이 관련된 간첩단 사건이란다. 1967년 당시 국제법을 위반해 가면서까지 중앙정보부(지금의 국정원)에 의해 강제송환된 이들 중 최종심에서 간첩죄가 인정된 사람은 한명도 없었다고 한다.

윤이상 선생님도 그중의 한 사람이다. 모진 고문을 받고 징역을 살던 그는 차관 제공을 중단하고 국교 단절을 마다하지 않겠다는 독일(당시 서독) 정부와 국제사회의 압력 덕에 2년 만에 출소해 독일로 돌아갈 수 있었다. 독일로 돌아간 그는 세계 음악사에 길이 남을 많은 작품을 인류에 선사했다.

그는 서양 악기와 음악 체계로 동양적인 음색과 미학을 곡에 담아냈다. 그의 음악적 영감은 어디에서 비롯된

평양에 있는 윤이상 음악당.

모자챙을 동그랗게 구부려 멋을 부린 중학생(위). 평양 아이들 가방의 디즈니 캐릭터가 눈에 들어온다.

걸까. 강서대묘의 사신도를 보려고 북한에 간 그는 조상들의 고분 벽화 앞에서 무슨 세계를 봤을까. 도교, 기독교, 불교를 넘나들었던 그가 세상에 전하려던 메시지는 무엇이었을까. 분명 그의 음악 속에 고스란히 스며 있을 것이다.

한국 입국금지가 된 그가 생전에 일본을 방문했을 당시, 배를 빌려 조국의 해안가로 다가가 멀리서나마 통영을 바라보다 돌아갔다는 이야기가 전해진다. 윤이상을 기리는 기념관이 그의 고향 통영에도 있다고 하니 넋이라도 위로가 될까.

교통보안원과 단속 걸린 화물기사

발길 닿는 대로 여기저기 걷는다. 하교 시간인지라 학생들의 모습이 눈에 들어온다. 중학생 이상으로 보이는 학생들은 붉은 머플러를 두르고 있다. 약간 '건달기'가 있는 남학생은 모자챙을 동그랗게 말아서

교통 위반으로 여성 교통보안원 단속에 걸린 화물트럭 운전기사.

쓰고 폼을 잡으면서 걸어간다. 소학교(초등학교) 여학생들은 하나같이 만화 캐릭터가 그려져 있는 가방을 메고 있다. 대부분이 디즈니 만화 캐릭터다. 인민군공훈합창단 소속의 모란봉악단도 디즈니 애니메이션에 삽입된 곡을 연주하니 놀랄 것도 없다.

호텔에 다다를 무렵 재미있는 광경을 목격했다. 한 화물차 운전기사가 교통위반 단속에 걸린 모양이다. 운전면허증을 받아들고 있는 여성 교통보안원에게 항의도 해보고 사정을 말하기도 한다. 화물차 조수까지 차에서 내려 합세한다. 운전기사는 위반한 적이 없다고 하고, 보안원은 위반이라고 설명한다. 보안원의 태도는 단호하고 차분하다.

2013년 8월 여행 당시 들은 이야기가 생각난다. "남성 교통보안원에

시간이 꽤 지났음에도 여성 교통보안원에게 여전히 억울
함을 호소하고 있는 화물트럭 운전기사.

게 단속되면 사정이 통할 때도 있는데 여성 교통보안원에게 걸리면 국물도 없다"는 것이다. 일단 티켓을 받으면 벌금을 내고 벌점을 받는다고. 게다가 교육까지 받아야 한다니···. 나 같아도 할 수 있는 데까지 사정을 해보겠다.

한 번쯤 눈감아 주지···. 시간이 꽤 지났음에도 결판이 나지 않는다. 지하도를 건너 호텔로 향하며 뒤를 돌아보니, 결국 티켓을 발부받는 것 같다. 휴식을 취하기 위해 방에 올라와 혹시나 하는 마음에 커튼을 열어젖히고 바깥을 내다봤다. 아직도 승강이를 벌이고 있다. 운전기사도 참 끈질기다. 하소연을 끝까지 들어주는 교통보안원의 인내심도 참 대단하다.

마침내 포기한 운전기사가 돌아가려고 하자 교통보안원은 거수경례로 상황을 마무리 짓는다. 항의도 해보고, 통사정한다는 건 그 행위가 통할 수도 있다는 뜻 아닐까. 사람 사는 사회는 어디나 다 비슷한가 보다.

눈물바다 만든 단일기

평양 장충성당, 옥류관 그리고 모란봉 공원

평양 유일의 성당, '장충성당'

2015년 6월 28일 오늘은 주일이다. 장로교인인 나는 봉수교회로, 그리고 가톨릭 신자인 박세희 교수는 평양의 유일한 성당인 장충성당으로 가기로 돼 있었다. 그런데 박 교수가 내게 이번 주일엔 함께 성당에 갈 수 없겠느냐고 부탁한다. 나는 흔쾌히 그러겠노라고 했다.

어느 교구에 속하는지 모르겠지만 지금 이 성당엔 사제가 없다. 전대협 대표로 평양 세계청년학생축전에 참가한 임수경 씨와 동행한 문규현 신부가 이곳을 방문해 미사를 집전했었다고 한다. 집안 대대로 가톨릭을 믿어왔다는 한 청년이 '남북교류가 활발했던 시절에는 남측에서 신부님들이 오셔서 미사를 집전해 주셨었다'는 이야기를 들려준다. 이 성당은 오늘도 신부님이 파견되기만을 기다리며 신부님 없이 미사를 드린다.

평양에 있는 유일한 성당인 장충성당 내부 모습.

2015년 6월 28일 평양 장충성당에서 미사를 진행하고 있다(왼쪽). 평양 장충성당을 찾은 북한 내 가톨릭 신자들.

나는 성당에 대해 잘 모른다. 가톨릭 신자인 박 교수가 "신부님 안 계시는 성당은 진정한 성당이라 할 수 없다"라면서 매우 안타까워한다.

하루빨리 민간차원의 남북교류라도 이뤄져 이

평양의 대동강꽃상점. 이곳에선 꽃이 아닌 식료품을 팔았다.

성당이 매주 신부님을 모시고 미사를 드릴 수 있길 간절히 바라본다.

점심을 하러 가기 전, 북한의 물가에 대해 더 알아보고 싶어 과일을 사고 싶다고 핑계를 둘러대 상점에 들렀다. 상점의 이름은 '대동강꽃상점'. 그런데 이름처럼 꽃을 파는 곳이 아니었다. 여러 가지 식료품을 파는 작은 슈퍼마켓 같은 곳이다. 지난번 들렀던 '광복거리상업중심'보다는 물건값이 조금 더 비싼 것 같다.

옥류관 입구의 남자들, 이들 혹시…

아직 옥류관을 가본 적 없는 박 교수의 제안으로 우린 점심 식사를 옥류관에서 하기로 했다. 옥류관은 대표적인 '인민봉사식당'이다. 인민봉사식당이란 일종의 배급표와 함께 약간의 돈을 내고 음식 서비스를 받는 국영식당을 말한다. 물론 배급표가 자주 나오진 않을 테지만, 배급표를 들고 가면 거의 공짜나 다름없다고 한다. 식당 앞에는 많은 사람이

평양 옥류관 앞. 옥류관 입장을 기다리는 북한 주민들의 줄이 길다.

차례를 기다리고 있다. 지방에서 온 듯한 사람들도 단체 버스에서 내려 우르르 들어간다.

우리 일행은 식당 건물 한쪽에 있는 외화식당칸으로 들어갔다. 이곳은 외국인 관광객이나 해외동포 또는 배급표가 없는 주민이 아무 때나 편리하게 이용할 수 있는 곳이다. 그러나 누구든 외화로 제값을 치러야 한다. 식당에 들어와 보니 꽤 많은 북한 주민들이 앉아있다. 주로 해외동포과 함께 식사하러 온 그들의 친인척이다.

나는 북녘동포들이 '지짐이'라 부르는 빈대떡과 쟁반국수를 느긋하게 먹은 후, 옥류관 냉면 못지않게 맛있다는 이곳의 아이스크림까지 먹었다. 한참 동안 맛을 음미하면서. 시간이 꽤 지났는데도, 여전히 식당 앞은 사람들로 붐빈다. 그런데 우리 일행이 들어갈 때 분명히 봤던 두세 남성이 아직도 식당 앞을 서성인다. 약속 시각에 늦은 친구를 기다리고 있는 걸까, 아니면…. 나는 그들의 모습을 유심히 바라봤다. 예전 내

옥류관 외화식당의 쟁반국수.

어린 시절, 극장 앞에서 암표를 팔던 사람들이 떠올랐다. 혹시 이들도 배급표를 다른 이들에게 팔려는 심산이 아닌가 생각해봤다.

옥류관의 외화식당칸을 비롯한 여타 외화식당에서 파는 냉면값은 평균 4달러다. 배급되는 쌀 외에 장마당에서 쌀을 살 경우 쌀값은 1kg에 50센트 정도이니, 냉면 한 그릇값이면 쌀을 8kg이나 살 수 있다. 만일 냉면을 싫어한다던가, 아니면 급히 다른 물품을 사야 하는데 돈이 없는 상황에서 배급표를 반값에라도 팔 수만 있다면 기꺼이 그걸 팔아 필요한 물품을 구입할게다.

문 앞에서 서성이는 이들이 친구를 기다리고 있는 건지, 배급된 식사권을 팔려는 건지는 확인할 수 없었다. 그러나 설사 배급표를 팔려는 것이라 해도 전혀 이상할 건 없다. 나라도 그렇게 할 테니까.

공원에서 한반도기를 펼치다

점심 식사를 마친 우리는 일본에서 재일동포들이 건네준 한반도기를 펼쳐들기 위해 사람들이 많이 모여있을 만한 장소를 찾아 나섰다. 먼저

대동강 가로 향한다. 일요
일이니 강변에 사람들이
많이 나와 있을 거라는 생
각에서다.

조선시대 관서 팔경 중
의 하나라는 누각 련광정
은 보수 중이고, 강변엔
낚싯대를 드리운 사람들
만 있다. 낚시에 집중하고

조선시대 관서팔경의 하나라는 대동강 변의 누각 련광정. 내가
갔을 때는 보수공사 중이었다.

있는 사람들에게 깃발을 함께 펼쳐 들자고 할 수도 없는 노릇. 우리는
모란봉공원으로 발길을 돌렸다.

마침 일요일이라 많은 사람이 공원에 나와 여가를 즐기고 있었다. 한
반도기를 함께 펼치자고 제안하자 흔쾌히 응한다. 푸르른 한반도기가
펼쳐지자 정자에 모여있던 북녘의 동포들이 환호를 보낸다.

한반도기를 펼쳐 든 감격스러운 상황을 보고 모두 눈시울을 적신다.
한반도기를 함께 펼쳐 든 할머니들도, 먼발치에서 이 광경을 바라보는
평양의 시민들도, 머나먼 미국에서 온 우리도 함께 눈물을 흘린다.

서로의 눈빛만으로도 우리의 한맺힌 응어리가 툭 하고 터진다. 그리
고 이미 떨군 눈물은 우리 모두의 간절한 염원으로 또다시 응어리진다.
그런데 참으로 묘한 일이다. 저 멀리 함경북도 산골에서 만난 촌노도,
밭에서 일하던 아낙들도, 이곳 평양에서 만난 할머니들도…, 민족의
화합과 통일 이야기만 나오면 이내 눈물을 떨군다. 할머니들께서 내 팔

모란봉 공원에서 한반도기를 펼쳐들고(왼쪽). 우리 일행을 껴안으며 눈물을 흘리는 북녘의 할머니들.

을 당겨 돗자리 위에 앉히고 질문을 던지셨다.

"나는 미국놈들이라면 이가 갈려"

"오데서 왔어?"

"미국서 왔어요."

"아, 재미동포구만. 긴데도 조선말을 오케 기리 잘해?"

"저는 미국서 살고 있지만 남쪽에서 태어나고 자라났어요."

남쪽에서 자랐다는 이야기를 들으시곤 잡고 있던 손에 힘이 들어간다.

"남조선에서 태어나 자랐어? 지금은 미국서 살고?"

"네, 할머님."

"미국놈들이 조선 사람이라고 탄압하지는 않아?"

"아녜요, 할머님."

"잘됐구만. 긴데 피양(평양)에는 오케 왔어?"

"관광 겸 수양딸을 만나러 왔습니다."

"조선에 양딸이 있다구?"

"네."

"기렇구만. 기래 오늘은 오데를 관람했어?"

"아침에 교회에 다녀왔습니다."

"교회? 예배당 말이야?"

"네."

"피양(평양)에 아직도 예배당이 남아있나? 조국해방전쟁(한국전쟁) 때 미국놈들이 비행기루 죄다 폭격해 버렸는데. 내는(나는) 미국놈들이라면 이가 갈려. 건물이건 집이건 죄다 폭격을 하는데 피할 데가 없어. 미국사람들은 구리스도(그리스도)를 믿어 예배당은 폭격을 안 한다 기래가지구 기리루(그래가지고 그리로) 가는데 예배당이구 뭐구 막 폭격을 해, 가다말구 나무 밑에 들어가 겨우 살았어. 비행기가 얼마나 낮게 떠다니는지 내는(나는) 비행사 얼굴도 봤어. 내도(나도) 기때 예배당으로 들어갔으면 둑었을(죽었을) 기야. 미국놈들이 피양에 들어왔을 때는 밤마다 마을에 내려와 여자들을 잡아가는 바람에 우리 오마니구 뭐구 모두 숨어다니구 기랬디. 기때 생각만 하면 티(치)가 떨려."

"그러셨군요."

할머님은 잡고 있던 손을 놓더니 두리번거리시면서 싸가져 온 음료수를 권하신다.

펼쳐든 한반도기를 보고 환호하는 북녘동포들.

"기래, 깃발은 미국서 가져온 거야?"

"아닙니다. 여기 오기 전에 일본에 갔었는데 그곳에 사는 재일동포들이 준 거예요. 조선에 가면 동포들과 함께 펼쳐 보이라고요."

"암, 기래. 기래야디. 우리는 한 민독이디(민족이지). 어서 통일이 돼 함께 살아야디."

남과 북이 똑같다. 전쟁을 경험한 세대의 마음속 응어리가 풀릴 것 같지 않다. 그래도 다행인 것이 적어도 남녘동포들에 대한 나쁜 감정은 전혀 없다는 점이다.

오늘 일정에 있었던 몇 장면을 페이스북에 올렸다. 성당, 옥류관, 을밀대 그리고 무엇보다도 할머님들과 함께 한반도 깃발을 펼쳐 든 사진을.

수양딸 설경이와 수양손자 주의성. 2013년에 태어난 의성이는 벌써 여섯 살이 됐다.

순식간에 '좋아요'와 '공유' 알림이 연신 울린다. 온라인상의 통일이다. 내일은 수양딸 설경이네 집에 가는 날이다. 설경이 아들이 거의 두 살이 돼 간다. 얼마나 컸을까. 내일이 빨리 오기만을 기다리면서 잠을 청한다.

역도선수냐, 과학자냐?

국제친선박람관, 수양손자 의성

박근혜의 선물

2015년 6월 29일, 오늘은 설경이네 집에 가는 날이다. 드디어 꿈에서라도 한번 안아보고 싶었던 설경이의 아들, 의성이를 만난다. 지난번 설경이를 만났을 때는 배 속에 있었던 아이가 어느새 두 살이 다 돼 간다. 의성이는 오후에나 육아원에서 돌아온다고 하니 오전 중에는 국가선물관을 관람할 예정이다. 평양 룡악산 국가선물관은 묘향산에 있는 '국제친선전람관'과 비슷한 곳이다. 북한의 지도자들이 받은 선물 중에서 남한과 해외동포에게 받은 것을 별도로 전시해 놓은 곳이다.

이곳에서 나는 뜻하지 않게 2002년 5월 박근혜 당시 한나라당 국회의원이 김정일 위원장에게 준 선물을 발견했다. 박근혜 의원이 준 선물은 고급스러운 문양이 새겨진 칠보(七寶) 같은 물건이었다(전시관 내 사진 촬영이 허락되지 않아 직접 사진을 찍진 못했다). 나는 그녀의 선물을 바라보면

평양 룡악산 기슭의 국가선물관 입구에서 해설원과 함께.

서 그녀가 서울로 돌아온 뒤 했던 언론과의 인터뷰를 다시 떠올렸다.

"탈북자 문제는 북한의 경제난 때문인 만큼 경제를 도와줘야" "북한이 우리보다는 여성의 사회진출이 활발한 듯 보였다" "제(박근혜)가 조선반도 평화와 안정을 위해 좋은 일을 많이 할 수 있을 것" "김정일 위원장은 우리 정치에 대해 해박한 지식을 가지고 있었다" "김 위원장은 약속을 지키는 믿을 만한 파트너" "대화를 하려고 마주 앉아서 인권 어떻고 하면 거기서 다 끝나는 것 아니냐" 등등.

한국의 지도자가 된 박근혜 대통령의 이러한 생각이 하루빨리 남북관계 개선에 반영이 됐으면 하는 소망과 함께 한동안 그녀의 선물을 물끄러미 바라봤다. 화사한 미소를 지으며 김정일 위원장과 함께 찍은 사진 속의 모습이 떠오른다. 너무나도 아름다운 모습이다. 나도 덩달아 입가에 미소가 돈다.

설경이네 동네 상점에서 장을 보는 모습.

평양 한가운데서 손자를 만나다

점심 식사를 마치고 설경이가 살고 있는 아파트로 향한다. 가는 길에 상점에 들러 장을 봤다. 설경이가 좋아하는 돼지고기, 염장 미역 그리고 의성이가 좋아할 것 같은 과자와 요구르트, 음료수 등. 쇼핑하면서 진열해놓은 상품들을 주의 깊게 둘러봤다. 여전히 중국산과 일본산을 비롯한 외국 상품들이 일부 자리를 차지하고 있지만 예전에 비해 북한산 상품들이 부쩍 늘었다. 이곳 동포들이 하는 말을 들어보니 중국산 식료품에 대한 불신이 상당히 높다는 것을 알 수 있다. 그래서인지 특히 중국산 상품들이 자취를 많이 감췄다.

미국서 가져온 선물은 남편이 둘러메고 슈퍼마켓에서 산 것은 안내원 김혜영 선생과 나눠 들고서 설경이네 아파트를 향해 걷는다. 멀리서 설경이 부부가 의성이의 손을 잡고 우리에게로 걸어오고 있다. 나는 뒤따라 오던 남편을 향해 소리쳤다. "여보, 의성이가 오고 있어요!" 짐을

길거리에 내려놓고 의성이
에게로 달려갔다.

　처음 보는 순간 의성이의
얼굴에서 설경이의 모습이
먼저 보였다. 그러나 품에
가까이 안고서 보니 엄마와
아빠를 꼭 반반씩 닮았다.
의성이는 내가 머릿속으로
그려왔던 그대로다. 매우 명
랑하고 씩씩하다. 낯도 가리
지 않는다. '할마이, 할마이'

수양손자 주의성과의 첫 만남. 의성이는 씩씩했다.

부르면서 춤을 추잔다. 길거리에서 함께 손을 맞잡고 빙글빙글 돌기도
하고 의성이의 노래에 장단을 맞추기도 했다. 사람들이 무슨 일인가
싶어 가던 길을 멈추고 구경한다. 설경이 집까지 다 가기도 전에 나와
의성이는 늘 봐왔던 사이처럼 금방 친한 사이가 됐다.

　의성이는 집에 와서도 내 무릎을 떠나지 않는다. 설경이가 "할마이
힘드시니 어서 무릎에서 내려오라"고 해도 의성이는 막무가내다. 설경
이 말에 의하면 의성이가 집에서는 '극성'이지만 밖에 나가면 낯을 많이
가리는 편이라 늘 엄마 옆에만 딱 붙어 있다고 한다. 그런데 나에게만은
의외로 붙임성을 보인다고. 의성이는 내 무릎에 안겨서 쉬지 않고 "할마
이, 할마이…"란다. 설명하기 힘든 묘한 기분이 뒤섞인 흐뭇함. 이래서
할머니들이 '손주 바보'가 되는가 보다.

나의 북한 방문기 《재미동포 아줌마, 또 북한에 가다》(2015. 4.)를 받아든 평양의 수양딸 설경이.

설경이에게 나의 두 번째 방북기 《재미동포 아줌마, 또 북한에 가다》를 건네줬다. 책을 받아들곤 여기저기 읽어보며 미소를 짓기도 한다. 아마도 자기 이야기가 나오는 부분을 발견한 모양이다. 설경이가 책을 읽는 동안 의성이 아빠가 내게 인사를 한다.

"어머님, 이렇게 매번 찾아주셔서 고맙습니다."

"아냐, 내가 보고 싶어서 온 걸 뭐. 그런데 의성 아빠는 의성이가 커서 뭐를 했으면 좋겠어?"

"의성이 말입니까? 음…, 고저 지가 취미 있어 하는 것 하면 뭐든 좋갔습니다. 긴데 지금 의성이 체격 봐서는 역기(역도)선수가 됐으면 하는데…, 지금 조국에서는 역기선수들이 인기가 좋단 말입니다. 올림픽이나 세계대회에 나가서 금메달을, 그것도 세계신기록으로 따오고 하니 저도 의성이가 역기선수가 됐으면 좋겠다 말입니다, 하하. 긴데 집사람이 그만…."

"왜? 설경이가 반대해?"

"꼭 기런 건 아닌데 자기는 의성이가 과학자가 되는 게 좋겠답니다. 의성이가 전자기기 같은 것에 호기심이 많고 갖고 노는 걸 참 좋아합니다."

"어린 학생이 오케 그런 일을…"

우리는 의성이에 관해 많은 이야기를 나눴다. 이곳에서도 역시 아이들 교육이 단연 최고의 관심사다. 의성이 아빠가 이야기를 이어간다. 내게는 생각하기도 싫은 이야기지만, 이들에게는 가장 궁금하고 걱정이 되는 관심사일 게다.

"강연 도중 폭탄을 맞으셨다는데 다치신 데는 없습니까?"

"괜찮았어. 내가 서 있는 강단 앞으로 폭발물을 들고나오는데 어느 청년이 막았어. 대신 그 청년이 화상을 입었지. 내게는 생명의 은인이야."

"야~아, 저희도 당시 여기서 신문과 텔레비존을 통해 소식 다 들었습니다만 정말 깜짝 놀랐습니다. 폭탄을 던진 사람이 학생이라고 들었는데 어린 학생이 오케 그런 일을…."

"반공정신이 강한 학생인 모양이야."

"아니, 민족이 화합하고 평화롭게 살자는 오마니 말씀과 반공정신이 무슨 관계가 있다고…. 아무리 그래도 그렇지 뭐 전시도 아니고 오케 어린 학생이…. 여기선 그런 일은 상상도 못 합니다."

"……."

"이제 남조선에도 못 가신다면서요?"

"응, 그렇게 됐어."

"서울에 친정어머님, 시어머님 다 계시는데 혹시 무슨 일이라도 생기면 오케 한단 말입니까?"

"……."

가슴이 아파 온다. 화제를 돌리기 위해 설경이에게 말을 걸었다.

"설경아, 예전에 너 결혼하면 집에서 애만 키우고 싶다고 했잖아. 그러니 지금 얼마나 좋니."

"네, 행복합니다. 그런데 이젠 일 좀 해볼까 생각 중입니다."

"그렇구나. 하기야 의성이도 커가니까 천천히 생각해 보렴."

"네, 오마니."

설경이는 관광객 안내원을 그만두고 그동안은 집에서 아이만을 돌봐 왔다. 그런데 이제는 의성이도 육아원에 잘 적응해 다니니 자기도 다시 일을 시작해야겠다고 한다. 자기 사업을 해보고 싶단다. 요즘은 북한에도 관광여행사가 여러 군데 생겼다며 자기도 오랫동안 외국인 관광객 안내원을 했던 경험을 살려 여행사를 차렸으면 좋겠단다. 야무지고 똑똑한 아이니 분명히 성공하리라 믿는다.

내가 생각하는 통일은 별 게 아니다

정말 많은 이야기를 나누고 집을 나섰다. 2013년 8월 처음 설경이네

설경이 가족과 작별을 하며.

집을 방문하고 떠나던 날이 생각난다. 그때는 만남의 기쁨보단 헤어짐의 슬픔으로 가슴이 꽉 막혀버린 채 집을 나섰다. 설경이를 꼭 다시 찾아오리라는 마음속 다짐과 함께 분단된 조국을 안타까워하면서….

그러나 오늘은 떠나는 순간에도 왠지 즐겁고 행복하기만 하다. 내게 있어서 통일이란 별것 아니다. 언제든 보고 싶은 사람 만나 서로의 마음을 나눌 수 있다면 그것이 바로 통일된 조국에서 살아가는 모습 아닐까.

"가족끼리 오붓한 시간을 가지시라"며 설경이네 집으로 함께 들어가기를 끝내 거절한 리용호 운전기사가 오랜 시간 밖에서 우리를 기다리고 있다. 고맙고 미안하다. 리용호 운전기사에게 오로지 그만을 위한 저녁 식사를 대접하겠다며 안내를 부탁했다. 그의 아내가 요리사인지라 역시 식당 선택도 훌륭하고 주문한 음식들도 깔끔하다. 옆에서 남편이 음식을 차례대로 맛보며 연신 "맛있네, 맛있어" 감탄한다.

그런데 나는 음식이 눈에도 입에도 안 들어온다. 그저 눈앞에 의성이만 아른거린다. 헤어진 지 몇 시간도 채 안 됐는데 말이다. 모두 함께이 자리에 있었으면 하는 아쉬움이 이내 나의 배 속을 가득 채워 버렸다.

내일도 행복한 일정의 연속이다. 둘째 수양딸 설향이네 집에 가는날이다.

평양엔 천 명 들어갈 수 있는 술집이 있다

설향이네, 경흥 대동강맥주집

리설향 신랑은 어떤 사람일까?

매일 저녁 수기치료(지압)를 받아서 그런지 왼팔의 통증이 많이 줄어들었다. 아침에 머리를 빗는 데 불편함을 느끼지 못했다. 저녁에 치료받으러 가서 진심으로 선생님께 감사의 인사를 드려야겠다.

치료를 받을 때마다 환자를 대하는 의사 선생님의 마음에 깊이 감동한다. 마치 나의 통증을 함께 나누려는 듯 힘겨운 표정을 지으며 섬세한 손놀림으로 나를 고통으로부터 구하려 한다. 치료가 끝나고 일어나 얼굴을 마주할 때면 선생님의 이마에는 땀방울이 맺혀있다. 한쪽 구석에서 힘겹게 돌아가는 선풍기로는 땀을 식힐 수 없을 듯하다.

전날 저녁, 선생님께 팔 상태가 많이 좋아졌다고 말씀드렸더니 기분상 그렇게 느끼는 것이라며 시간이 좀 걸린다고 하셨다. 어쨌든 기분상이라도 좋으니 이만하면 됐다.

평양에 있는 3대혁명 기념관 내 3대혁명기념탑.

2015년 6월 30일, 드디어 둘째 수양딸 리설향의 집에 가는 날이다. 설레고 흥분된다. 신혼집은 어떻게 꾸려 놨을까, 신랑은 어떤 사람일까… 궁금한 것 투성이다. 온통 내 관심은 한시라도 빨리 설향이 집에 가서 설향이를 만나는 일이다. 설향이 신랑이 퇴근할 즈음에 맞춰 오후에 가기로 돼 있단다.

3대혁명 기념관

오전에는 일행인 박세희 교수와 함께 박 교수의 안내원인 30대 초반

3대혁명기념관에 있는 은하3호 로켓 모형(위)과 3대
혁명기념관에서 본 광명성 3호 인공위성 모형.

의 송영혜 선생의 인솔로 '3대
혁명 기념관'이라는 곳을 가
기로 돼 있단다. 대충 설명을
들어보니 일종의 산업전시관
같은 곳이다. 경치 좋은 곳에
가서 맥주 마시는 걸 좋아하
는 남편이 싫어하는 종류의
일정이다.

기념관에 도착하니 해설을
담당할 젊은 청년이 우리를
기다리고 있다. 그의 안내를
받으며 기념관을 관람했다.
예상했던 대로다. 넓은 부지
에 북한의 산업을 한눈에 볼
수 있게끔 꾸려놨다.

이 중 가장 인상 깊은 곳은
역시 우주로켓 모형을 전시해놓은 곳이다. 이곳 전시관을 담당하는 해
설원의 목소리에는 엄청난 자부심이 실려있다. 이 로켓들과 인공위성들
을 100% 자력으로 만들었단다. 그야말로 '메이드 인 노스 코리아'란다.

우리는 언제부터인가 달러화로 표시된 1인당 국민소득으로 한 나라
를 평가하곤 한다. 북한의 1인당 국민소득이 불과 1천여 달러로 알려져
있으니 어떤 사람들은 북한을 아프리카보다 가난한 나라로 생각하기도

한다.

그러나 북한은 과학국가다. 우주과학기술은 모든 테크놀로지의 집합체라고 하지 않는가. 남한의 무궁화 인공위성을 북의 은하 로켓에 실어 올려보내는 상상을 해본다. 전시관을 나오면서 이내 분단된 조국의 현실을 떠올리며 아쉬움에 한숨을 내쉰다.

세상이 좁네!

우리를 위해 수고해준 김원호 해설원은 과학에 상당한 지식을 갖고 있었다. 전공이 궁금했다.

"대학에서는 뭘 공부하셨어요?"

"영어를 전공했습니다."

"과학이 아니라 영어를요?"

"네. 이곳에서 일하니까 많은 분께서 제가 과학계통을 전공했다고 생각합니다만 저는 평양외국어대학에서 영어를 전공했습니다. 이곳에는 외국인 관광객들이 많이 오기 때문에 외국어를 전공한 사람들이 많이 일하고 있습니다. 선생님들께서 미국서 오셨다니까 영어를 전공한 제가 담당하게 되었어요."

"평양외대에서 영어를요?"

"네"

"그럼 혹시 문호영이라고 아시는지요? 나이가 언뜻 비슷해 보이는데."

"아니, 선생님께서 호영이를 어떻게…. 저하고 대학을 같이 다녔습니다."

"어머, 그러시군요. 2012년 나진·선봉에 관광을 갔었는데 그때 문호영이 저희를 안내해줬어요. 그래서 닷새 정도 함께 다녔습니다."

"야~ 그러셨군요. 그 동무 고향이 그곳입니다. 관광 안내를 하고 있구만요. 결혼은 했답니까?"

"아마 지금쯤 했을 거예요. 당시 결혼을 약속한 사람이 있다고 했으니까요."

"어떤 여성인지 궁금하네요."

"직업이 의사인데 바쁜 가운데서도 매일 호영 동무 어머님을 찾아뵙는다며 흡족해하고 있었어요."

"아, 그렇군요. 일 마치면 전화번호를 알아내 꼭 연락해봐야겠습니다. 신 선생님 안부도 전하겠습니다."

"고마워요. 보고 싶다고 전해 주시고 나진·선봉에도 한 번 가겠다고 꼭 전해 주세요."

"네, 꼭 전하겠습니다."

옆에서 대화를 듣고 있던 박 교수가 말한다.

"북한도 세상이 좁네!"

"선생님, 군인 찍지 마시라니까요"

기념관을 나와 주차장으로 가는데 멋진 여군들이 대오를 지어 기념관

안으로 들어간다. 이를 놓칠세라 남편이 카메라를 꺼내 들자 송영혜 안내원이 남편을 말린다.

"정 선생님, 여기 한두 번 오신 것도 아니시고⋯. 군인은 사진 못 찍게 돼 있는 것 잘 아시면서."

아니나 다를까 남편이 카메라를 내리면서 불평을 해댄다.

"아니, 대체 군인이 무슨 국가기밀도 아니고 나 원 참. 지난번 '로농적위군' 열병식 때도 카메라를 못 가지고 가게 해서 사진 한 장 못 찍고 말이야. 정규군 열병식이 하도 대단하다 그러길래 보러 오고 싶어도 사진 못 찍게 해서 안 와. 열병식 구경하고 사람들한테 알려주기도 해야 하는데, 사진이 없으니까 증거가 없어 자랑하지도 못하고 말이야."

"원래 열병식 때는 기자 외엔 아무도 사진기를 지참할 수가 없습니다."

"뭐? 기자? 참, 우리 집사람도 기자야. 그러니까 카메라를 들고 열병식에 갈 수 있겠네?"

"에이, 선생님도. 신 선생님이 무슨 기자예요?"

"하아~, 이 사람. 기자 맞다니까."

"신 선생님 비자 신청서 직업란에 '가정주부'라고 쓰여 있는데 웬 거짓말을 하십니까? 기행문을 쓰시는 건 알고 있습니다만."

"거짓말? 이봐, 영혜 선생, 서울에 〈오마이뉴스〉라는 언론사가 있는데 그곳에서는 거기에다 글을 쓰는 사람들을 모두 '시민기자'라고 불러."

"월급도 받습니까?"

"월급? 에이~, 우린 미국서 사는데 무슨 월급을 받아. 음⋯, 대신 원고료를 받아. 그러니까 기자 맞지?"

"그래도 정식 기자가 아닌 것 같은데…. 음…, 어쨌든 그러면 한번 외신기자 취재목적으로 비자를 신청해보세요. 저희가 외무성에 제기해보겠습니다."

"정말? 알았어, 허락하면 무조건 열병식 할 때 사진 찍으러 올게."

"올 10월에 큰 행사를 합니다. 조선로동당 창당 70주년이라서 말입니다. 열병식도 볼 만할 겁니다."

남편은 내 의견도 묻지 않고 흥분해서는 10월에 또 올 거란다. 뭐든지 자기 마음대로다. 독재도 이런 독재가 없다.

드디어… 설향이와의 재회

기념관에서 한참을 걸었더니 배가 고파온다. 우리 일행은 점심 식사를 위해 '호케이'(아이스하키) 경기장 바로 뒤에 있는 '은반식당'이라는 곳에 왔다. 메뉴를 펼치니 온갖 메뉴가 다 맛있어 보인다. 그런데 막상 이것저것 주문을 하려니 섬큼 내키지 않는다. 설향이를 곧 만날 생각에 마음이 들떠서다.

그저 시원한 냉면 한 그릇이면 충분할 것 같아 냉면 200g을 주문했다. 그동안의 경험에 의하면 평양의 냉면 그릇은 모두 놋쇠인데 이 식당의 그릇은 스테인리스다. 식당 이름이 '은반'이라 용기도 은빛을 띠는 스테인리스를 쓰는 걸까? 그릇의 은빛이 반사돼 국물이 맑고 투명해 보인다. 국물이 정말 시원하다. 함께 나온 배추김치와 오이김치는 모양

만큼이나 맛도 깔끔하고 산뜻
하다.

설향이네 집으로 갈 준비를
하기 위해 호텔로 돌아왔다. 방
으로 올라와 미국서 가져온 선
물을 챙겨 로비로 내려오니 우
리 안내원 김혜영 선생이 기다
리고 있다. 방문 시각에 맞추기

평양 은반식당 메뉴판.

위해 커피숍에서 한동안 시간을 보낸 뒤 설향이네 집을 향해 호텔을
나섰다.

설향이의 아파트로 향하는 차 안에서 지난날 함께 여행했을 때의
일을 회상해본다. 백두산을 오를 때 힘들어하는 나의 허리를 감싸 안고
하던 말이 생각난다.

"오마니, 뒤에서 일본군 토벌대 놈들이 우리를 잡으러 추격하고 있다
는 생각을 해보시라요. 발걸음이 빨라질 거야요. 저 위에 또 다른 모습의
천지가 있습니다. 우리를 추격하는 놈들이 바로 저 구름과도 같은 건데
백두산의 구름은 있다가도 없어집니다. 거게서 보는 천지가 '해방된
조국'의 모습이야요. 그 모습을 보시지 않고 여기서 주저앉아 잡히시갔
어요?"

마음도 여리고 눈물도 많은 설향이에게 이런 말을 듣고 깜짝 놀랐던
기억이 난다. 지금은 결혼하고 집에서 살림만 한다는데 아이는 생겼는
지 이것저것 궁금한 게 한두 가지가 아니다.

개선문 근처의 설향이네 아파트

설향이네 아파트는 개선문 근처에 있다. 건물이 많이 낡았다. 족히 30~40년은 돼 보인다. 그래도 평양 여기저기 많이 돌아다녀 본 경험으로 볼 때 이 동네가 생활하기 편할 것 같다는 생각이다. 전철역도 가까이 있고 상권도 잘 발달해 있고….

설경이네 아파트처럼 설향이네 아파트도 언제가 될지 모르겠지만 재개발만 된다면 엄청나게 좋아질 것 같다. 하기야 설경이네 집도 겉은 낡아서 당장이라도 재개발할 듯 보여도 집안은 매우 깨끗하고 튼튼했다. 앞으로 몇십 년은 거뜬히 버틸 수 있지 않을까 싶을 정도로. 그러니 설향이네 집도 겉모양과는 달리 속은 튼튼하고 깨끗할 법하다.

남이고 북이고 요즘 젊은이들은 우리 때보다 훨씬 영리하고 세상 돌아가는 이치에도 밝으니 설향이네 부부도 어련히 잘 따져보고 이곳 아파트에 신혼살림을 차리지 않았겠나. 일단 안에 들어가 보고 괜찮으면 이사 가지 말고 언제가 됐든 재개발할 때까지 살라고 해야겠다. 설경이 말에 의하면 재개발 아파트는 최신식 구조로 넓게 짓는 데다가 현재 입주자에게 우선권을 준다고 하니 말이다.

우리는 설향이 집에

설향이네 아파트 건물에 있는 상점. 별거 없어 보이는데 안에 들어 가보니 아니었다. 여러 가지 물건이 가득했다.

들어가기 전, 이 아파트 건물에 붙어있는 자그만 가게에 들렀다. 밖에서 보기에 너무나 작고 초라해보여 대체 뭐가 있을까 생각했는데, 막상 들어가 보니 웬만한 물건

설향이네 아파트 입구에서 설향이 부부와 함께.

은 다 갖추고 있다. 설향이가 좋아하는 바나나와 수박 그리고 소고기, 돼지고기와 오리구이 한 마리를 샀다.

곧 설향이 볼 수 있다는 마음에 허겁지겁 달려간다. 아파트 건물 입구에 설향이 부부가 미리 마중 나와 있다. 설향이와 나는 얼싸안고 둥실둥실 춤을 추듯 맴돌았다. 우리가 반가워 어쩔 줄 모르는 모습을 설향이 신랑이 흐뭇하게 바라보았다.

신랑은 체구도 듬직하고 얼굴의 윤곽도 굵고 뚜렷하다. 눈빛은 서글서글하고, 콧날은 반듯하다. 마치 북한 영화에 나오는 전형적인 남자배우 같다. 믿음직스럽다. 한순간에 안심이 된다. 인사를 나누며 말을 주고받아 보니 사람이 화통하고 붙임성도 좋다. 존칭어를 쓰자 누가 사위에게 말을 높이느냐며 "말씀을 편히 하시라"고 한다.

설향이의 손을 꼭 잡고 계단을 걸어 올라갔다. 어떻게 이 동네에 살게 됐느냐고 묻자 신랑 직장이 이 근처라서 이곳에 아파트를 배정받았다고 한다. 현관문을 여니 역시 신혼 살림집이라 아기자기하다. 피아

설향이 부부는 우리를 위해 다과상을 차려놨다. 설향이 남편은 내게 대동강맥주를 권하며 농을 치기도 했다.

노가 제일 먼저 눈에 들어온다.

"어머, 설향아, 피아노도 있네. 너는 무용을 하잖아. 근데 피아노도 치니?"

"남편이 칩니다. 남편이 학교 다닐 때 소조(과외) 활동으로 피아노를 했습니다."

"좋겠다, 설향아. 남편의 연주에 맞춰 춤도 추고. 행복하지?"

"네, 어머니. 아직까지는…."

이 말을 들은 신랑이 헛기침하며 "아직까지라니"라면서 설향이를 노려보는 척한다. 남편이 제법 유머도 있다.

응접실에 다과가 한 상 차려져 있다. 설향이 남편이 대동강맥주를 권하며 농담을 한다.

"어머니, 대동강맥주 한 잔 드리고 싶은데 권하기가 좀 겁이 나서….."

"아니, 왜 겁이 나?"

"어머니께서 서울에 가셔서 '대동강맥주가 맛있다'는 말씀하시는 바람에 혼나셨다는 소식 들었습니다."

"아~, 괜찮아. 벌써 다 잊었어. 남쪽에는 방송국이 아주 많은데 일부 방송에서 그 말을 갖고 내가 소위 '종북'이라고 비난했지."

"네, 다 들었습니다. 아무리 그래도 그렇지 맥주가 맛있다는 말이 왜 문제가 되는지 저희는 정말 리해할 수가 없었습니다."

"하하, 자, 괜찮으니 어서 한 잔 따라줘요. 설향아, 너도 한 잔 같이 하자."

"어머니, 저는….."

"왜? 속이 안 좋아?"

"저…, 지금 3개월 됐습니다."

"뭐라고? 3개월? 어머, 아기 생겼구나. 어머, 얘, 축하해!"

"고맙습니다, 어머니."

"그래, 마시지 마. 조심해야 해. 정말 잘 됐다, 설향아. 너 닮은 참한 아기도 좋고 아빠 닮은 듬직한 아기도 좋고…. 딸이든 아들이든 정말 예쁘겠다. 얘."

아기를 가졌다는 소식에 가장 반가워했을 사위에게 물었다.

"아들이었으면 좋겠어? 아니면 딸?"

"저는 딸이면 좋갔습니다. 지 엄마 어린 시절을 한눈에 볼 수 있을 것만 같아서, 하하."

"그래, 누굴 닮아도 좋겠다. 그저 건강하고 튼튼하면 더 바랄 게 없지. 설향아, 내가 손주 복이 터졌다. 설경이 아들 의성이도 얼마나 잘 컸던 지…. 설경이 한테도 너 잘 돌봐주라 일러 놓을 테니 너도 언니한테 도움 청해. 알겠지?"

"네, 어머니. 설경 언니가 저한테 신경 많이 써줍니다."

"정말 기쁘구나. 딸 복에 사위들 복에 거기다 손주 복까지…."

2013년 8월 함께 여행할 당시 어디선가 온 전화를 기어들어 가는 목소리로 받더니…, 부리나케 전화를 해댄 그가 바로 설향이 남편이다. 신혼집에 너무 오래 머물렀다. 이제 그만 떠나려고 하자 "저녁 식사를 함께 드시고 가시라"고 한다. 붙잡는 걸 겨우 뿌리쳤다.

"설향아, 저 아바이가 이번 10월에 열병식 구경하러 오시겠다는데 나는 너 때문에 꼭 와야겠다."

"10월에 또 오실랍니까?"

"그래, 출산 준비해서 다시 올게."

"오마야…."

설향이는 상위에 올려진 과일을 주섬주섬 용기에 담아 건네준다.

"오마니, 이거 호텔에 가서 드시라요."

"아냐, 설향아, 호텔에 다 있는 거 너도 알잖아."

"밤늦으면 상점들 모두 닫잖습니까. 가져가시라요, 오마니."

이산가족 무조건 만나게 해야

설향이가 싸준 걸 받아들고 아파트를 나선다. 감격이 벅차올라 눈물이 핑 돈다. 내 인생에 기적처럼 찾아온 '도깨비 나라' 북한으로의 여행! '달나라보다 낯설었던' 북녘땅에 수양딸들과 사위가 있고, 손주가 있다. 이것이 바로 내가 통일을 간절하게 염원하는 원초적 이유다.

지금 남과 북에는 수많은 이산가족이 아직도 살아있다. 심지어 휴전 후 남한에서 태어났지만 북한에 있는 형제를 찾아가는 재미동포를 나는 북한행 비행기 안에서 만난 적도 있다. 게다가 남한에는 2만5천여 탈북동포들이 있다. 이들은 오늘도 핏줄을 그리워하며 재회의 그 날을 기다리고 또 기다린다.

인간의 정과 사랑보다 더 강력하고 위대한 것은 없다. 그리고 그 근원은 가족이다. 어느 날 갑자기 내 사랑하는 아버지, 어머니 그리고 형제자매와 헤어져 생사조차 알 길 없는 세월을 살아가게 된다고 상상해보라.

나는 그 어떤 위험을 감수하고라도 그들을 만나기 위해 몸부림치며 살아갈 것이다. 아무리 몸부림쳐도 만날 수 없다면, 살아도 살아있음이 아닌, 지옥과도 같은 생을 살아갈 것이다. 그러다 어느 날 미어지는 가슴을 부여잡고 '혹시나 저세상에서라도 만날 수 있을까' 피눈물을 흘리며 이생의 삶을 마감할 것이다.

세상천지에 이같이 잔인한 비극은 없다. 그런데 피붙이, 형제자매, 부모를 생이별시켜 놓은 채, 남북 두 나라가 너무나도 태연하게 존재하고 있지 않은가! 끊긴 인연의 끈을 방치하고 있는 두 나라에 어떤 천벌이

비 내리는 평양 시내. 이산가족의 한이 빗줄기가 돼 내리는 듯했다.

내려질까 섬뜩하기까지 하다. 이 비극은, 이 죄악은 그 어떤 번드르르한 말로도, 그 어떤 이유로도 설명될 수 없다.

사랑하는 가족을 국가의 허락 없이는 만날 수 없다거나, 함께 살지 못하게 하는 것은 인류에 대한 범죄이며 가장 근본적인 인권

유린이다. 북한의 인권을 비판하는 남한도 이것에서 자유로울 수 없다. 이산가족들을 아무렇지도 않게 바라보며 살아가는 이 시대의 사람들 또한 엄청난 인권 유린에 동참하고 있는 것이다.

해외여행에 제한이 없고(북한 여행 제외) 자유민주주의를 표방하는 한국 정부에 제안한다. "북에 가족이 있는 남한 주민들은 원하면 누구나 북한에 가서 헤어진 가족을 만나도 좋다"라고 선언할 것을. 주민들의 해외여행이 제한된 북한에도 제안한다. "북에 헤어진 가족이 있는 남한 주민들은 누구나 북한을 방문해 가족과 상봉할 것을 허락한다"라고 선언할 것을.

겨우 작별인사를 하고 차에 올랐다. 부슬부슬 내리던 빗줄기가 굵어진다. 차창을 두드리는 빗소리가 한맺힌 이산가족의 흐느낌 소리로 들린다.

1천 명 들어가는 경흥맥주집

기분 전환을 하고 싶어 안내원 김혜영 선생에게 어디 가서 맥주나 한잔하자고 제안하니 옆에서 남편이 반색하며 김혜영 선생에게 묻는다.

"혜영 선생, 혹시 '경흥맥주집'이라고 알지요?"

"경흥관 모르는 평양사람이 오데 있습니까. 긴데 기곳은 인민봉사 맥주집이라서 외부인은 갈 수가 없습니다."

"왜요? 시설이 안 좋아서 그럽니까?"

"안 좋긴요, 기렇지 않습니다. 기곳에서는 조선 돈만 사용할 수 있으니 조선 돈을 소지할 수 없는 외국 관광객들은 갈 수가 없단 말입니다. 정 선생님 잘 아시면서…."

"에이, 김혜영 선생, 그러지 말고 우리 갑시다. 김 선생이 우리에게 한잔 대접한다는 생각하고 가면 안 될까요?"

"아, 이를 어쩐다. 가면 규정을 위반하는 건데…."

"무슨 일 있으면 내가 책임질 테니."

"오마, 정 선생님이 어떻게 책임을 진단 말입니까? 책임을 지면 내가 지는 게지."

눈치를 보니 김혜영 선생 재량에 달린 듯하다. 나도 덩달아 부추겼다.

"그저 크게 문제될 거 없으면 가보지요, 김 선생님."

"그럼 갑시다. 신 선생님이 가자니까… 정 선생님만 가자고 하면 안 갈라 기랬는데."

맥주집에 도착하니 비가 싹 그쳤다. 맥주집 규모가 상당히 크다. 족히 천 명은 수용할 것 같다. 이곳에서는 '까스맥주'라고 불리는 대동강생맥

경흥 대동강맥주집 입구에서. 족히 천 명이 들어갈 정도로 규모가 상당히 컸다.

주를 제공하는 곳인데 종류는 모두 일곱 가지다. 안내판을 보니 쌀과 보리의 혼합비율에 따라, 그리고 알코올 도수에 따라 구분해놨다.

손님은 주로 직장인들처럼 보인다. 넥타이를 맨 사람들, 작업복을 입고 붉은 별이 달린 '모택동 모자'를 쓴 사람들, 여성 근로자들로 가득 찼다. 퇴근길에 들려 한잔하는 모양이다.

나도 한 잔 받아들고 북녘동포들과 어울려 시원한 대동강생맥주를 마구 들이켰다. 내가 해외동포인 줄 알고 이것저것 많은 질문을 한다. 어디서 왔느냐, 어떻게 왔느냐, 고향이 어디냐, 무얼 하느냐, 나이는 몇이냐, 애들은 몇이냐, 애들은 무얼 하냐, 부모님은 계시냐, 부모님은

경흥 대동강맥주집에서 북녘동포들과 어울려 대동강생맥주를 마시며. 이곳에서 만난 북한 동포들은 내 이야기를 귀 기울여 들었고, 질문도 끊이지 않았다.

어디 사시느냐, 미국서도 조선 음식을 해 먹느냐 등 궁금한 것도 많아 질문이 그치질 않는다. 일일이 모두 대답해주니 재미있다는 표정을 지으며 열심히 듣는다. 예전 우리들의 모습이다.

남녘 출신의 해외동포라고 하면 눈을 맞추고 손을 덥석 잡으며 하는 이야기가 있다. 우리는 한 민족이라는 것, 하루빨리 평화로운 통일을 이뤄 함께 살아가자는 것, 예전 6·15선언과 10·4선언 시대로 다시 돌아가서 남녘동포들을 만나고 싶다는 것, 그 시절이 정말로 꿈만 같다며 그때는 곧 통일이 될 것 같아서 얼마나 흥분됐는지 모른다는 것 등이다.

이렇듯 동포들과 얘기를 나누면 우리는 서로를 금방 이해하고 하나가 된다. 통일은 어려운 게 아니다. 이게 바로 통일이다. 정말 즐거운 시간을 보냈다. 행복한 하루였다.

장애인은 평양에서 살 수 없다?

평양의 장애인 학교, 북송 장기수

북한의 천연기념물 '강서약수'

어젯밤(2015년 6월 30일) '경흥관 대동강맥주집'에서 과음한 것 같다. 경흥관은 안주도 거의 없이 서서 맥주만 마시는, 그야말로 맥주 시음장 같은 곳이다. 대동강맥주 공장에서 매일 신선한 맥주를 공급한단다. 그래서인지 호텔에서 마시는 대동강 병맥주보다 훨씬 맛있는 느낌이다. 내 주량은 500cc 정도인데 북녘동포들이 흑맥주를 포함해 종류별로 권하는 바람에 한 잔씩은 다 마신 것 같다. 아침에 일어나니 다리도 좀 뻐근하고 속도 시리다. 냉장고를 열고 '강서약수'를 들이켰다. 트림이 나오고 얼마 지나지 않아 식욕이 돈다.

'강서약수'는 천연탄산수인데, 북한의 천연기념물이기도 하다. 〈사신도〉 벽화로 유명한 고구려시대 고분인 강서대묘가 있는 평안남도 강서군 약수리에서 나오는 약수를 병에 담아 상품화한 것이다. 병에 붙어있

는 설명서를 보면 '강
서약수'는 거의 만병
통치약 수준이다. 위
장병, 간 기능 강화 등
등. 그래서인지 강서
약수터에는 요양소가
있다. 강서약수를 기
본치료제로 소화기계
통의 질병을 앓는 환

파란 병의 강서약수.

자들을 치료한다. 2011년 일본 후쿠시마 지진의 영향으로 지각에 변동이
생겨 샘터가 막혔으나 그 이후 더 큰 수원을 찾아 생산량이 몇 배 더
늘어났다고 한다.

　나는 북한을 여행할 때마다 '강서약수'를 하루에 적어도 두세 병은
마신다. 북한에서 잠자리에 들 때도 머리맡에 강서약수를 놓아둔다(남편
은 대동강맥주를 꼭 챙겨놓는다). 그래서인지 나는 북한을 여행하면서 소화불
량으로 고생한 적이 거의 없다. 2013년 9월 북한 여행 때, 사슴고기인
줄 알고 속아서 단고기(개고기)를 먹고는 이루 말할 수 없이 거북한 속을
달래보려고 대동강맥주를 연거푸 마셨다. 하지만, 정작 상한 비위를
달래준 건 강서약수였다. 강서약수에 대한 나의 예찬은 끝이 없을 듯하
다. 천연기념물로 지정됨에 손색이 없다.

　아침 식사를 마친 우리는 장애인학교 방문을 위해 호텔을 나섰다.

장애인학교 선생님들과 함께(왼쪽).

평양에도 장애인학교가 있다

남편과 나는 대구에 있는 장애인예술단 범하애광소리예술단의 이사다. '범하'는 돌아가신 내 외할아버지의 호다. 청각장애인으로 이뤄진 예술단인데, 단원들이 음악에 맞춰 무용을 한다. 나는 이 예술단을 이끌고 일본·미국 등지로 해외공연하러 다니기도 했다. 입국금지가 된 현재로서는 이 예술단을 위해 아무런 봉사를 하지 못하고 있다. 이런 연유로 나는 북한의 장애인학교 방문을 요청했다. 훗날 범하애광소리예술단과 이 학교 학생들의 교류를 염두에 두고서.

내가 장애인학교를 방문하고 싶어 했던 또 다른 이유가 있다. 나는 남한 언론을 통해 '장애인들은 평양에서 살 수가 없다'는 말을 듣고 북한의 야만적인 처사에 분노한 적이 있다. 그러나 평양의 거리를 다니면서 휠체어를 탄 사람이나 목발을 짚고 다니는 사람을 목격하면서 남한 언론의 보도를 의심하기 시작했다. 평양에도 장애인들이 살고

장애인 어린이학교인 평양동문2탁아소의 음악 수업을 참관했다.

있다면 필히 장애인학교가 있을 것이라는 생각이 들었다. 확인해보고
싶었다.

　이 학교의 정식 명칭은 '평양동문2탁아소'. 신체장애는 물론 정신장애
가 있는 어린이들에게 특수교육을 제공하는, 유치원과 같은 단계의
교육기관이다. 건물이 오래돼 새 건물을 짓고 있다고 한다. 그래도 장애
어린이들을 위한 교재와 시설을 두루 갖추고 있다. 벽에 붙어있는 일과
표를 보니 아이들은 기숙하는 모양이다. 선생님께 물으니 아이들이
주중에는 학교에서 보내고, 주말엔 집에 가 부모들과 함께 지낸다고
한다.

　무엇보다도 이 학교는 조기교육을 강조하고 있다. 일반적으로 부모들

내 옷을 만지는 장애 어린이.

은 아이에게 장애가 있다는 사실을 알고도 이를 무시하거나 숨기고 일반학교에 진학시켰다가 결국엔 뒤늦게 특수학교로 보내는 경우가 종종 있단다. 이런 상황에서는 치료가 더 어려워진다고. 그러나 일찍이 유아 때부터 특수교육을 받으면 정상학교로 진학하게 될 확률이 제법 높다는 설명이다. 그래서 장애가 있는 아이는 속히 특수학교로 보낼 것을 여러 경로를 통해 권한다고 한다.

자폐가 있는 학생들이 내 옷을 부여잡고서 함께 놀자고 한다. 나는 그 아이들과 춤도 추고 대화도 나누며 듬뿍 사랑을 나눴다. 그중 한 남자 어린이가 내 곁을 떠나지 않는다. 사진을 찍으려니 멋진 포즈도 잡아준다. 나는 이 아이에게 내년에 꼭 다시 찾아오겠다고 귓속말을 해주곤 아이들과 작별인사를 했다.

유럽공연 다녀왔다는 장애인 예술단

아이들과 작별인사를 나눈 남편과 나는 이 학교 근처에 있는 장애인 예술단을 방문했다. 장애인 예술단은 청각장애인들과 시각장애인들로 구성돼 있다. 얼마 전 유럽공연을 마치고 돌아왔다는 단원들은 다가오

장애인 예술단과 함께.

는 캐나다 초청 공연을 앞두고 연습을 하고 있었다. 미국에서 온 동포라고 소개하니 환영하는 마음을 공연으로 전하겠다고 한다.

청각장애를 가지고 있는 학생들은 눈빛으로, 손끝으로, 온몸과 마음을 합해 춤을 춘다. 소리를 듣지 못하는 이들은 영혼의 울림에 장단을 맞춰 몸을 움직인다. 이뿐인가. 영혼의 눈으로 삼라만상을 마음에 품어 안은 시각장애학생들은 목소리로, 손가락으로 세상을 하모니에 담는다. 아! 이미 신의 경지에 다다른 단원들은 보는 이들을 숙연하게 만드는 감동을 선사한다. 하찮은 방문객에게 공연을 베풀어준 단원들에게 깊숙이 고개 숙여 고마움을 전했다.

언젠가 좋은 시절이 오면 장애 어린이들과 함께 이 예술단을 남한에

민요를 불러주는 북송장기수 최선묵 선생님 부부.

초청해 남한의 동포들에게도 내가 느낀, 설명하기 힘든 감격의 마음을 전해드리고 싶다. 뿐만 아니라 남편과 내가 이사로 있는 대구의 범하애 광소리예술단도 북한 공연을 열어 서로의 사랑을 온몸으로 교감할 수 있게 되길 소망한다.

북송 장기수 최선묵의 집

점심 식사를 마친 오후엔 특별한 일정이 잡혀있다. 소위 '북송 장기수'라 불리는 분의 집을 방문하는 일정. 원래 이 일정은 계획에 없었다.

이틀 전 안내원 김혜영 선생과 커피숍에 앉아 대화를 나누던 중 북송 장기수분들에 대한 이야기가 나왔다. 내가 유일하게 이름을 알고 있는, 종군 기자로 전선을 취재하다 체포됐다는 북송 장기수 리인모 선생에 관한 이야기였다. 당시 남편이 김혜영 선생에게 물었다.

"그분들께서는 모두 잘 계시나요? 연세가 이제는 꽤 되셨을 텐데…."

"네, 모두 잘 계십니다. 돌아가신 분들도 계시고…. 이 호텔 바로 옆에 사십니다. 일부는 새로 세운 아파트로 가신 분들도 계시구요."

"호텔 옆이라니요?"

"바로 호텔 뒤입니다. 만나 보시겠습니까? 원하시면 일정을 잡아 보겠습니다."

김혜영 선생에 따르면 북송 장기수는 모두 예순여섯 사람인데 현재 스물다섯 분이 생존해있다고 한다. 90대가 일곱 분, 80대가 열일곱 분, 그리고 70대가 한 분이다. 우리가 지금 가려는 아파트에 열세 분이 살고 있으며 열두 분은 평천구역 안산이라는 동네에 새로 지어진 아파트에 살고 있다고 한다.

나는 그분들의 전쟁 경험담이 궁금했다. 언제, 어디서, 어떻게 포로가 됐으며 제네바 협약에 의해 자국으로 돌아가야 할 분들이 왜 정전 후 북으로 돌아갈 수 없었는지, 왜 전쟁포로가 징역을 살아야 했는지 등등. 아파트는 걸어서 갈 수 있는 위치에 있었다. 우리가 아파트 입구에 도착하자 북송 장기수 한 분이 우리를 반겨주신다. 그분이 우리를 인도해 또 다른 북송 장기수분이 사는 집에 들어갔다.

우리를 인도한 분의 성함은 김동기이고, 1932년생이라 한다. 무척

활달하고 말씀이 시원시원하다. 그리고 우리가 방문한 가정의 주인 성함은 최선묵, 1928년생. 성정이 아주 조용하고 차분하며 전형적인 학자 스타일이다. 옆에 부인이 함께하고 있었다. 우리 부부를 마치 오랜

북송 장기수 최선묵 선생님 댁에서 대접해 준 찹쌀떡.

세월 떨어져 지냈던 자식들인 양 감격스럽게 맞아주신다.

테이블 위에는 맥주를 비롯한 다과가 차려져 있다. 한가운데 놓여있는 찹쌀떡 빛깔이 무척 고와 인사를 나누기가 무섭게 사진부터 찍었다. 나는 최선묵 선생님께 먼저 물었다.

"언제, 어디서 포로가 되셨어요?"

"아~, 나는 전쟁포로가 아녜요. 1960년대 초 임무로 왔다가 그만…"

옆에 계시던 김동기 선생님도 자신은 전쟁포로가 아니라고 말한다. 나는 깜짝 놀랐다. 이분들은 한국전쟁 때 포로가 된 분들이 아닌, 소위 '남파간첩'들이었다. 이분들이 '간첩'이었다는 사실을 아는 순간 얼마나 당황했는지 한동안 말문을 이어갈 수 없었다.

내가 놀란 또 다른 이유는 이분들의 자상하고 다정다감한 모습 때문이기도 하다. 어려서 내 머릿속에 각인된 '남파간첩'이란 얼굴에는 털이 나고, 어둠이 깔리면 중절모를 푹 눌러쓰고 외투의 깃을 올려 얼굴을 절반쯤 가린 채 산에서 내려오는 무시무시한 사람들이었다.

북송 장기수 최선묵 선생님의 부인과 함께.

생각이 다르다는 이유로 형을 연장한다고?

이야기를 나누는 동안 나는 전쟁포로가 아닌, 간첩죄를 지은 이분들이 징역을 산 건 당연하다고 생각했다. 그러나 합당한 형기를 마치고도 전향하지 않았다는 이유로 또다시 수감됐다는 말에는 결코 동의할 수 없었다. 인간이 가진 생각을 포기하지 않는다고 폭력을 가하고 형기를 연장하는 건 엄청난 인권유린이며 야만이기 때문이다.

KAL기 폭파범 김현희 씨가 떠올랐다. 비행기를 폭파해 100명이 넘는 무고한 사람들을 살해한 테러리스트는 사면해주고, 죄의 대가를 다 치르고도 생각을 바꾸지 않는다는 이유로 형기를 연장하는 등 온갖 박해를 가하다니. 뭔가 잘못돼도 한참 잘못됐다.

악기를 연주하는 북송 장기수 최선묵 선생님.

어찌 인간의 생각과 믿음을 죄로 다스릴 수 있단 말인가. 아마도 국가보
안법과 같은 엉터리 법이 있는 나라에서나 가능한 일이 아닐까 생각해
본다. "대동강맥주가 맛있다" "북녘에 흐르는 강물이 깨끗했다"등의
사실을 말했다가 무려 두 달 동안이나 '종북몰이'를 당하고도 모자라
출국정지, 그리고 검찰·경찰의 수사를 받고 입국금지와 함께 강제출국
을 당한 나 자신을 돌아보기도 했다.

  최선묵 선생님께서는 자신이 손수 제작했다는 악기를 연주해주셨다.
구슬픈 피리 소리에 그분의 인생 여정이 담겨있다.

  북송 후 결혼한 최선묵 선생님의 부인은 '만수대 예술단'의 배우였단
다. 북한 가수들의 독특한 창법으로 최선묵 선생님과 함께 우리 민요들

을 불러주셨다. 두 분의 방 벽에는 이분들이 걸어온 삶의 자취를 뒤돌아볼 수 있는 온갖 상장들과 훈장 증서들이 걸려있다.

우리를 안내한 김동기 선생님의 고향은 마그네사이트로 유명한 함경남도 단천. 이분은 남한에서 수감 생활을 하는 동안 폴 새뮤얼슨(Paul Samuelson) 등 미국 경제학자들의 저서를 원서로 읽었을 뿐 아니라 그 외에도 경제학에 관한 수많은 책을 섭렵했다고 한다. 그래서인지 김동기 선생님은 자본주의 경제를 훤히 꿰뚫고 있다. recession(불경기), aggregate demand(총수요), output(생산량) 등의 경제학 용어들을 영어로 말한다. 그리고 앞으로 북한의 경제가 나아가야 할 방향에 대해 자신의 생각을 말해주기도 했다.

출소 후 북송되기 전 남한의 텔레비전에 패널로 출연한 적도 있다고 한다. 나보다도 남한 사회에 대해 더 잘 알고 있었다.

"가슴 딛고 다시 만날 우리들"… 발걸음에 눈물이 맺힌다.

이분들은 마치 친자식을 대하듯 정말 따뜻하게 우리를 대접했다. 다음에 다시 찾아뵙겠다는 작별인사를 하고 최선묵 선생님 댁을 나왔다. 김동기 선생님께선 아파트 입구까지 배웅을 나오셨다.

이분들의 아파트를 뒤로하고 호텔로 돌아오는 길. 영화 같은 상상을 해본다. 이분들은 어떻게 남한으로 침투했을까. 비무장지대를 넘어? 임진강을 건너? 바다로? 아니면 제3국을 통해? '남파간첩'이었다는 사실에 너무나 놀라고 당황해 제대로 물어보지도 못했다.

이렇게 자상하고 다정다감한 할아버지들이 한쪽에서는 신고해야 할 '남파간첩'이며, 또 다른 한편에서는 본받아야 할 '공화국의 영웅'이다. 이제 분단은 끝나야 한다. 언젠가 들은 적 있는 노래 〈직녀에게〉를 떠올리며 호텔로 향한다.

이별이 너무 길다. 슬픔이 너무 길다.
선 채로 기다리기엔 세월이 너무 길다.
말라붙은 은하수 눈물로 녹이고
가슴과 가슴에 노둣돌을 놓아
그대 손짓하는 연인아
은하수 건너 오작교 없어도
노둣돌이 없어도
가슴 딛고 다시 만날 우리들

터벅터벅 걷는 발걸음에 눈물이 맺힌다.

이광수, '납북'일까 '월북'일까

재북인사묘

재북인사묘의 이광수와 정인보

오늘(2015년 7월 1일)은 '재북인사묘'라는 곳을 방문한다. 원래 재북인사묘 방문은 동행한 박세희 교수의 일정이다. 박 교수가 함께 가기를 원해 그러자고 했다. 재북인사묘로 출발하기 전 박 교수는 호텔의 회의실에서 북한의 사회과학원 역사학 교수들과 학술좌담회를 가질 예정이다.

남편이 사회과학원 교수들에게 하나 묻고 싶은 것이 있다며 좌담회 시작 전 그분들을 잠깐 만나봐도 되겠느냐고 박 교수에게 부탁한다. 박 교수는 흔쾌히 동의해준다. 박 교수와 남편이 회의실로 들어갔다.

남편은 그분들께 '중국 동북공정의 정치적 의도'에 대해 질문했다. 그분들은 "그런 건 신경 쓰지 않으며 학문적으로 반박할 뿐"이라고 답했다고 한다.

북한 사회과학원의 역사학 교수들.

좌담회가 시작되자 남편은 회의실에서 나왔다. 남편도 역사에 관심이 많아 함께하고 싶었지만 박 교수의 연구 활동을 방해하고 싶지 않아 함께 앉아 있게 해달라는 부탁조차 하지 않았단다. 좌담회를 마친 박 교수와 우리는 '재북인사묘'로 향했다.

'재북인사묘'는 월북한(납북된?) 인사들을 모시는 묘지다. 남한 출신의 국회의원을 비롯한 정치가, 임시정부 요인, 사회단체 대표, 유명 문인, 학자들이 이곳에 안장돼 있다. 대부분 내가 모르는 분들이다. 그러나 그분들 중 내 눈길을 끈 두 분의 묘비가 있다. 위당 정인보 선생님과 소설가 춘원 이광수.

예전에 양주동이라는 국문학자가 계셨다. 고등학교 때 국어 선생님께서 신라의 향가를 가르치시다가 이분에 대해 언급했던 것으로 기억한다. 평소 양주동 교수는 자신을 가리켜 '인간 국보 1호'라고 했다는데, '자기보다 더 많이 아는 분이 계시니 그분이 바로 정인보 선생님'이라고 했다는 여담이다. 또한 정인보 선생님께서 일본 역사학자들의 한국사 왜곡에 대해 반박하는 글을 어디선가 읽은 기억이 어렴풋이 나기도 했다.

묘비를 발견한 순간, '왜 이분께서 이곳에 계실까' 의문이 들었다. 돌아가신 날짜는 1950년 9월 7일. 한국전

평양 '재북인사묘'에 있는 위당 정인보 선생 묘비(위).
평양 '재북인사묘'의 춘원 이광수 묘비.

쟁이 한창일 때다. 월북? 납북? 민족주의 한학자께서 사회주의 정권을 따라 북으로 갈 리는 없을 것 같다. 그러나 한편 친일파들이 집권한 남쪽이 싫어 월북했을 가능성도 있다. 아마도 남쪽에서는 납북이라고 가르칠 테고 북쪽에서는 월북이라고 가르치겠지.

춘원 이광수의 묘는 나를 더 혼란스럽게 만든다. 그는 친일의 행적이 뚜렷한 문인이다. '가야마 미쓰로'라는 일본 이름으로 창씨개명하고 친일어용단체인 조선문인협회의 회장이 돼 본격적으로 친일행위를 한

재북인사 묘역을 내려오면서.

문인이다. 이광수의 문학적 업적이 아무리 대단하다고 할지라도 그렇지, 항일 레지스탕스들이 세운 북한이 어떻게 이런 사람을 기릴 수 있단 말인가. 그의 문학적 업적에 대한 예의인가?

이광수는 월북한 걸까, 납북된 걸까. 친일부역자를 납북해서 무슨 정치적 이득을 취할 수 있을까? 자신의 과거 행적을 회개하고 사회주의 조국의 품에 안겼다는 정치 선전을 위해? 아니면 월북일까. 고향인 평안북도 정주를 찾아서? 이 또한 분단이 계속되는 한 남쪽에서는 납북이라고 주장할 테고, 북쪽에서는 월북이라고 주장하겠지. 어느 것이 진실일까. 이제 나는 강요되지 않은 나 자신의 생각만을 믿을 뿐이다.

박 바가지와 찐 감자 속 온정

'재북인사묘'는 60대로 보이는 한 부부가 관리하고 있었다. 관리사무소를 겸하는 살림집 주위에 밭과 작은 과수원을 가꾸면서 살고 있다. 묘지 관람을 마치고 내려오자 남편 되는 분이 집 안으로 들어가 술 한 병을 들고나온다.

집에 붙어 있는 과수원에서 키우는 복숭아로 담근 '낙도주'라는 술이다. 떨어질 '낙(落)', 복숭아 '도(桃)', 술 '주(酒)', 즉 나무에서 떨어진 복숭아로 담근 술이란 뜻이다. 저절로 나무에서 떨어진 어린 복숭아와 나무를 발로 차 떨어진 복숭아를 주워 담근 술이라고 한다. 와인보다는 세고 소주보다는 약하다. 복숭아의 향이 진하게 느껴진다.

이번엔 부인이 뭔가 담긴 쟁반을 들고나온다. 살구와 찐 감자. 감자는 어렸을 적 먹어봤던 토종 감자다. 작은 것은 살구보다 조금 크고 기껏해봐야 계란만 하다. 이것들이 박 바가지 안에 담겨있다. 우리 할머니들이 깨지면 실로 꿰매 쓰던 바로 그 바가지. 쟁반 위에 함께 있는 소금은 엷은 회색빛이다. 처음엔 후춧가루를 뿌린 소금인 줄 알았다. 그런데 그게 아니다. 염전 소금이란다.

얼른 작은 감자 하나를 집어 들고서 거칠어 보이는 소금을 찍어 냉큼 베어 물어본다. 흙냄새와 어우러진 구수한 감자 맛이 나를 반세기 이전으로 되돌린다. 어린 시절 외가 향취가 물씬 풍긴다. 돌아가신 외할머니 생각에 눈시울이 젖어온다.

이제 그만 떠나려 하자 부인이 찐 감자와 살구를 바가지째 건네준다.

"신 선생님, 가지고 다니면서 드시라요."

선물로 받은 찐 감자와 살구를 들고.

"어머나, 고맙습니다. 이 바가지를 미국에 가져갈게요. 예전 할머니들은 이 바가지가 깨지면 실로 꿰매 쓰곤 하셨어요."

"기럼요. 깨진 곳을 따라 양쪽에 구멍을 촘촘히 내서라니 실로 꿰매곤했습니다, 하하. 긴데 이 바가지를 정말 미국까지 가져갈랍니까? 기럼 더 드릴까요?"

"아녜요, 이 두 개면 충분해요. 한 바가지에는 풋고추와 쑥갓을, 다른 한 바가지에는 부루(상추의 북한말)를 담아 밥상 위에 놓을 거예요."

'재북인사묘'를 빠져나와 시내로 향한다. 길가 한쪽으로 우마차가 지나간다. 무릎 위에 얹어놓은 바가지와 찐 감자가 창밖 풍경과 완벽한 조화를 이룬다. 꿈속에서나 가능한, 천만금을 줘도 할 수 없는 경험이다. 아~, 타임머신을 타고 과거로의 여행을 한다.

'낙도주'를 따라주는 대로 받아마신 남편은 오후 내내 얼굴이 벌겋다. 그런데도 저녁 식사 때 육회, 해삼냉채, 순대를 안주 삼아 '평양주'를 또 마구 마셔댄다. '평양주'는 일종의 소주인 것 같은데 남편은 예전 소주를 마시는 기분이라고 말한다.

40년 전 한국의 소주는 알코올 도수도 높았고 달지도 않았단다. 남편

은 요즘 한국 소주 맛은 밋
밋하고 달짝지근하다며
불평이었다. 그런 남편이
북한 소주 맛이 예전의 한
국 소주 맛과 비슷하다며
줄곧 들이킨다.

술이라면 맥주나 와인
한두 잔이 전부인 내게도
안내원 김혜영 선생이 평
양주를 권한다. 맛이 어떨

비 내리는 평원(평양-원산)고속도로.

까 싶어 한 모금 마셔봤다. 목이 타들어 간다. 괴롭기까지 하다. 숨을
쉬지 않고 마신 뒤 얼른 안주를 먹고 물을 서너 잔 마시고 나니 정신이
몽롱하다. 덕분에 오늘 밤은 숙면을 취할 수 있을 것 같다.

'평원 고속도로'를 달리다

7월 3일, 오늘은 스키장이 있는 마식령에 가는 날이다. 먼저 원산으로
가 점심을 할 예정이다. 평원(평양-원산) 고속도로에 오르니 빗방울이
차창을 때린다. 북한에 가뭄이 들었다는데 제발 비가 펑펑 쏟아지길
기원하며 미소를 지어본다.

도로 옆 야산엔 개간해 농지로 만든 뙈기밭들이 군데군데 있다. 이를
본 남편이 리용호 운전기사에게 말을 건넨다.

타이어를 교체하는 리용호 운전기사.

"식량문제가 완전히 해결되면 앞으로 저 동산에는 나무를 심어야 해요."

"그라문요. 아니 고난의 행군 끝난 지가 언젠데 아직도 뙈기밭입니까. 이자(이제) 저거 다 없어집니다. 지금 나무 정말 많이 심고 있습니다. 아마 목표가 억만 그루 넘을 겁니다."

식량문제뿐 아니라 연료 문제도 해결돼야 저 동산이 푸르고 울창하게 변할 것이다.

리용호 운전기사가 서서히 차를 멈춘다. 바퀴가 이상하단다. 내려서 보니 펑크가 났다. 자동차 트렁크 안에는 공기주입기를 비롯한 온갖 도구들이 다 갖춰져 있다. 하필 잠시 멈췄던 비가 이때 다시 내리기 시작한다.

안내원 김혜영 선생이 우산을 꺼내 펼치면서 쭈그리고 앉아 작업하고 있는 운전기사에게 다가간다. 내게는 비 맞지 말고 차 안으로 어서 들어가란다. 나도 함께 비를 맞겠다며 버텼다. 한 방울 한 방울 빗물이 옷 속에 스며들어 살갗에 와 닿는다. 빗물도, 풀 내음도, 우리의 지금 이 상황도, 내게는 모두 정겹기만 하다.

주위를 둘러보니 어디서 나왔는지 사람들이 자전거를 타고 나타나

밭을 일군다. 평화로
운 전원의 모습. 그중
에는 도로정비원들이
입는 주황색 조끼를
입은 사람도 있다. 아
마도 자신이 담당하
는 밭인가 보다. 감자
며, 옥수수며, 깻잎이
며, 콩이며, 파며, 고
추며, 무며, 배추며,

평원(평양-원산)고속도로 길가에 있는 콘크리트 구조물. 군사 목적
의 구조물로 보인다.

모두 무럭무럭 자라 동포들의 식탁을 풍성하게 해주길 두 손 모아 기도
한다.

평원(평양-원산) 고속도로 양옆에는 드문드문 콘크리트 기둥들이 서
있다. 아무리 생각해 봐도 군사용이 아닐까 싶다. 지금도 있는지 모르겠
으나 예전 서울에서 의정부 가는 도로에도 이와 비슷한 콘크리트 구조
물들이 있었다. 북한군 차량의 진입을 막기 위해 설치됐다고 들은 그
구조물과 같은 용도일 게다. 한미연합군이 원산으로 상륙하면 이 길을
타고 평양으로 진격하는 걸까.

가슴이 아파온다. 우리는 언제까지 이렇게 살아야 하나. 조국 한반도
에 평화가 찾아오면 보기에도 고통스러운 저 남과 북의 콘크리트 흉물
들도 함께 사라지겠지.

차는 어느덧 원산으로 들어간다.

아이들의 세상, 송도원

다시 찾은 원산

갈마반도

2015년 7월 2일, 평원(평양~원산)고속도로에 있는 군사용 콘크리트 구조물의 잔영이 북송 장기수분들을 만났던 기억과 어우러져 여행길을 무겁게 한다. 주유소가 있는 걸 보니 원산에 가까이 온 모양이다. 기분 전환이 필요하다. 원산 앞바다에 가서 푸른 바다를 바라보며 훌훌 털어 버리고 싶다.

원산시 입구에 다다르자 사람들이 점점 더 모습을 드러낸다. 도로 수리를 하는 사람들, 아이 손을 잡고 어디론가 걸어가는 엄마, 보행자와 이야기를 나누는 교통안전원…. 자전거도, 자동차도, 오토바이도 보인다.

멀리 갈마반도가 한눈에 들어온다. 높게 솟아있는 하얀 빌딩들은 군인호텔과 휴양소라고 한다. 차가 해변을 끼고 달려간다. 오른쪽엔 황

원산으로 들어가는 길(왼쪽)과 멀리서 바라본 원산 갈마반도.

금모래사장, 왼쪽에는 푸르른 소나무숲. 이름 그대로 '송도원'이다.

바닷가 옆에 있는 식당 앞에 차를 세우고 해변으로 들어서니 모래사장에 반사되는 햇살이 눈부시다. 두 번째 와보는 원산이다. 당 창건일 기념행사 연습으로 인해 붉은 깃발이 도시를 뒤덮었던 2011년 10월의 원산과는 또 다른 모습이다.

해변 한쪽에는 피서객들이 잔뜩 몰려있다. 단체로 온 소학교 학생들이 선생님의 주의사항을 듣고 있다. 다른 쪽에서는 가족이나 친구들끼리 나온 사람들이 파라솔 그늘에 돗자리를 깔고 앉아서 먹고, 마시고, 왁자지껄 이야기를 나눈다. 이곳이 북한이라는 걸 잠시 망각한다. 아직도 이런 모습이 북한과는 어울리지 않는다는 선입견에서 벗어나지 못하고 있었나 보다.

'배고프니 밥부터 먹자'는 남편의 말을 뒤로하고 나도 신발을 벗어던지고 물가로 다가간다. 북한 해변을 여러 번 걸어봤지만, 몸을 직접

원산 송도원 해변에서.

물에 담가보기는 처음이다. 발이 물에 닿는 순간 짜릿한 전율이 온몸을 타고 흐른다. 저 남녘 동해바다 언저리까지 내 몸의 전율을 흘려보낸다. 내 몸은 점점 더 깊숙이 들어간다. 치마가 젖어든다. 온몸을 담그고 싶다. 멀리서 바라보던 안내원 김혜영 선생이 소리를 지른다.

"신 선생님, 그만 나오시라요. 그러다 큰 파도라도 덮치면 오짤라 그러세요?"

들은 척 만 척 한 걸음 더 들어간다. 세찬 파도가 온몸을 때린다. 몸이 균형을 잃고 휘청거리자 정신이 번쩍 든다. 뒤따라 밀려오는 파도를 바라보며 부리나케 뒷걸음질 친다. 겨우 물을 벗어났다. 따뜻한 모래가 발끝에 닿는다.

배고프다는 남편은 식당에 들어서기가 무섭게 소주 먼저 찾는다. 이곳 소주는 이름이 없다. 병 위에 붙은 상표에 그냥 '소주'라고만 적혀 있다. 제조사는 '온천대성식료공장'이며 도토리와 '신덕샘물'이 주원료다. 신덕샘물은 북한에서 가장 많이 팔리는 병물이기도 하다. 안주도 없이 소주 한 병을 다 비워버렸다. 광어회, 해삼회, 소라회, 생복회(전복),

모듬야채, 백김치, 그리고 식사로는 어죽과 가재미국을 주문했다.

주문한 요리들이 나오기 시작한다. 광어회는 두껍고 크게 썰어 접시를 가득 채웠다. 소라는 어른 주먹만 하고 해삼 역시 푸짐하다. 전복은 부드러우면서도 오돌오돌하게 씹힌다. 가재미국은 된장의 구수한 냄새와 생선의 진한 맛이 기막힌 조화를 이룬다. 어죽은 주재료가 섭조개, 해삼, 전복인데 온 바다 향을 품고 있다.

북한 여행은 모든 것이 감동으로 전해온다. 아무렇게나 피어난 길거리의 풀 한포기도 그토록 소중하고 아름다울 수 없다. 음식도 마찬가지. 단무지 외에는 들어

원산의 한 식당에서 맛본 각종 회. 위로부터 광어회, 해삼회, 소라회, 전복회.

간 것이 없는 가판대 김밥에도 감탄하며 때로는 눈물을 글썽이니 말이다.

안내원, 운전기사 그리고 우리 부부 네 사람이 마음껏 즐긴 만찬의 식사비는 한국돈으로 약 5만 원. 싼값에 죄책감마저 고개를 든다. 그나마 외화식당이라서 이 정도지 일반 식당에서는 훨씬 더 싸단다. 차마 돈을 든 손을 내밀기조차 꺼려진다. 우리를 담당했던 웨이트리스에게 감사의 목례로 보답한다.

"아빠가 좋아, 엄마가 좋아?"

명사십리가 있는 갈마반도로 가보자는 남편의 제안에 지금은 갈 수 없다고 한다. 현재 그곳에는 신공항·호텔 등 관광시설 건설을 위해 온통 공사 중이라 출입이 금지돼 있단다. 하기야 오늘 안에 송도원만 제대로 구경하기에도 시간이 빠듯한데 남편은 명사십리 구경을 못 한다며 독설 섞인 불평을 쏟아낸다.

"아니 공사를 하면 했지 왜 갈마반도 전체를 막아놔야 합니까. 나 원 참⋯. 공사도 군사비밀입니까? 이러니까 외부로부터⋯."

내가 남편의 옆구리를 툭 치며 '그만하라'는 눈짓을 보냈다. 안내원 김혜영 선생이 어찌할 줄 몰라 한다.

"정 선생님, 이곳 규정이 그러니 리해해주십시오. 다음에 또 오셔서 멋진 갈마반도를 관광해보시는 것이 더 좋지 지금 가셔서 먼지 구덩이 속을 다니시렵니까?"

"아, 그놈의 규정. 이래서 안 된다, 저래서 안 된다, 나 원 참⋯."

남편은 다 알면서도 꼭 이렇게 한마디 해야 속이 풀리는 모양이다. 참 못된 성격이다.

투덜거리던 남편이 저만치 야외학습 나온 아이들을 보고는 금방 얼굴에 화색이 돌더니 아이들에게 뛰어가 말을 붙인다.

"얘야. 이름이 뭐니? 몇 살이야? 어느 학교 다녀? 공부 잘해? 아빠 어느 회사 다니셔?"

대답할 시간도 주지 않고 마구 질문만 한다. 학교 이름을 대면 알기나 하는 건지 '어느 학교 다니냐'는 질문까지 한다. '아빠 어느 회사 다니시

야외학습 나온 아이들. 남편은 아이들을 보고 신이 났다.

냐는 질문을 할 때는 그야말로 아연실색이다. 내가 말리려고 하자 이번에는 또 말도 안 되는 질문을 한다.

"얘, 너는 아빠가 좋아, 엄마가 좋아?"

이건 아니다 싶어 남편의 팔을 잡아당기며 내가 한마디 했다.

"여보, 이 아이들이 나이가 몇인데 그런 한심한 질문을 해요! 얘들아, 어서 가서 재밌게 놀아."

남편은 내 손을 뿌리치더니 급기야 아이한테 한국 사람 특유의 부탁을 한다.

"얘, 노래 한 번 해봐."

나는 안내원 김혜영 선생을 쳐다보며 대신 사과했다.

"미안해요, 김 선생님. 저 이가 글쎄 애들만 보면 꼭 저런다니까요."

"아녜요. 신 선생님. 저는 옆에서 보고 가슴이 뭉클했습니다. '아, 정 선생님도 영락없는 조선사람이구나' 하고 말입니다. 여기 사람들도 똑같아요."

원산에 있는 송도원 국제소년단야영소. 규모가 상당했다.

이름이 뭐냐고 재차 묻는 남편에게 아이가 수줍음을 타며 겨우 이름만 알려준다. 뒤돌아 옆에 서 있는 친구들에게 다가가서 함께 깔깔 웃는다.

아이들의 세상, 송도원

언젠가 고향이 원산인 분으로부터 송도원에 대해 들은 적이 있다. 한 재미동포 할머니께서 들려주신 첫사랑 이야기다. 여고 시절 당시 보성전문학교(지금의 고려대) 학생과 몰래 첫 데이트를 하던 곳이 송도원이라고 했다. 그 남자를 따라 서너 발걸음 멀리서 솔잎 냄새를 맡으며 거닐던 송도원의 모습은 지금도 할머니를 어린 소녀로 만든다고 했다.

38선이 그어지자 고향인 원산으로 돌아와 학교 선생을 하던 그 남자와 저녁노을 바라보며 결혼을 약속했다는 송도원. 결혼식을 앞두고 터진 전쟁 때문에 그 남자는 인민군에 입대했고, 몇 개월 뒤 할머니 가족은 피난길에 올랐다. 그 뒤 영영 이별을 했다고 한다.

남으로 내려온 할머니는 그 남자를 못 잊어 결혼을 미루다가 뒤늦게 다른 남자를 만났다. 지금은 돌아가신 할아버지와 결혼했지만, 아직도 북에서 헤어진 그 남자를 생각하며 전쟁을 원망한다. 원산에 가봤다는 나를 붙잡고 애수에 젖은 눈물을 떨구면서 속삭였던 슬픈 사랑 이야기

선생님의 인솔 아래 해수욕장으로 향하는 소학교 학생들.

였다.

이 할머니가 묘사했던 송도원과 지금 내가 바라보고 있는 송도원의 모습엔 큰 차이가 없겠지 싶다. 도시화되지 않은 북한의 명소들은 옛 모습을 그대로 간직할 수밖에 없을 테니까. 금빛 모래사장이 소나무 숲과 평행을 이뤄 펼쳐진다.

자동차를 타고 그림 같은 소나무 숲에 넋이 빠진 채 얼마를 달렸을까. 현대식 건물의 훌륭한 시설을 갖춘 리조트가 나타났다. 청소년들을 위한 '송도원 국제소년단야영소'라고 한다. 엄청난 크기의 부지에 호텔급 숙박시설을 비롯한 식물원·수족관·경기장·물놀이 공원 등을 갖춘 학생들을 위한 리조트다. 눈이 휘둥그레질 정도다. 이곳에서 매년 국제 야영대회도 열린다고 한다.

송도원에는 놀이를 나온 어른들도 보이지만 이곳은 소학교 학생부터 대학생에 이르기까지 대부분 학생들로 꽉 차 있다. 아이들에게는 더없이 좋은 놀이터이자 학습장이다.

'꽃제비'와 애육원

나는 이곳에서 솔향기에 온몸과 정신까지도 흠뻑 취해버렸다. 우리를 실은 자동차도 취한 듯 굽이굽이 비틀비틀…. 오늘 밤 숙소인 마식령 호텔로 향해 달린다. 차창 밖에는 아이들이 물놀이 기구를 들고 해변으로 향하고 있다. 혹시라도 아이들을 놓칠세라 담임 선생님은 대열의 끝을 바라보며 손을 들어 뭔가 지시를 한다. 아랑곳하지 않는 개구쟁이들은 히히덕거리면서 선생님의 속을 태운다.

송도원을 막 벗어나자 길가에 예쁜 건물이 눈에 들어온다. 첫눈에 봐도 유치원 같은 건물임을 알 수 있다. 그러나 유치원이라고 하기엔 규모가 너무 크다. 남편이 김혜영 선생에게 물었다.

"저 건물은 뭡니까?"

"애육원입니다."

"혹시 구경 좀 할 수 없을까요?"

"아니, 지난번 평양에서 가자고 할 때는 싫다고 하시더니…. 참관을 하려면 미리 연락을 해놔야 하는데 가능할런지 모르겠습니다. 일단 가 보십시다."

북한에서 애육원이란 고아원(보육원)을 말한다. 원래 이틀 전 평양의 애육원을 방문하기로 돼 있었지만, 남편이 거부했다. '선전용으로 평양에 하나 멋있게 지어놓은 애육원에 가면 뭘 하냐'면서 말이다. 차를

차 안에서 바라본 원산 애육원(보육원).

돌려 애육원으로 가는 길에 남편이 김혜영 선생에게 물었다.

"애육원이 평양에만 있는 게 아닙니까?"

"아닙니다. 각 도에 모두 짓고 있습니다. 이제 거의 다 일떠서고(세우고) 있습니다."

애육원에 도착한 우리는 김혜영 선생이 애육원 건물로 방문 요청을 하러 들어간 사이 차 밖으로 나와 기다렸다. 주위를 둘러보니 애육원 옆으로 계속 건축공사가 진행 중이다. 운전기사에게 물어보니 애육원 아이들이 자라서 다닐 소학교와 중등학교를 짓고 있는 거란다.

얼마 후 우리는 원장의 안내로 애육원 안으로 들어갔다. 현대식 주방, 식당, 음악교육실, 간호실 등 훌륭한 시설을 갖추고 있었다. 수용 인원이 대충 5백 명에서 천 명은 될 것 같다. 나는 마음속으로 세어봤다. 각

원산에 있는 애육원.

시도에 애육원을 건설하고 있다니 대충 어림잡아 전국적으로 1만 명 정도의 아이들을 수용할 수 있을 듯하다. 소위 '꽃제비'(고난의 행군 시절 북한에서 일정한 거주지 없이 떠돌아다니는 어린이를 지칭하는 은어) 아이들의 숫자가 얼마나 되는지 알 수 없으나 이런 시설에 모두 수용되기를 바라며 애육원을 나섰다.

애육원에서의 기억 중 내 머릿속을 떠나지 않는 것은 역사를 가르치는 교실이었다. 김일성 주석의 만경대 고향집 그리고 백두산 속 빨치산 밀영 모형을 전시해 놓고 서너 살 원생들에게 혁명의 역사를 가르치는 교실이다. 이런 교육을 받고 자라난 어린 원생들이 후일 충성스러운 '혁명의 전사'들로 자라날 것은 불 보듯 뻔한 일이다. 애육원을 나온 우리는 숙소인 마식령으로 향한다.

마식령에서는 스키를 타야 제맛

마식령 스키장

떠올리고 싶지 않은 기억

원산을 떠나 마식령으로 오는 내내 2014년 겨울 내가 한국에서 당했던 '종북몰이'의 기억이 머릿속을 떠나지 않는다. 왜냐하면 그해 겨울 남편과 나는 마식령 스키장에서 겨울 휴가를 보내려고 했기 때문이다. 조카의 결혼식과 시조카 손주의 돌잔치에 참석하러 한국에 가는 김에 북한에 가 수양딸들도 만나고 겨울 휴가도 보내려고 했다.

그런데 한국에 도착해 강연에 응했다가 그만 마녀사냥식 '종북몰이'와 검찰·경찰의 조사로 인해 2개월 동안이나 시달리다가 미국에 돌아오고 말았다. 그것도 강제추방의 형식으로 말이다. 이런 연유로 '마식령'과 '종북몰이'는 내 기억 속에 항상 동반되는, 떼려야 뗄 수 없는 단어가 돼버렸다. 마식령 스키장은 원산에서 20km 정도 떨어진 교외에 자리 잡고 있었다.

마식령 호텔 입구 모습(위)과
호텔 내부.

호텔 주변 분위기가 마치 묘향산에 있는 향산호텔과 비슷하다. 마식령호텔은 두 동으로 이뤄져 있으며 주위에 야외식당이나 커피숍 등 독립 건물들이 있다.

호텔에 들어서자 한눈에 들어오는 로비의 모습이 일

메뉴판을 펼쳐 들고 몇 장 넘기다가 유혹을 뿌리칠 수 없어 나도 모르게 손으로 얼굴을 가렸다.

류 고급호텔임을 직감케 한다. 겨울에는 국내외 관광객으로 객실이 모자랄 정도지만, 그 밖의 계절에는 주로 원산과 금강산을 찾는 관광객들이 하루를 묵고 가는 곳으로 인기를 끌고 있는 호텔이라고 한다. 역시 로비에는 금강산 관광을 마치고 왔다는 한 그룹의 중국인 관광객들이 그들 특유의 매너로 왁자지껄 이야기를 나누고 있다.

발코니가 딸린 호텔의 객실, 욕조와 샤워실을 따로 갖춘 욕실, 모두 큼직하고 시설도 상당히 고급스러웠다. 객실은 주로 목재를 사용해 산장의 분위기를 한껏 풍기게끔 디자인해놨다.

호텔 방에 짐을 풀고 안내원 김혜영 선생 그리고 리용호 운전기사와 함께 식당으로 간다. 점심때 송도원에서 생선회와 어죽을 너무 과하게 먹어 간단히 먹겠다는 생각을 하면서 메뉴판을 펼쳐 들곤 몇 장 넘기다가 나도 모르게 손으로 얼굴을 가린다.

산해진미가 다 적혀있다. 원산이 가까우니 해물 요리가, 산으로 둘러싸여 있으니 온갖 산나물이, 게다가 집을 떠나 오래 있다 보니 생각나는

마식령 호텔의 조선음식.

서양요리까지…. 국수 한 입만 먹겠다고 왔건만 유혹을 못 뿌리친다. 내 나라 산천에서 나오는 산나물을 주로 주문했다. 된장국과 함께 더덕구이, 두릅나물, 고비나물, 도라지나물, 취나물, 깻잎장아찌, 감자지짐 등. 운전하느라고 힘들었던 리용호 운전기사를 위해 돼지갈비 스테이크도 함께.

식사를 마칠 무렵, 웨이트리스가 또 다른 메뉴판을 들고 왔다. 내일 아침 식사를 무엇으로 하고 싶냐고 묻는다. 메뉴에는 조선식, 양식, 중식, 일식이 모두 있다. 웨이트리스는 내일 아침 일식은 산천어구이라면서 은근히 눈빛으로 권한다. 수박 향 나는 산천어의 유혹을 떨치고 내 나라 조선식으로 결정했다. 이번에는 디저트로 무엇이 좋겠냐고 묻는다. 메뉴에 쑥인절미가 있기에 그것을 주문했다. 오늘 밤 준비를 해놓겠단다. 호텔 요금에 포함된 아침 식사를, 그것도 디저트까지 무엇으로 먹고 싶냐고 묻는 호텔은 아마 이 마식령 호텔이 처음이 아닌가 싶다.

방으로 돌아오는 길에 남편과 나는 겨울 스키 시즌 때 꼭 다시 오자고 굳게 다짐한다. 이곳 마식령에서 스키를 즐기며 며칠을, 그리고 명사십리가 있는 갈마반도에서 겨울 바다를 바라보며 며칠을 즐길 상상을

마식령의 아침.

하니 내 마음은 곧바로 남녘동포들에게로 다가간다.

　남한 정부가 5.24 조치를 풀고 원산 관광을 허락한다면 이곳은 모름지기 남한 관광객으로 발 디딜 틈이 없을 것이다. 원산의 송도원, 갈마반도의 명사십리, 마식령, 울림폭포 그리고 금강산을 잇는 이곳 동해안은 가히 세계적인 관광지로 손색이 없다. 무엇보다도 우리의 동포들이 사는 우리나라이기 때문이다.

대자연 속의 밀림… 한 폭의 동양화로구나

　아침에 일어나 발코니에 나가봤다. 안개에 싸인 호텔 입구가 한 폭의 동양화 같다. 숨을 크게 들이쉬면서 아침 공기를 마셔본다. 모든 것을 잊고 새롭게 시작한다. '종북몰이'도, 세상살이도, 모든 것이 하잘 데 없다는 생각에 미소가 지어진다.

안개가 걷히면서 스키장 입구 왼쪽으로 슬로프가 모습을 드러낸다. 상당히 긴 슬로프가 무려 10개나 된다고 한다. 흰 눈으로 덮여 있을 스키장을 상상해 본다. 만약 평창 겨울 올림픽을 이곳에서 분산 개최한 다면 민족의 화합을 위해 얼마나 좋을까, 마음속으로 간절히 소망해 본다.

아침 식사를 위해 식당으로 향한다. 산나물과 토장국으로 차려진 식사를 마치자 차와 함께 전날 밤 주문한 쑥인절미가 나온다. 쑥향이 마음을 타고 온몸에 번진다. 가식 없는 웨이트리스의 친절이 가슴에 닿아 쉽사리 자리에서 뜰 수 없다.

남편도 웨이트리스에게 온갖 질문을 한다. 나이는, 형제는, 부모님은, 학교는, 전공은, 고향은, 남자친구는, 장래의 꿈은… 장난기를 갖고 지나 가는 말이 아닌, 사뭇 진지하게 묻는다. 우리 모두 그녀의 미래를 함께 그려본다. 그만 자리에서 일어나자 웨이트리스가 조용한 목소리로 인사 한다.

"다음에는 꼭 겨울에 오십시오. 좀 사람들이 많아 번잡하긴 해도 역시 마식령에서는 스키를 타야 제맛입니다."

꼭 다시 오겠다는 약속을 하고 식당을 떠나려니 로비까지 함께 걸으 며 작별인사를 건넨다. 먼 여행길의 안위를 걱정하면서 건네는 말 한마 디의 진실함이 가슴을 뭉클하게 하는 아침이다.

오늘은 리프트를 타고 마식령 스키장의 최고봉인 해발 1,363m의 대화 봉에 오른다. 정거장 서너 개를 거쳐 대화봉까지 오르는 데 걸리는 시간은 약 45분. 시간이 너무 많이 소요돼 대화봉으로 직접 올라갈

아침 식사를 챙겨준 접대원들과 함께.

수 있는 리프트를 새로 건설 중이라고 한다. 이 리프트가 완성되면 약 15분 만에 대화봉에 오를 수 있다고 한다.

오전 11시쯤 건설 노동자들이 대화봉에 올라간다고 한다. 그때 우리도 함께 리프트를 타고 올라가 보기로 했다. 방에서 짐을 챙겨 로비에 내려와 체크아웃한다. 아침 식사를 포함한 하루 객실료는 197달러 36센트(한화 약 23만 원)다. 아직 전산화가 되지 않아 손으로 써주는 작은 영수증이 호텔의 분위기와 영 어울리지 않는다. 영수증을 받아든 남편도 나와 같은 생각인지 터져 나올 것만 같은 웃음을 억지로 참고 있다.

한여름에 스키장에서 리프트를 타보긴 처음이다. 마치 골짜기를 따라 푸른 나무숲 속을 천천히 날아다니는 기분이다. 고개를 돌려 뒤를 내려

마식령스키장 모습. 우리 일행은 리프트를 타고 마식령 스키장을 둘러볼 수 있었다.

다봤다. 현기증과 함께 멀리 호텔 건물이 가물거린다. 대단한 규모의 스키장이다. 세계에서 손가락에 꼽을 수 있는 스키장임이 분명하다.

대화봉 휴게소에서 내려다보니 강원도의 광활한 밀림이 끝없이 펼쳐진다. 그 웅장함에 숙연해질 정도다. 사람의 손을 타지 않은 자연 그대로의 모습이야말로 북한이 가진 보물 중의 보물일 게다. 산업화되지 않은 북한에는 이러한 곳들이 전국에 산재해 있다. 그리고 청정 공기, 깨끗한 강과 바다가 있다. 마을 주변의 민둥산들만 나무로 채워진다면 북한은 세상 그 어느 나라보다도 오염되지 않은 멋진, 자연환경을 갖춘 나라가 될 것임이 틀림없다.

"국가가 왜 간섭입니까? 리해할 수 없습니다"

평양으로 출발하기 전 호텔의 야외식당에서 점심을 먹는다. 나는 강냉이(옥수수)국수를 주문했다. 내가 북한에서 냉면 다음으로 좋아하는 국수다. 안내원 김혜영 선생에게 강냉이국수 예찬을 늘어놓는다.

"혜영 선생, 나는 이 강냉이국수만 있으면 밥이 필요 없을 것 같아요. 이 국수가 정말 좋아요. 아마 옥수수로 국수를 만드는 나라는 여기밖에 없을 거예요."

"그런가요? 다른 나라엔 없습니까?"

"북에서 처음 먹어봤습니다."

"조국(북한)에는 아무래도 산간 지방이 많다나니까 논이 부족해 쌀을 충분히 생산해 내질 못 한다 말입니다. 기래서 옥수수나 감자로 국수도 만들고 합니다."

"아, 참, 꼭 하고 싶은 말이 있어요. 북에 오면 모든 식당에서 흰쌀밥만 주는데 제발 흰쌀밥만 먹지 말고 잡곡을 섞어 드세요. 그것이 건강에도 좋고."

"우리 인민들은 꼭 흰쌀밥을 먹어야 하는 것으로 알고 있어서…"

"예전에 남쪽에서는 쌀이 모자라 잡곡을 섞어 먹어야 했을 때가 있었어요. 모든 식당에서는 잡곡을 섞어 밥을 짓도록 정부에서 명령을 내렸고, 학생들은 점심시간 때 도시락 뚜껑을 열어놓고 잡곡을 섞었는지 선생님으로부터 검열받아야 했어요. 여기서도 국가가 그런 규제를 했으면 쌀 부족 문제도 해결하고 좋을 텐데…"

"네? 벤또(북한에서는 아직도 '벤또'라는 일본 말을 많이 사용함) 검사를 했다구요?"

"그럼요. 지금은 쌀 생산량이 늘고 반대로 소비는 줄어 쌀이 남아돌지

마식령 스키장의 야외식당에서.

만 내가 어렸을 땐 항상 쌀 부족에 시달려 마침내는 정부가 식생활에 개입하게 된 거지요."

"아무리 기래도 기렇지 어떻게 국가가 인민들 밥까지 간섭을 합니까? 배급쌀 갖고 쌀밥을 먹건 옥수수밥을 먹건 인민들 마음이지 국가가 기걸 왜 간섭을 한단 말인지…. 도저히 리해가 안됩니다."

우리의 대화를 듣고 있던 남편이 문득 할 말이 떠올랐는지 끼어든다. 리용호 운전기사에게 말을 건넨다.

"이보게, 리 선생. 북에 오니 외국 담배들을 그렇게 많이 피우는데 이곳 담배도 좋은데 왜들 그렇게 외국 담배를 피워대? 남쪽에서는 외국 담배를 양담배라고 부르는데 예전에 양담배 피우다 걸리면 혼쭐 정도가 아니었어. 공무원 같은 경우에는 직장에서 쫓겨나기까지 했다구."

"공무원이 외국 담배를 피웠다고 직장에서 쫓겨났다구요?"

"응, 예전엔 그랬었지."

"아니, 인민들이 무슨 담배를 피우든 국가가 왜 간섭을 합니까? 도저히 리해가 안됩니다."

'국가가 명령을 내리면 따라야 하지 않냐'는 질문에 '그야 물론 당연히 그렇지만 국가는 그런 말도 안 되는 명령을 내리지 않는다'며 김혜영 선생이나 리용호 운전기사나 "도저히 리해가 안 됩니다"라는 똑같은 대답만 반복한다. 남편과 나는 '국가가 그럴 수도 있다'고 열심히 설명했지만 이해를 시키는 데는 실패했다. 강냉이국수를 맛있게 먹고 평양으로 향한다.

다시 만난 수양동생 박영길

오늘 저녁은 평양에서 보고 싶은 수양동생을 만난다. 2013년 8월 순안공항에서 처음 만나는 순간부터 "누나라고 불러도 되디요?" 하고 물었던 넉살 좋은 박영길 동생이다. 함께 여행할 당시 차에만 오르면 잠에 떨어지곤 했다.

얘기를 하고 싶어하는 남편이 영길 동생을 깨워 "아니, 우리 '감시' 안 하고 잠만 자면 어떻게 해? 평양에 가면 다 보고할 거야"라며 농담하면서 면박을 주기도 했다. 뒷주머니에 머리빗을 항상 가지고 다니면서 사진을 찍을 때면 숱도 별로 없는 머리부터 빗곤 했다.

당시 여행을 마치고 출국하기 전날, 남편에게 북한 사회과학원 조희승 교수의 《임나일본부 해부》라는 책을 선물한 '조선국제려행사'의 리정 선생도 함께 만나기로 돼 있다. 머리 빠지는 것에 제일 스트레스 받는다는 '대머리' 리정 선생의 모습은 어떻게 변해 있을는지.

만나기로 한 장소인 '해당화관' 앞. 차량이 도착하자 우리를 알아본 두 사람이 달려와 차 문을 열어주면서 반가워한다. 식당에 들어가 앉으니 영길 동생이 말을 꺼낸다.

사진 왼쪽부터 박영길 동생. 리정 선생. 둘은 심각한 표정으로 내가
남한에서 겪은 일을 전해 들었다.

"누나, 먼 길 오느라 고생 많았디? 얼굴도 기대로네. 남조선에서 강연 도중 폭탄 맞았단 소식 듣고 여기서 얼마나 놀랬는디 몰라. 기래 무섭디 않았어?"

"너무나 순식간에 일어난 일이라 무서울 겨를도 없었어."

"신문에 보니까 폭탄을 던진 놈이 학생이라는데 어케 기럴 수가 있어? 누나 둘째 딸 설향이가 얼마나 울었는디 몰라. '폭탄 맞을 사람이 따로 있디' 하면서 말야. 기러구 누나 남조선에 5년간 못 간다며? 오마니도 계신데…."

"응. 그래서 지금 재판 중이야. 승소하면 갈 수 있으니 너무 걱정하지 마."

"꼭 이기라, 누나."

옆에서 리정 선생도 심각한 표정으로 이야기를 듣는다. 화제를 돌리려고 리정 선생에게 말을 붙였다.

"요즘 관광 사업은 어떠세요?"

"매년 늘고 있습니다. 목표를 '외국인 관광객 100만 시대'로 잡고 열심히 하고 있습니다. 거기에 맞춰 안내원들도 많이 늘리고 있구요."

술잔이 몇 배 돌자 영길 동생이 흥얼흥얼 콧노래를 부르며 즐거워한다. 남편이 영길 동생에게 묻는다.

"요즘도 퇴근하고 집에 가면 맥주 마시면서 딸내미 노래시키나?"

"노래요? 이제 좀 컸다구 안 불러요. 노래가 뭡니까, 내가 불러줘야 할 판이야요."

영길 동생의 딸 자랑이, 리정 선생의 아내 자랑이 한동안 이어진다. 택시에 다섯 사람이 꼭 끼워 탔다. 한 사람씩 집 앞에 내려주고 호텔로 돌아온다. 사람 사는 거 다 똑같다. 분단이라는 허상이 이들을 '뿔난 괴물'로 만들었을 뿐이다.

머리 길게 풀어헤치면 정신 나간 여자?

칠골교회, 옥류관

김 주석 외가는 기독교 집안

2015년 7월 5일, 오늘은 주일이다. 이번 여행에 동반한 박세희 교수와 호텔 식당에서 만나 아침 식사를 함께한다. 우리가 원산에 다녀오는 동안 박 교수는 자신의 전공인 월북작가들의 전후 작품들을 찾아 줄곧 인민대학습당에서 자료를 수집했다고 한다.

박 교수의 말을 들으니 상당히 많은 작가들이 월북했다. 임화, 한설야, 정지용, 김기림, 홍명희 등 몇몇을 제외하곤 대부분 모르는 작가들이다. 그중엔 월북이라고 말할 수 없는 작가도 있다. 백석 시인이 그중 한 사람이다. 그의 고향은 평안북도 정주다. 그냥 자신의 고향으로 간 것일 수도 있다.

이들은 북에서 어떤 작품들을 남겼으며 그들이 바랐던 사회주의 조국 건설에 어떻게 기여했을까. 자신들이 작품에서 추구했던 사회는 오늘날

찬송가를 부르는 평양 칠골교회 성도들(왼쪽). 평양 칠골교회 주일 예배 대표기도 모습.

북한과 같은 모습일까 아니면 다른 모습일까. 기회가 되면 그들이 북에서 쓴 작품들을 읽어봐야겠다.

지난번 주일에는 가톨릭 신자인 박 교수를 따라 '장충성당'에서 미사를 드렸다. 이번 주일은 박 교수가 장로교도인 나와 함께 교회에 가서 예배를 드리겠다고 한다. 오늘은 그동안 줄곧 찾았던 '봉수교회'가 아닌 '칠골교회'에서 처음으로 예배를 드린다. 박 교수의 안내원 송영혜 선생의 인솔로 교회로 향한다.

'칠골교회'는 평양시 만경대구역(舊) 칠골동에 있다. 김일성 주석의 어머니 강반석 여사의 생가가 있는 곳이다. 강반석 여사의 친정은 독실한 기독교 집안으로 일제 치하에서 민족의 교육과 나라의 독립을 위해 많은 기여를 했다고 한다. 김일성 주석이 외가에 머무르며 다녔던 미션스쿨인 창덕학교가 이곳에 있다. 이 학교의 설립자가 바로 김 주석의 외할아버지인 강돈욱 장로다. 이 지역에 새로운 아파트가 들어서면서 이주한 주민들 중 가정교회에서 신앙생활을 하던 기독교인들이 교회당

평양 칠골교회 예배를 마치고 나온 성도들.

건립을 요청했단다. 그러자 김일성 주석은 자신의 어린 시절을 회상하며 이곳에 교회당 건립을 허락했다고 한다.

 김일성 주석은 내가 서 있는 이 길을 따라 주일 아침, 한 손엔 성경책을 든 어머니의 또 다른 손을 꼭 부여잡고서 교회를 향해 밭두렁 사이를 걸어갔겠지. 김일성 주석의 유년 시절 모습을 상상하니 기독교인인 나로서는 이곳에서 느끼는 감회가 남다를 수밖에 없다. 그리고 김 주석이 평양을 떠나 만주 육문중학교를 다닐 적, 독립운동을 하다 체포됐을 때에도 김 주석을 감옥에서 빼냈을 뿐만 아니라 물심양면으로 보살피며 도와준 분도 손정도 목사다. 손정도 목사의 아들이 훗날 한국의 초대 해군참모총장을 지낸 손원일 제독이라니, 이 무슨 역사의 아이러니인가!

교회당 안, 한쪽에 앉아 조용히 눈을 감는다. 눈물로 포효하듯 조국의 해방을 갈구하며 기도했을 선조들이 흑백 필름처럼 뇌리를 스친다. 가슴 한가득 불덩이 같은 기운이 목젖까지 복받쳐 오른다. 뜨거운 입김으로 되뇐다.

'주여! 분단의 아픔으로 신음하는 우리의 남과 북, 한민족을 불쌍히 여기소서. 그리하여 부디 화평함으로 분단의 아픔을 치유할 수 있게 자비를 베푸소서.'

진정 나의 하나님은 북한도 사랑하신다는 것을 느끼며 칠골교회 목사님과 집사님들의 배웅을 받으면서 교회를 나섰다. 내 개인적인 바람이지만, 예전 '동양의 예루살렘'이라고 불렸던 이곳 평양에 더 많은 교회가 세워졌으면 좋겠다. 그러나 그 교회들은 작금의 부패하고 타락한 교회가 아닌, 세계의 평화와 인류의 안녕을 위해 진정으로 그리스도의 사랑을 실천하는 그런 교회여야만 한다.

진짜 평양냉면을 맛있게 먹는 방법

'피양랭민'(평양냉면)에 푹 빠진 박 교수가 점심은 옥류관에서 먹잔다. 박 교수는 미식가이면서도 냉면을 별로 좋아하지 않는 사람이다. 미국에서도 냉면집에서 만나자고 하면 늘 시큰둥했다. 마지못해 냉면집에 가면 그나마 물냉면을 무슨 맛으로 먹냐며 물냉면 전문식당에서 비빔냉면이나 다른 음식을 주문하곤 했다. 그런 그녀가 평양에 와서는 물냉면

고구려 시대 성문인 평양 보통문.

만 찾는다.

우리가 탄 차량이 옥류관을 향해 '보통문'을 지난다. 보통문은 6세기 평양성과 함께 건축됐으나 세월이 흐르면서 개건 돼 오늘날의 모습을 갖췄다고 한다. 애초에는 어떤 모습이었을까. 서울에 있는 남대문이나 동대문의 모습과 너무 흡사해 그저 조선 시대의 성문 모습일 뿐 고구려의 자취는 없어 보인다. 그래도 원래 고구려의 성문이었다는 사실이 평양의 역사성을 한층 더해준다.

박 교수는 옥류관에 가까이 다가서자 자신이 '피양랭민'을 좋아하는 이유를 손가락까지 꼽아가며 구구절절 읊는다.

"첫째, 국물이 달지가 않잖아요. 우리가 먹는 냉면 국물은 그게 설탕물이지 육수 국물이에요? 근데 '피앙랭민'은 전혀 달지가 않고 국물에서 온갖 맛이 다 어우러져 나오는 거예요. 둘째, 나는 냉면에 이렇게 많은 재료가 들어가는지 몰랐어요. 그냥 국수를 설탕물에 담가 고기 몇 조각과 오이채나 무채를 얹어 먹는 거로 알았지요. 근데 닭고기, 쇠고기, 돼지고기, 꿩고기…, 게다가 온갖 양념을 섞은 다짐양념 맛이 정말 끝내줘요."

박 교수의 '피앙랭민' 예찬을 듣고 있던 안내원 송영혜 선생이 냉면 국물의 비밀을 밝혀준다.

"박 교수님, 랭면은 국물이 전부입니다. 방금 여러 종류의 고기가 섞여 있다고 했는데, 여러 가지의 고기를 우려낸 국물이 바로 그 국물입니다. 고저 여러 고기를 섞어 우려낸 것이 다가 아니라 그 외 다른 재료가 들어가고 또 그 비율이 중요한데, 기건 료리사의 비밀이랍니다, 하하. 기래 '인민료리사'가 따로 있는 게지요."

송 선생의 설명을 듣고 있던 박 교수가 냉면이 맛있는 이유를 계속 이어간다.

"그런데요, 냉면이 맛있는 이유가 또 있어요. 바로 냉면 먹기 전에 나오는 녹두지짐이에요. 처음 북에서 녹두지짐이를 보고 얼마나 실망했는지 몰라요. 남에서는 녹두지짐이를 빈대떡이라고 부르는데 재료가 엄청 많이 들어가거든요. 돼지갈빗살, 김치, 숙주 등 그 두께가 2~3cm는 되는데 이곳 빈대떡은 종잇장처럼 얇은 데다 가운데 조그만 돼지비계 한 조각 올려놓아 손대고 싶은 마음이 안 생겼거든요. 근데 식초와

머리를 길게 풀어헤친 박 교수가 다가가자 아이는 울음을 터트린다.

겨자를 섞은 소스에 지짐이를 살짝 찍어 한 쪽 먹어보곤 깜짝 놀랐어요. 아, 이게 바로 녹두맛이구나! 녹두 고유의 은은한 맛을 처음 느껴 봤어요. 그걸 먹고 냉면 국물을 들이켜니 식욕이 절로 생겨나더라고요."

"야아~, 박 교수님도 역시 조선 사람입니다. 외국에서 그렇게 오래 살았어도 그런 맛을 기래 자세히 말하다니…, 거 참. 지짐이에 이것저것 얹으면 록두의 맛이 안 납니다. 지짐이를 다 먹고 남은 끝에 고소한 돼지비계 한 점 먹고 랭면 국물을 들이키면, 하아~, 그 맛은 조선사람이라야 리해하는데…. 국수도 마찬가지입니다. 메밀과 밀가루를 적당한 비율로 섞어야만 메밀의 구수한 맛이 살아납니다."

'피양랭민' 예찬에 신바람이 나 달려온 우리 자동차가 옥류관에 도착했다.

머리 길게 풀어헤치고 다니면 정신나간 사람

옥류관에 도착하니 많은 사람이 기다리고 있다. 박 교수가 한 가족에게 다가가 평양 말씨를 어설프게 흉내 내며 말을 붙인다. 박 교수가 아이를 안으려 하자 아이는 울상을 지으며 엄마 품에 안긴다. 아무리 노력해도 아이는 박 교수 품에 안길 생각이 없다. 박 교수가 안내원 송 선생에게 의아한 표정을 지으며 묻는다.

"아니, 왜 아이가 나를 보면 울려고 그러지요? 미국서는 전혀 이런 일이 없었는데…. 게다가 평양 말투로 정답게 불렀는데도 말이에요."

"아무리 흉내를 내려고 해도 우리넨 들으면 금방 압니다. 기건 평양말이 아닙니다. 긴데 말투가 문제가 아니라…."

"말투가 아니면 뭐에요?"

"아이참, 말씀을 드려야 하나…."

"어서 말씀해보세요. 저도 알고 있어야지요."

송 선생이 난처한 표정을 지으며 겨우 입을 연다.

"저~, 우리네 사람들 중에서는 선생님처럼 머리를 기렇게 길게 풀어헤치고 다니는 사람이 없습니다. 선생님처럼 기래가지고 다니면 정신 나간 사람 취급한단 말입니다."

옆에서 안내원 얘기를 듣고 있자니 터져 나오는 웃음을 참을 수 없어 나는 그만 뒤돌아섰다. 남편은 마침 옥류관 주위를 배회하며 사진을 찍느라 이 자리에 없다. 참 다행이다. 만약 이 광경을 목격했다면 박 교수를 두고두고 엄청 놀려댔을 게다. 대화를 듣고 있던 아이 부모도 웃음을 억지로 참고 있다. 아이의 엄마가 미안해하며 박 교수를 위로한다.

"우리 아이가 낯을 많이 가려 기런거지 선생님 머리 때문이 아닙니다. 아, 이거 안 됐습니다."

평양 옥류관의 냉면(위)과 녹두지짐이.

'정신 나간 사람'이라는 말을 들은 박 교수가 얼른 머리를 묶는다.

"이젠 괜찮죠? 진작 말해주시지 않고."

"선생님은 조국을 찾은 손님인데 기런 말을 어케 꺼냅니까. 기런데 머리 묶어 보셔야 기게 기거지 뭐…. 선생님은 척 봐도 우리네 사람처럼 안 보이니 인민들이 이상하게 생각지는 않을 겁니다. 걱정 마십시오. 고저 외국인 관광객이나 해외동포인 줄 알 겁니다. 하하, 이거 안 됐습니다. 제가 '정신 나간 사람' 같다는 표현을 해서."

솔직히 송 선생의 말이 맞다. 단정하게 묶어봤지만 한쪽으로 대충 묶은 머리가 더 정신없어 보인다. 호탕한 성격의 박 교수가 '기왕 정신 나간 사람처럼 보이려면 내일부터는 머리에 꽃을 꽂고 나타나겠다'고 한다. 능히 그러고도 남을 사람이라 약간 걱정이 된다.

역시 점심 메뉴는 녹두지짐이와 냉면. 박 교수는 송 선생이 일러준 대로 녹두지짐이를 다 먹고 남은 작은 돼지비계 한 점을 입에 넣는다. 그런 후, 냉면 사발을 들고 시원스레 국물을 마신다. 이제 박 교수는 냉면을 먹기 위해서라도 꼭 평양을 다시 찾겠다고 다짐한다.

우리 일행이 식사를 마치고 자리에서 일어서자 막 식사를 시작하려던

머리를 살짝 염색한 평양 여성이 반려견을 안고 있다(왼쪽). 평양 보통강 변에서 놀고 있는 반려견.

재일동포들이 내 얼굴을 알아보고는 함께 사진을 찍자고 요청한다. 그러더니 걱정스러운 표정으로 묻는다.

"신 선생님, 그래 다친 데는 없나요? 폭탄 테러 뉴스를 듣고 깜짝 놀랐습니다. 이곳에서 선생님을 뵈니…, 에~, 정말 다행입니다."

"네, 괜찮아요. 철없는 어린 학생이 그만… 염려해 주셔서 고맙습니다. 어서 식사하세요. 다니시다 보면 우리 또 만날 거예요. 그럼 맛있게 드세요."

폭탄의 위력이 과연 대단하다. 어디서든 만나는 사람마다 걱정스러운 표정으로 익산 폭탄 테러 이야기를 꺼내다니.

반려견과 산책하는 시민들

'보통강' 가로 산책하러 간다. 길가에 비치는 사람들의 모습이 4년 전 처음 북한을 방문했을 때보다 훨씬 환해졌다. 아이들뿐만 아니라

뱃놀이하는 북한의 남녀와 평양 보통강 변의 낚시꾼들.

어른들의 의상도 밝고, 머리를 살짝 염색한 여성들도 보인다. 특히 사람들의 표정이 밝아졌다.

일요일이라서 그런지 강변엔 산책 나온 사람들이 꽤 보인다. 반려견을 데리고 나온 사람들을 보곤 옛 생각이 떠올라 웃음이 난다. 오래전 '북한에서도 사람들이 반려견을 키운다'는 이야기를 듣고 "먹을 것도 없어 굶어 죽는 나라에서 반려견은 무슨…"이라면서 믿지 않았던 기억이다.

낚시를 좋아하는 남편은 강변의 낚시꾼들 뒤에서 훈수에 열심이다. '너무 빨리 챘다, 미끼가 틀렸다, 바늘이 너무 크다, 찌가 짧다, 줄이 너무 굵다' 등 그냥 지나치지 않고 꼭 몇 마디씩 참견한다. 뒤돌아보며 미소만 짓는 북한 낚시꾼들, 참 성격도 좋다. 나 같으면 "당신 때문에 집중이 안 되니 제발 저리 좀 비켜 달라"고 한마디 할 것 같은데.

박 교수가 보트를 타보고 싶어 한다. 노를 저어 본 적이 있느냐고 묻자 없단다. 그래도 타보고 싶다며 급기야 배에 오른다. 문수물놀이장

에서의 일이 생각난다. 박 교
수가 놀이기구를 탔다가 울
고불고 하던 일 말이다. 아니
나 다를까 배가 나아가질 않
고 그 자리에서 뱅뱅 돌기만
한다. 박 교수의 얼굴이 금방
겁에 질려 일그러진다. 결국,
보트장 직원이 배를 몰고 나
가 견인해 왔다.

평양 보통강 변에 놀이를 나온 가족들과 소꿉장난을 하는
어린이들.

강가로 나온 박 교수가 흐
트러진 머리를 고치며 소꿉
장난을 하는 아이들에게 다
가간다. 박 교수를 의식한 아
이들 표정이 영 달갑지 않다.
박 교수의 몇 마디 질문에 대답을 하는 둥 마는 둥 반응이 시큰둥하다.
수줍음과 함께 아이들은 별 관심을 보이지 않고 소꿉장난을 계속한다.

이번에는 가족들과 소풍 나온 한 아기에게 달려간다. 박 교수는 아기
에게 갖은 '재롱'을 다 부려봤지만, 아이는 그만 울음을 터트린다. 박
교수가 몹시 속상해하며 안내원 송 선생에게 하소연한다.

"내 모습이 아직도 '정신 나간 사람'처럼 이상한가 봐요. 휴우~. 아니
면 나한테서 '미 제국주의 냄새'가 나나?"

'미 제국주의 냄새'라는 말에 송 선생이 박장대소를 한다. 앞으로는

인민복으로 갈아입고 다녀야겠다는 박 교수의 농담에 송 선생이 한마디 한다.

"그 머리에 인민복 입고 다니다가는 당장 병원에 신고 들어갑니다."

'병원에 신고 들어간다'는 송 선생의 대꾸에 "병원도 구경할 겸 내일 당장 인민복을 구해 입고 풀어헤친 머리에 꽃을 달고 나오겠다"라고 박 교수가 다짐한다. 정말 그럴 수도 있는 사람이라 가슴이 철렁 내려앉는다.

박 교수는 "인민복을 구하러 가야겠다"라면서 어서 호텔로 돌아가잔다. 과연 내일 박 교수는 인민복을 입고 머리에 꽃을 단 채 평양 시내에 나타날는지….

농촌의 낯선 간판, '나의 포전'

구월산, 포전담당제

과연 박 교수는 인민복을 입을까

오늘(2015년 7월 6일)은 황해도 구월산에 가는 날이다. 단군이 수도를 평양에서 이곳으로 옮기고 오랫동안 나라를 다스렸다고 전해지는 산이다. 임꺽정의 이야기도 어우러져 있다. 그러나 내가 구월산에 가보고 싶은 이유는 그렇게 대단하지 않다. 북한의 5대 명산인 백두산, 금강산, 칠보산, 묘향산, 구월산 중 유일하게 못 가본 산이었기 때문이다. 살아있는 동안 나를 낳아준 조국 한반도의 구석구석을 다 보고 싶다.

평소보다 일찍 일어나 식사를 마치고 호텔 로비에 내려오니 아직 약속 시각보다 일러서인지 우리 안내원 김혜영 선생이 보이지 않는다. 대신 박 교수의 안내원 송영혜 선생이 초조한 모습으로 우리를 맞는다.

"송 선생, 어디 아파요? 얼굴빛이 안 좋네."

"선생님, 안녕히 주무셨습니까? 긴데 박 교수님은 함께 식사하시지 않으셨습니까?”

놀란 얼굴로 묻는다.

“아니요. 식사하러 안 왔는데…. 아니, 송 선생, 무슨 일 있어요?”

“사실은 어젯밤 내내 박 교수님이 인민복 구해 입고 머리에 꽃 달고 오늘 나올 거라는 말이 자꾸 떠올라 잠을 잘 수가 있어야지요. 자는 둥 마는 둥 하고 내려와 박 교수님 기다리고 있습니다.”

유머 있고 화통한 박 교수의 성품을 잘 알고 있는 나도 걱정이다. 인민복 상의 단추를 몇 개쯤 풀어헤치고 허리까지 내려오는 긴 머리 위에 꽃을 달고 나타날 상상을 하니 그 모습이 눈에 선하다. 내가 안심시켰다.

“사람들이 그냥 외국 관광객이 그러고 다니나 보다 생각하면서 지나칠 테니 너무 염려하지 마세요.”

이곳 사람들의 정서를 잘 아는 나는 이렇게 위로할 수밖에. 송 선생은 여전히 초조해하며 안절부절못한다. 송 선생을 안심시키려고 말을 건네는 중 승강기 쪽에서 박 교수가 모습을 드러낸다. 순간, 나는 이곳에서 처음 보는 박 교수의 모습에 깜짝 놀라고 말았다.

둘둘 말아 핀을 꽂아 단정히 올려붙인 머리와 정장 옷차림이 마치 내게 학부 시절 교양과목을 가르쳤던 엄숙하신 한 교수님을 연상케 한다. 게다가 걸음걸이마저도 그 교수님을 쏙 빼닮았다. 내가 안도의 한숨을 내쉬는 사이 송 선생이 박 교수에게 겨우 말문을 연다.

“아니, 인민복에 꽃은 어쩌시고….”

박 교수가 미소를 지으면서 송 선생을 바라보며 다정스럽게 말한다.

"이곳 아이들이 풀어헤친 내 머리를 보고 울음을 터뜨리니 얼마나 속상했는지 몰라요. 밤새 잠을 못 이뤘어요. 오늘은 아이들이 내게 안기도록 변장을 좀 해봤어요."

두 사람 다 같은 일로, 그러나 다른 이유로 잠을 설친 것이다. 송 선생이 말없이 내게 눈인사를 건네며 박 교수와 함께 호텔을 나선다.

평양의 조국통일3대헌장 기념탑(위)과 황해도 사리원 풍경.

포전담당제와 개인 소유

'조국통일3대헌장 기념탑'을 지난다. 원산과 개성의 방향을 일러주는 교통표지판이 나오고 한 30~40분 달리니 눈에 익은 사리원시에 들어선다. 이곳도 건설공사가 한창이다. 애육원을 비롯해 어린이들을 위한 공사가 최우선이란다.

차가 시내를 빠져나와 농촌 길을 달리던 중 놀라운 구호가 눈에 들어온다. '나의 포전'이라고 적혀있다. 지금 북한에서는 '포전담당제'라는 제도가 시행되고 있는데 구호가 이를 실감케 한다.

'포전담당제'란 한마디로 말해 협동농장을 작은 단위로 나눠 한두

'나의 땅'임을 강조하는 농촌의 구호(왼쪽)와 황해도 농가의 텃밭 옥수수.

가정이 경작해 일부를 국가에 내고 남은 수확량을 경작자가 소유하는 제도다. 마치 경작지가 개인 소유의 땅인 양 수확량의 일부만 세금 납부하듯 국가에 내고 나머지는 자신이 갖는 것이다. 북한으로서는 가히 혁명적인 조치가 아닌가 싶다. 나는 이 '포전담당제'를 적극 찬성한다. 왜냐하면 소유보다 더 큰 인센티브는 없을 것이라는 생각 때문이다.

북한 농촌을 여행하다 보면 텃밭 옥수수 키가 협동농장의 옥수수 키보다 훨씬 크다는 걸 쉽게 알아차릴 수 있다. 텃밭이란 자기 집 앞마당을 말한다. 그리고 그곳에서 생산되는 작물은 100% 자신의 소유물이다.

그러니 나 같아도 협동농장보다 내 집 마당 텃밭에 더 신경을 쓸 것이다. 협동농장에서 있는 힘껏 열심히 일한다고 해도 내게 돌아오는 게 적다고 생각된다면, 아무리 사상교육을 받고 선전일꾼들이 깃발을 흔들어대면서 생산을 독려한다고 해도 근로의욕을 고취시키지 못할 것이다.

아마 북한 당국도 이를 이해해 '포전담당제'를 도입한 것이 아닌가

예상해본다. 요즘 들어 북한의
식량 문제가 많이 좋아졌다는
소식을 듣는다. 분명히 이 제도
가 한몫을 했으리라 생각한다.
언젠가 협동농장 옥수수의 키가
텃밭 옥수수의 키와 같아지는
날, 이 제도는 완전한 성공을 이
룰 것이다.

북한의 협동농장.

　장마당을 중심으로 이뤄지는
개인의 상행위, 국가에 속해 있
지만 자율적 경영과 이윤이 보장되는 기업활동, 농촌의 포전담당제
등의 변화는 북한 경제 발전에 크게 이바지할 것이 분명하다.

　여기에 덧붙여 주의해야 할 점이 있다면 경제발전으로 인해 생기는
소득의 격차다. 생산수단의 소유가 불가능한 북한에서 원천적인 빈부의
차이란 있을 수가 없다. 그러나 소득의 격차는 분명 생겨나고 있다.
그리고 관료주의와 함께 생성될 수 있는 관리들의 부정부패다. 이를
잘 극복한다면 이러한 변화들과 함께 북한은 새로운 모습으로 발전할
것이다.

'북한 5대 명산' 구월산으로

　우리가 탄 차는 황해도의 지방도로를 따라 구월산으로 향한다. 도로

에는 버스들이 종종 눈에 띈다. 지방과 지방 또는 지방과 평양을 연결하는 시외버스들이다. 전에는 보지 못했던 풍경이다. 2011년 10월, 첫 북한 관광을 왔을 때는 시외버스를 거의 보지 못했다.

버스 안에는 승객뿐만 아니라 짐도 상당히 많이 실려있다. 아마도 장사를 하는 사람들이 아닌가 생각해본다. 활발한 상업활동이 이뤄지는 것 같다.

그래도 북한의 지방에서는 자전거가 가장 유용한 교통수단이다. 남녀노소 할 것 없이 많은 사람이 자전거를 타고 다닌다. 엄청난 양의 짐을 싣고 자전거를 끌며 언덕을 걸어 오르는 모습은 보기에도 힘겹지만, 곡예 하듯 꼬부랑 내리막 언덕길을 흙먼지 일으키며 빠르게 내려오는 모습엔 감탄이 절로 나오기도 한다.

황해도 재령군, 신천군, 삼천군을 지나 멀리 구월산 정상이 눈에 들어온다. '구월산 20km'라고 적힌 교통표지판이 보인다. 입구에 들어서자 도로가 말끔히 포장돼 있다. 산 정상까지 모두 포장도로를 만들어놨다고 한다. 내가 본 북한의 산 중 도로를 가장 잘 닦아 놓았다.

입구에서 현지 해설원의 설명을 들은 후 안내도를 보니 구월산을 하루에 다 보기란 불가능하다. 더구나 오늘 저녁 평양으로 돌아가야 하니 수박 겉핥기식으로 대충 둘러보는 수밖에. 입구에서 제일 가까이에 있는 월정사를 먼저 찾는다.

경내에 들어서자 네덜란드에서 왔다는 한 외국인이 사진 촬영을 하다 말고 우리에게 어디서 왔냐고 말을 붙인다. 이럴 때 "남한에서 왔다"고 말할 수 있으면 정말 좋으련만…. 씁쓸한 마음으로 미국에서 왔다고

구월산 월정사를 찾은 외국인.

대답했다. 그는 "그러면 그렇지, 북한 사람의 모습은 아닌데 코리안 언어를 사용해서 의아해했다"라고 말한다.

이 외국인의 눈에는 내가 북한 사람은 아니었나 보다. 그리고 아무리 우리말을 한다 해도 내가 이곳에 속해있는 사람이 아니라고 생각한 듯하다. 나는 그에게 답해줬다. "겉모습은 다르게 보일지 몰라도 우리는 한 가족"이라고.

그는 잘 이해하고 있다면서 남과 북은 하나라고 덧붙인다. 그는 "코리아의 문화에 심취해 있다, 그래서 머나먼 극동의 산속 절을 찾아왔다"라고 설명했다.

한 스님께서 종종걸음으로 반갑게 다가온다. 그런데 스님이 쓰고 계신 중절모를 보고 웃음이 나와 표정 관리가 잘 안 된다. 2013년 8월의 성불사가 생각난다. 샛노란 가죽구두를 신고 〈성불사의 밤〉을 부르던

2013년 8월 성불사를 찾았을 때 주지 스님은 노란 가죽구두를 신고 있었다. 웃음을 참으면서 〈성불사의 밤〉을 함께 부르는 모습.

주지 스님 때문에 웃음을 참아가며 함께 노래 불렀던 내 모습이.

중절모를 쓰신 주지 스님이 월정사의 유래에 대해 말씀해주신다. 우리의 역사와 종교에 대해 해박한 지식을 갖고 있으나 수도하는 스님 같진 않다. 원래는 공학을 전공했는데 역사에 관심이 많아 다시 대학에 입학해 조선 역사를 공부했다고 한다.

스님께서 친절한 설명과 함께 절의 이곳저곳을 안내해주신다. 그러나 스님의 관심은 안내보다 남편과 내게 있었다. 지난번 평양의 경흥관 대동강맥주집에서 만난 동포들처럼 신상에 대한 온갖 질문을 퍼붓는다. 어디서 태어났는지, 어디서 사는지, 무얼 하는지 등등. 이런 질문을 받을 때마다 기분이 상하기는커녕 되레 동포의 정만 가득 느낀다. 묻지도 않은 것까지 말해드리면서 월정사 누각 '만세루' 마룻바닥에 걸터앉아 오랫동안 대화를 나눴다.

그만 자리에서 일어나려 하자 스님께서 1분만 기다려 달라고 한다. 잠시 후 호박잎 비슷한 큰 잎사귀에 살구를 잔뜩 담아 건네주신다. 방금 따 오셨단다. 가슴이 뭉클하다. 사찰 관람을 온 게 아니라 시골 친척 집에 다녀가는 기분으로 절을 떠난다.

황해도 구월산 그리고 월정사.

구월산 월정사 주지 스님이 주신 살구를 받아 들고.

점심 식사를 위해 계곡을 찾아 평평한 바위 위에 앉는다. 생수병을 반으로 잘라 잔을 만들어 대동강맥주를 채운다. 이 시간을 서로 축복하며 건배한다. 같은 정서와 같은 행동들… 남이든 북이든 우리는 같은 DNA임을 수시로 확인한다. 펼쳐놓은 도시락과 살구 그리고 우리들의 대화가 한 폭의 그림으로 남는 느낌이다. 계곡물에 발을 담그며 흥얼거리던 남편이 돌아와 불평을 늘어놓는다.

"야아~, 여기서 도시락을 먹다니. 여보, 물속에 가재가 득실거리고 물고기들이 헤엄쳐 다녀. 저거 잡아다 매운탕 끓이고 나뭇잎 주워서 연기 피우면서 밥을 지어 먹어야 하는데… 아! 너무 아쉽다."

이 말을 들은 김혜영 선생이 웃으며 말한다.

"하하, 여기 사람들은 그렇게 합니다. 잘 아시는군요."

우리는 구월산 정상을 향해 달려간다. 곁에서 보기에 구월산은 그리 험하게 보이지 않는다. 그러나 산을 굽이굽이 돌아 오르면 오를수록 숲이 장엄하게 우거져 있다. 산길 따라 탐스럽게 영글은 산 열매는 가던 길을 멈추도록 유혹한다. 참으로 깊고도 풍요로운 산이다. 잘 닦아놓은 산길 사이사이에 묵묵히 자리 잡고 있는 우람한 바위들이 역사 속 선조들의 채취를 묵언으로 뿜어낸다.

차가 정상 가까이 다다르자 군인들이 지키는 검문소가 나타난다. 헌병으로 보이는 한 병사가 다가오더니 "이곳은 군사지역이라 더 이상 올라갈 수 없다"고 한다. 김혜영 선생이 간청을 해보지만 "보고 받지 못했다"면서 통과를 불허한다. 우리는 구월산 정상을 눈앞에 두고 아쉽게 하산한다. 차를 근처 전망대에 세운다.

전망대 아래로 평야와 함께 낮은 동산들이 펼쳐져 있다. 안악군이라고 한다. 아! 역사 교과서에서 배운 고구려의 안악 고분이 있는 바로 그곳이다.

갑자기 시각이 수천 년 전으로 돌아간다. 하늘의 축복을 받은 산에는 열매가 풍성하고 산 아래 끝없이 펼쳐진 평야에는 곡식이 가득하다. 기름진 평야 옆 바다에는 온갖 물고기가 득실거린다. 단군이 선조들을 이끌고 인간에게 이로운 세상을 펼치며 만세를 누릴 만하다. 고구려의 고분들이 이곳에 남아 있으니 필시 여기서 자손만대를 이어갔으리. 산도, 하늘도, 구름도, 유구한 우리의 역사를 나에게 읊어주는 듯하다. 나는 미어지는 가슴으로 부끄러운 후손의 삶을 회개한다.

산의 1/100도 둘러보지 못했지만, 어느새 구월산 정기를 듬뿍 받으며 하산한다. 차가 재령평야를 가로질러 평양으로 향한다. 길가엔 울긋불긋 들꽃들이 피어있다. 리용호 운전기사가 차를 세우더니 꽃을 꺾어다 내게 안겨준다. 북녘땅 들판에 아무렇게나 피어난 풀 한 포기도 그렇게 소중하고 아름답다. 이 화사하게 피어난 들꽃 송이를 어찌 온실에서 자란 백만 송이의 장미에 비할까.

평양으로 돌아온 나는 구월산의 풍취를 담아 찍은 사진을 페이스북

리용호 운전기사가 따다준 북녘의 들꽃.

친구들과 나누기 위해 사진을 올렸다. 통일을 염원하는 댓글들이 순식간에 달린다. 어떤 페이스북 친구는 아버님을 그리면서 글을 남기기도 했다.

"구월산 아래 황해도 신천군이 저희 아버님의 고향입니다. 한국 전쟁 때 신천대학살이 일어난 곳이기도 하지요. 아버님 생전에도 구월산 이야기를 하시곤 했답니다. 아버님 고향인데… 꼭 한번 가보고 싶다는 생각입니다."

두고 온 고향을 그리며 눈을 감지 못하셨을 그분의 아버님을 생각하니 북녘땅을 한가로이 관광이나 하고 다니는 나는 이내 죄책감에 휩싸인다.

내일은 수양손자 의성이의 유치원에 간다. 의성이를 볼 마음에 한껏 기쁘다가도 석별의 정을 나눌 생각에 이내 슬픔이 앞선다.

"수령님 서거하신 날은 금주합니다"

안녕, 평양… 다시 돌아올게

수양손자 의성이와의 작별

7월 7일, 아침에 일어나 식당에 가니 박세희 교수가 커피를 마시고 있다. 오늘 나의 일정을 물으면서 마지막 날이니 오후 시간을 함께하자고 한다. 흔쾌히 동의하고 식사를 마친 뒤 수양손자 의성이가 다니는 유치원으로 향한다.

유치원에 도착하니 설경이가 의성이를 안고 마중 나와 있다. 유치원이 생각보다 규모가 엄청나다. 탁아소도 겸하고 있는 것 같다. 아이들이 잠을 잘 수 있도록 침실도 갖춰져 있다. 의성이의 침대를 만져보고 놀이방으로 간다. 아이들이 입고 있는 티셔츠에는 대부분 미국 만화 캐릭터가 그려져 있다. 옷을 사 입히는 엄마들의 취향이 북한이라고 해서 크게 다르지 않다는 걸 느낀다. 의성이를 장난감 말에 태우고 나도 함께 동심으로 돌아간다.

미국으로 돌아간다고 말하자 울상을 짓는 의성이.

의성이 그리고 의성이 친구들과 1시간여 함께한 뒤 유치원을 나선다.

"의성아, 이 할마이 이제 미국으로 돌아가. 의성이 보러 또 올게. 때때옷하고 맛있는 거 많이 사 올게. 의성아, 그때까지 씩씩하게 유치원 잘 다니고 있어. 엄마 아빠 말씀 잘 듣고."

의성이가 이내 고개를 돌려 울상을 짓는다. 그새 의성이도 나와 정이 많이 들은 모양이다. 한동안 다독여줬다. 설경이가 "의성아, 의성이 보러 할머니 또 오실 거야"라면서 의성이를 위로한다. 그제서야 의성이는 손을 흔들며 잘 알아들을 수 없는 말로 작별을 고한다. '내일 아침 호텔에서 뵙겠다'면서 인사를 건네는 설경이의 눈에는 어느새 눈물이 그렁그렁 차오른다.

오후 시간을 함께 보내기 위해 박 교수를 만났다. 박 교수의 안내원인 송영혜 선생이 점심 식사를 위해 한 식당을 추천한다. 자기의 친구 엄마가 일하시는 식당이란다.

맥주 안주로 나온 민물고기 튀김.

식당까지 걷는 사이 유독 아이들이 눈에 띈다. 학교가 끝나고 집으로 가는 시간인가 보다. 목에는 모두 하나같이 붉은 목도리를 두르고 있다. 이 붉은 목도리는 무엇을 뜻하는 걸까. '혁명의 상징'인가. 무슨 혁명이 아직도 진행 중인 걸까.

송영혜 안내원이 "식당이 바로 저기"라고 했는데 가도 가도 끝이 없다. 뙤약볕이 내리쬔다. 길 건너에는 양산을 받쳐 든 사람들이 버스를 기다리고 있다. 버스 안 사람들이 부러운지 남편은 불평 섞인 말투로 "우리도 버스나 택시를 타고 가자"고 한다. 송영혜 선생은 여전히 "바로 저깁니다, 다 왔습니다"라며 웃음 짓는다. 북한의 동포들이 "바로 저기"라고 할 때는 족히 2~3km는 걸을 각오를 해야 한다.

수령님 서거하신 날은 금주

드디어 "바로 저기"에 있는 식당에 도착했다. 식당에 들어선 남편은 허겁지겁 맥주부터 찾는다. 나 역시도 한 컵 가득 맥주를 따랐다. 송영혜 선생에게 잔을 권하자 오늘은 사양하겠단다. 남편과 내가 한 잔을 시원하게 들이킨다. 안주로 주문한 작은 쏘가리 비슷하게 생긴 민물고기 튀김이 맥주의 유혹을 한층 더해 준다. 남편이 송영혜 선생에게 또다시 맥주를 권해 본다. 그러자 송영혜 선생이 조용한 목소리로 거절한다.

"조국에서는 오늘하고 내일 술을 마시지 않습니다."

그러고 보니 주위 손님 중 술을 마시는 사람이 아무도 없다. 남편이 묻는다.

"아니, 술 안 마시는 날도 있나?"

"아, 그런 건 아니고…. 내일이 수령님(김일성 주석) 서거하신 날입니다. 기래서 우리 인민들은 오늘과 내일 술을 자제합니다."

"아~, 그래서…. 그럼 나도…."

"아닙니다. 두 분은 어서 드십시요."

남편과 나는 "우리도 이곳 동포들이 하는 대로 하겠다"라면서 술잔을 옆으로 치워 버렸다. 주문한 음식이 나오고 얼마 지나지 않아 한 아주머니가 앞치마에 젖은 손을 닦으며 우리의 테이블로 다가온다. 송영혜 선생이 일어나 인사한다. 송 선생 친구의 어머님이시란다. 주방에서 일하시다가 나온 어머니가 우리에게 걱정스러운 눈빛으로 말문을 연다.

"음식이 입에 맞으실는지 걱정이 되어서리…. 아까 영혜가 전화 걸어 양딸들 찾아 미국에서부터 먼 길 오신 분들이니 잘 부탁한다고 했어요. 맛이 어떻는지…."

"아주 맛있어요. 생선튀김 요리는 정말 별미에요. 우리 입맛에 참 잘 맞아요."

"조국을 떠나 사니 그동
안 입맛도 변했을 텐데…, 그
래 양딸들은 다 만나 보셨어
요?"

"네, 다 만나보고 내일 떠
나요. 10월에 다시 올거에
요. 둘째 딸이 아이를 가져
서…"

"그러시군요. 10월에 또
식당에 들르시라요. 에이구,
이제 또 먼길을 가야시네."

두 손으로 앞치마를 쥐고

식당 지배인(왼쪽)과 송영혜 안내원 친구의 어머니(오른쪽).

대화를 나누다 주방으로 돌아가는 송 선생 친구 어머니로부터 끈끈한
동포애를 느낀다.

평양에서의 마지막 밤… 잠 못 드는 밤

식사를 마치고 일어나자 식당의 지배인과 송 선생 친구의 어머니가
주방에서 나와 우리를 배웅한다. 북한에 올 때마다 꼭 들르고 싶다.
박 교수와 함께 오후 일정을 마치고 호텔로 돌아왔다.

이번 여행의 마지막 밤이다. 이번 여행은 두 수양딸을 만나는 것이
주목적이었다. 설경이는 아이 낳아 잘 키우고 있고 설향이 역시 결혼해

행복하게 살고 있는 것을 확인했다. 어느덧 마지막 밤이다. 자는 둥 마는 둥 침대 위에 누워 있다. 벌써 새벽 3시가 넘어간다. 함께 뜬눈으로 지새우며 인터넷을 하던 남편이 놀라서 휴대전화를 건네주며 소식을 전한다.

"여보, 당신이 올해 '한겨레통일문화상' 수상자로 결정됐다고 페북에 뜨네."

"네? 제가 수상자라고요? 그 상은 통일운동 하시는 분들이 받는 거 아녜요?"

"응, 나도 그렇게 알고 있는데…."

"나는 통일운동가도 아니고, 또 통일을 위해 한 일도 없는데…."

나는 얼른 인터넷을 열어 '한겨레통일문화상'을 검색했다. 역대 수상자분들을 보니 겁이 덜컥 난다. 세계적인 작곡가 고 윤이상 선생, 고 정주영 현대그룹 회장, 고 리영희 교수, 백낙청 교수, 재미 의학자 오인동 박사, 정세현 전 통일부 장관…. 북한을 여행하고 돌아와 시시콜콜한 이야기나 쓴 나 같은 아줌마가 받을 수 있는 그런 상이 아니다. 기쁨에 앞서 두렵고 어색하고 부끄러운 마음에 얼굴이 화끈거린다.

"안녕, 평양"

두어 시간 눈을 붙이고 일어나 가방을 챙겨 로비로 내려가니 설경이가 우리를 기다리고 있다. 둘째 딸 설향이는 입덧이 너무 심해 오지 못했다면서 대신 인사를 전한다. 설경이와 함께 공항으로 향한다.

김일성 주석 서거일(7월 8일)을 맞아 동상으로 향하는 평양시민들.

차가 김일성 주석과 김정일 위원장의 동상 앞에 다다르자 수많은 인파가 차창 밖으로 눈에 들어온다. 김일성 주석의 서거일을 맞아 추모를 하는 사람들이란다.

내가 북한의 불가사의 중의 하나로 생각하는 장면이다. 하나는 고난의 행군 당시 전 인민이 기아에 허덕이며 엄청난 숫자의 사람들이 희생당했는데도 나라가 붕괴하지 않고 존립한다는 것. 그리고 또 다른 하나는 인민들이 이들의 지도자를 대하는 모습이다. 천황의 모습을 바라보며 눈물을 흘리는 일본인도 있고, 왕이 입원한 병원 앞에서 밤샘을 하는 태국 국민도 있다. 그러나 북한은 이에 비교조차 할 수가 없다. 나로서는 도저히 이해할 수 없는 불가사의다.

저 멀리 새 공항청사의 모습이 들어온다. 내가 입국할 때 이용한 임시청사는 한창 철거 중이다.

평양 순안공항.

새 공항은 최신식으로 고급스럽게 치장을 했다. 규모는 작아 보이나 이용객 숫자를 고려해 볼 때 이 정도면 충분하고도 남을 것 같다. 설경이가 눈물을 글썽이며 인사를 한다.

"오마니, 조심해 가십시오. 미국 가셔도 건강하게 잘 지내십시오."

고려항공 JS155편.

"걱정 마. 너야말로 건강 잘 챙겨. 한창 손이 많이 가는 의성이…, 엄마가 아프면 온 가정이 아프고 힘들어. 밥 잘 챙겨 먹고 의성이 잘 키우고 있어, 또 올 테니까. 그리고 설향이가 아이를 가져 몹시 힘들 텐데 언니인 네가 많이 돌봐줘. 10월에 출산 준비 좀 해서 다시 올게."

10월에 또 만나자는 말을 남기고 출국장으로 들어간다. 뒤 돌아 설경이에게 환한 미소를 지어보였다. 언제든 보고 싶을 때 마음만 먹으면 만날 수 있는 우리는 축복받았다. 순간 이산가족들의 처절한 모습이 떠오른다. 미안하고 슬픈 생각에 울컥 가슴과 목구멍이 조여온다.

우리를 태우고 갈 심양행 고려항공 JS155편 기내에 들어선다. 이륙하자 창가를 타고 북한의 산하가 펼쳐진다. 물끄러미 내려다보며 기어이 눈물을 흘리고야 만다.

한겨레통일문화상패.

'한겨레통일문화상' 대리 수상

미국의 집으로 돌아오니 상을 주관하는 '한겨레통일문화재단'으로부터 연락이 왔다. 내가 입국이 금지돼 있어 시상식에 참석을 못 할 테니 남편이 대신 참석한다면 비행기 표를 보내주겠다는 소식이다. 남편에게 대신 가겠느냐고 물으니 거절한다. 훗날 나의 입국금지가 해제돼 함께 조국에 갈 수 있을 때까지 자신도 가지 않겠다고 한다.

나는 익산통일콘서트 폭탄테러 사건 당시 몸을 던져 나를 구하고 대신 화상을 입은 곽성준 선생님께 대리수상 부탁을 드렸다. 흔쾌히 승낙해주신다. 사실은 이분이야 말로 진정한 수상자다. 일생을 두고 잊을 수 없는 은인이다.

3부

남한 유일의 기자로 당 창건 70돌 취재

2015년 10월, 여덟 번째 방북기

3개월 만에 다시 평양으로
당 창건일에 한복 입는 이유?
외신기자 완장을 찬 유일한 남쪽 기자
〈오마이뉴스〉 평양특파원으로 열병식에 가다
'심장에 남는 사람'은 공장 지배인
남편이 아픈데, 아내에게 약 준 '북한 의사'
평양판 '맥도날드' 메뉴판을 공개합니다
"자유주의 하시면 안 됩니다"
달링, 주사가 넘 아파요
"살수는 청천강이 아닙니다"
"오마니는 정말 예수가 다시 살아났다고 믿습니까?"
신의주에서 중국을 바라보며
"꼭 다시 올게요"

3개월 만에 다시 평양으로

탈북자 김련희 가족과의 만남 신청

리틀엔젤스 단원으로 활동하던 어린 시절

미국 시각으로 10월 5일, 북한에서 돌아온 지 3개월도 되지 않아 다시 짐을 꾸려 집을 떠난다. 일생을 살면서 정말 생각해보지도 못했던 일이다. 내가 어쩌다 민족과 조국에 눈을 뜨고 이렇듯 하루가 멀다 하고 무시무시하다는 북한 땅을 찾으니 말이다.

흔히들 하는 말로 내 팔자에 '역마살'이 끼었는지…. 어린 시절이 떠오른다. 초등학생 때부터 중학생 때까지 난 리틀엔젤스 단원으로 매년 수개월씩 전 세계를 다니며 공연했다. 우리는 엘리자베스 여왕을 비롯한 세계 지도자들의 궁전에 초대받고 자리를 함께했다. 또래의 아이들은 나를 엄청나게 부러워했지만, 나는 오히려 공부를 하며 쉬는 시간에는 공기놀이, 고무줄놀이를 하고, 그러다 가끔 주말에는 김밥을 싸 들고 가족과 함께 창경궁에 가는 내 친구들이 너무 부러웠다.

1974년 리틀앤젤스 시절 이탈리아 대통령궁에서(왼쪽). 두 번째 줄 왼쪽에서 세 번째가 필자다. 1973년 리틀앤젤스 유엔본부 공연 장면.

긴 공연 여행 중, 타국의 호텔에서 이불을 뒤집어쓰고 엄마가 보고 싶어 소리 없이 눈물을 흘리기도 했다. 그래도 공연이 끝난 뒤 무대 위에 서 있는 우리들을 향해 "Korean Angels! Wonderful Korea!(코리안 앤젤스! 원더풀 코리아!)"라는 관중들의 함성을 들을 때면 모든 피로와 고통이 한순간에 사라졌다. 막 내리는 무대에서 눈이 퉁퉁 붓도록 펑펑 눈물을 쏟아내곤 했다. 당시 나는 영광스러운 '코리아'라는 나라에서 태어났기 때문에 지구 상에서 가장 행복한 어린이라고 생각했다.

그리고 수십 년이 흘렀다. 돌이켜 생각하니 그 시절의 코리아는 내가 환상 속에 알고 있던 그런 영광스러운 나라가 아니었다. 사람들은 가난했고, 나라는 둘로 갈라져 가족이 생이별했다. 그것도 모자라 헤어진 형제들이 서로를 향해 총을 겨누는, 아비규환의 불행한 나라였다.

그 불행은 지금도 진행형이다. 그들은 아직까지도 사랑하는 가족의 이름을 부르며 피눈물을 흘린다. 그러다 마침내 피멍울이 든 가슴을 부여잡고 그리움에 차마 눈을 채 감지도 못 하고 이 세상을 떠난다.

탈북 여성을 위해 외신기자로

나는 이번 북한 여행을 '외신기자'의 자격으로 방문할 수 있게 해달라고 북한 당국에 요청했다. 그렇게 하고자 하는 피상적인 이유는 남편 때문이었다. 2013년 9월 북한여행 당시, 우리는 북한의 '로농적위군' 열병식을 구경했다. 그러나 참관자들에게 카메라의 지참이 허용되지 않았다. 핸드백은 물론 담배와 라이터 등 소지품을 일체 가지고 갈 수 없어 차 안에 놔두고 내려야만 했다.

차에서 내린 우리는 마치 공항에서처럼 검열관의 금속탐지기로 한 사람 한 사람 몸수색을 받아야 했다. 그 당시 사진을 찍고자 들뜬 마음으로 따라나선 남편이 사진을 찍지 못해 얼마나 아쉬워했는지 모른다. 카메라는 오로지 기자들에게만 허용됐다. 그런 이유로 북한 열병식의 사진을 꼭 찍고 싶어하는 남편을 위해 내가 외신기자의 자격으로 갈 수 있게끔 유엔의 북한대표부에 요청했다.

그러나 사실 내가 외신기자로 가고 싶은 이유는 따로 있었다. 그것은 다름 아닌 서울에 살고 있는 탈북여성 김련희 씨의 가족을 만나고 싶었기 때문이었다. 인터넷에 오른 〈한겨레〉 기사를 통해 알게 된 김련희 씨의 이야기를 정리하면 다음과 같다.

"평양시민인 김련희 씨는 2011년 6월 평소 앓고 있는 지병을 치료하기 위해 정식으로 여권을 얻어 중국의 친척을 찾아갔다. 돈이 없으면 중국에서 치료를 받을 수 없다는 사실을 알게 된 그녀는 어느 날 우연히 탈북 브로커를 만난다. 한국에 가서 몇 달만 일하면 치료비를 마련해 중국으로 다시 올 수 있다는 말에 그녀는 브로커에게 북한 여권을 맡기고 한국행을 택한다.

그러나 뒤늦게 브로커의 꼬임에 빠졌다는 사실을 깨닫고 온 힘을 다해 북송을 요구한다. 한국 정부가 이를 불허하는 속에서 그녀는 북녘의 가족을 그리며 오늘도 부모님과 자식이 기다리는 고향으로 돌려보내줄 것을 호소한다."

지난 6월 북한여행 때 외국인은 북한에서도 페이스북을 이용할 수 있다는 걸 확인했다. 나는 이번 여행 때 외신기자 자격으로 취재를 핑계 삼아 김련희 씨의 가족을 만날 것이다. 그리고 북녘의 가족을 애타게 그리는 그녀와 그녀의 가족을 페북 메신저를 통해 대화를 나누게 할 작정이다.

그런데 문제에 봉착했다. 북한 당국은 내가 기자가 아니라면서 외신기자 자격을 거부했다. 나는 북한 당국에 "나는 비록 개인 기고가이지만 〈오마이뉴스〉라는 한국 뉴스매체의 '시민기자'입니다"라면서 간곡히 요청했다. 북한 당국은 '이곳에 와서 무엇을 취재하려는지 말해달라'고 한다. '열병식 취재'라고만 답하고 탈북여성 김련희 씨 가족과의 만남은 말하지 않았다. 그러나 확답을 주지 않고 일단 평양에 가라는 답만 돌아온다.

어차피 둘째 수양딸 출산 준비물을 마련해 가는 길이니 외신기자

조선민주주의인민공화국
DEMOCRATIC PEOPLE'S REPUBLIC OF KOREA

심양의 북한 영사관에서 발급 받은 일반 비자.

자격을 거부당해도 할 수 없다는 생각으로 더 이상 요구하지 않았다. 나는 방문목적의 비자를 받고 비행기에 몸을 실었다. 어쨌든 도착해서 다시 한번 우겨 볼 작정이다.

어머니를 지척에 두고

미국 로스앤젤레스를 떠나 2015년 10월 7일 새벽녘쯤 인천공항에 도착했다. 내 모국에서만 맡을 수 있는 내음이 새벽 공항 안에 한가득이다. 한걸음에 달려가 만날 수 있는 어머니를 지척에 두고도 뵐 수가 없다. 모국의 내음 속에 묻어나는 어머니의 체취를 맡으며 마음을 달랜다.

한국 입국이 금지된 나는 인천공항 밖으로 나갈 수 없다. 북한행 고려항공을 타기 위해 중국 심양으로 향하는 비행기를 기다린다. 대한항공 라운지에 앉아 창 너머 저 멀리 바라보니 희미한 빛이 새날을 밝히고 있다. 저 푸근한 빛 넘어 계시는 어머니가 몹시 보고 싶다. 휴대전화를 꺼내 들고 손가락을 움직인다.

"어머니, 저 지금 인천공항에 있어요. 대한항공 라운지에서 중국행 비행기를 타기 위해 기다리고 있어요. 어머니, 건강은 괜찮으세요? 언니는요? 뵙지 못 하고 가는 이 딸을 용서하세요.

어머니, 전 지금 그 어느 때보다 마음이 행복합니다. 평생을 살아오면서 처음으로 예수님이 저를 향해 진정 바라시고 소원하시는 것이 무엇인지 깨닫기 시작했어요. 그리고 크리스천으로서 어떻게 살아야 하는 건지도요.

지난날의 이기적이고도 교만했던 제 삶도 회개하며 반성했어요. 그러고 나니 채워도 채워도 채워지지 않던 영혼의 샘이 이젠 감사와 기쁨으로 차기 시작했어요. 그래서 제 마음이 평안하고 행복해요. 그러니 어머니, 제발 어머니도 저에 대한 무거운 아픔을 내려놓으세요. 그리고 행복하세요. 제 마음은 늘 어머니와 함께 있어요."

막상 메시지를 보내려니 망설여진다. 어머니의 답장이 상상된다. "은미야, 니 또 북한에 가나? 아이구 마~, 주여!"

눈물이 뿌옇게 시야를 가린다. 집에도 못 들어오고 또 북한에 가는 나를 보며 괴로워하실 어머니를 생각하니 차마 메시지를 보낼 수가 없다. 그만 지워 버렸다.

셋째 북한 수양딸, 최경미 안내원

심양에 도착해 북한 고려항공 카운터로 이동한다. 김일성·김정일 배지를 달고 있는 북한 주민들 그리고 해외동포들과 외국 관광객들이 줄을 이루고 있다. 체크인을 마치고 게이트 앞에 앉아 탑승을 기다린다.

이번 여행의 주목적은 둘째 수양딸 출산준비물을 전해주는 일이다. 그리고 탈북여성 김련희 씨의 가족을 만나 그들과 김련희 씨를 메신저로 연결해 대화를 나누도록 해주는 일이다. 나는 김련희 씨 가족과 만날 수 없을까 봐 걱정하고, 남편은 북한 정규군 열병식 사진 촬영을 못 하게 될까 봐 근심이 이만저만이 아니다.

비행기에 들어서니 승무원들이 인사를 한다. 나도 "안녕하세요" 대신 북한식으로 응답한다. "안녕하십니까."

빈 좌석이 하나도 없다. 특히 10월은 북한노동당 창건일이 껴있어 여러 가지 볼 만한 행사가 있기 때문에 많은 관광객이 찾는 때다. 나의 첫 북한 관광도 10월이었다. 당시 온 도시를 뒤덮고 있는 붉은 깃발을 보고 얼마나 섬뜩했는지 모른다. 붉은 바탕에 노란색으로 붓과 망치와 낫이 그려져 있는 조선로동당 깃발이다. 이 깃발들이 무리를 지어 곳곳에 세워져 있었다. 아마 지금쯤 평양의 모습도 그렇지 않을까 상상해본다.

평양 순안공항에 도착해 입국 절차를 마치고 나오니 담당 안내원이 우리를 알아보고 인사를 한다.

"안녕하십니까. 계시는 동안 안내를 맡은 최경미입니다. 반갑습니다. 조국에 오신 것을 환영합니다."

나는 북한에 적어도 세 명의 수양딸을 둘 마음이었는데, 안내원 최경미를 보는 순간 나의 세 번째 수양딸이 될 것을 직감했다. 내가 북한에 수양아들 대신 수양딸들을 두려는 것은 다름이 아니라 우리는 엄마들이기 때문이다. 몸으로 아이를 낳고 키우는 엄마들의 마음에는 남과 북이 따로 없고, 이 모성이야 말로 인류의 '보편적 가치'다. 분단이라는 허구의 올가미를 풀어헤치고 나는 이들과 작은 통일을 이뤄 살아갈 것이다.

평양 순안공항에서 세관 통과를 기다리며.

"탈북자요?"

인사를 나눈 뒤 내가 물었다.

"앞으로 오랫동안 함께 다닐 텐데 어떻게 부르면 좋겠어요?"

"자식 같은 아인데 그냥 '경미'라고 부르십시오."

"그래도 괜찮겠어요?"

"말씀도 편하게 하십시오."

이것이 바로 북한동포들의 정서다. 거리낌 없이 자신을 낮추고 순식 간에 친해진다.

나는 지난 6월 이곳에서 쓰던 심(SIM)카드에 요금을 적립하기 위해 경미와 함께 공항에 있는 고려린크(Link) 영업소로 갔다. 우리가 인사를 나누며 시간을 지체하는 동안 비행기에서 내린 승객들이 이미 긴 줄을 형성하고 있다. 내 차례까지 족히 1시간은 걸린 것 같다.

호텔에 도착해 짐을 풀고 식당으로 가 경미와 함께 늦은 저녁 식사를 한다. 쇠고기 석쇠구이와 육회를 안주로 대동강맥주를 마시며 나는 경미에게 조용히 말을 꺼냈다.

"경미, 이번에 내가 머무르는 동안 만나고 싶은 사람이 있는데 가능할까?"

"양딸들 만나시는 건 알고 있는데 또 누가 있습니까?"

"응, 있어."

"오데 사는 누굽니까?"

"평양에 살고 있을 텐데 이름은 모르고…, 지금 남쪽에 살고 있는 탈북자의 가족이야."

"남조선에 살고 있는 탈북자요?"

순간, 경미의 얼굴이 굳어지며 놀란 표정을 짓는다.

"응. 김련희라는 여성인데 지금 남녘에 살고 있어. 그분의 가족을 만나고 싶어."

"오시기 전에 요청을 하셨습니까?"

"아니."

"아~, 네~. 알겠습니다. 일단 보고를 하겠습니다. 이름이 뭐라고 하셨습니까?"

"김, 련, 희."

경미는 수첩을 꺼내 '탈북자 김련희 가족'이라고 적는다. 냉면으로 식사를 마친 우리는 내일 아침 로비에서 만나기로 하고 헤어졌다.

남편과 나는 자기 전 산책을 위해 호텔을 나섰다. 오른쪽으로 탈북동포 김련희 씨가 꿈에도 그릴 평양역 불빛이 한눈에 들어온다.

당 창건일에 한복 입는 이유?

미래과학자거리, 려명거리

당 창건일이 명절

2015년 10월 8일, 긴 비행시간 때문에 쌓인 피로로 늦잠을 잤다. 오전 중에는 평양 시내구경 일정이 잡혀 있다. 로비에 내려가니 안내원 경미가 한복으로 곱게 단장하고 나타난다. 경미의 모습에서 북한의 변화를 읽는다. 세련된 머리 모양, 안경의 디자인, 손에 들고 있는 스마트폰… 한 사회의 변화는 여인들의 겉모습에서부터 나타난다는 말이 있던 데 틀린 말은 아닌가 보다.

호텔 밖을 나서자 비가 부슬부슬 흩날린다. 검은 구름이 하늘을 가리니 가뜩이나 시멘트 콘크리트 색깔로 회색빛을 띠는 평양의 거리가 더욱 어두워 보인다. 물끄러미 거리를 쳐다보고 있자니 마치 내 어린 시절 봤던 대구 시내의 모습인 것 같아 묘한 향수에 젖어 든다.

하늘을 쳐다보니 구름 사이로 곧 햇빛이 비집고 나올 것 같기도 하다.

평상시와 다름없이 거리의 사람들은 어디론가 향해 바쁜 걸음을 재촉하고 있다. 남편이 거리의 사진을 찍으려고 차를 세운다. 경미가 차에서 내리다치마가 차 문에 끼어

'당 창건일'이라며 한복을 입은 안내원 최경미.

거의 넘어질 뻔했다. 걱정이 돼 경미에게 말했다.

"경미야, 조선옷을 입고 다니려니까 불편하지? 보기는 참 좋은데…. 편한 옷 입고 나오지 그랬어."

"명절 때는 조선옷을 입고 나와야 손님에 대한 예의지요."

'명절'이라는 말에 나는 마음속으로 '추석 지난 지가 한참 됐는데 북한은 추석을 참 오래도 쉰다'라고 의아해하며 경미에게 말했다.

"아니…, 추석 지난 지가 언제인데 아직도 조선옷을 입고 다녀."

"추석이 아니라 당 창건일 말입니다."

"당 창건일은 국경일 아냐?"

"맞습니다. 명절 중의 하나입니다."

인제야 알아차렸다. 추석이나 설날을 명절이라고 부르는 우리와는 달리 북한의 동포들에게는 당 창건일도 명절인 것이다. 정당이 건립된 날을 명절이라고 부르는 나라는 아마도 북한이 유일하지 않을까 싶다.

2015년 10월, 공사 중인 '미래 과학자의 거리'.

솔방울로 수류탄을

점심 식사를 위해 호텔로 돌아오는데 전에 볼 수 없었던 새로운 거리가 눈에 들어온다. 족히 수십 층은 돼 보이는 아파트를 비롯해 수십 채의 고층 건물들이 빼꼭하게 들어섰다. 마치 한 도시의 다운타운이 들어선 것 같은 느낌이다. 아마도 이곳을 분명히 과거에도 지나쳤을 텐데 전혀 본 기억이 없다.

"경미야, 여기는 처음 보는 곳이네."

"지난 6월에 오셨을 때 못 보셨어요?"

"기억에 없어."

"'미래 과학자의 거리'라고 부르는데 건설 시작한 지 한 1년 됐습니다."

"저 많은 건물이 1년 만에 다 세워졌다고?"

"네, 그렇습니다."

"거의 다 완성됐는데 2~3주 후에는 아마 가보실 수 있을 겁니다."

"지금은 못 들어가?"

"아직 건설 일꾼들 외에는 못 들어갑니다."

듣고 있던 남편이 또 허튼소리를 한다.

"와, 솔방울로 수류탄을 만들었네."

"그게 무슨 말씀이십니까?"

내가 남편의 옆구리를 툭 치며 눈짓을 했다. 남편이 머뭇거리며 변명을 한다.

"아니, 저…, 경제 제재로 힘들 텐데 어떻게 이토록 평양 여기저기에 건설을 많이 하는지 궁금해서. 여기서는 항일 빨치산들이 솔방울로 수류탄을 만들었다고 학교에서 가르친다며?"

"학교에서 가르치다니요. 그렇지 않습니다. 항일 빨치산들이 그 어떤 악조건 속에서도 신출귀몰하며 조국을 찾기 위해 왜놈들과 싸울 시기, 인민들 사이에서 전해 내려오는 여러 전설이 있습니다. 그만큼 항일 빨치산들이 훌륭했다는 말이지요. 그러나 '솔방울로 수류탄을 만들었다'는 말은 없습니다. 우리 인민들을 바보 취급하시는 겁니까? 하하, 긴데 고런 이야기는 오데서 들으셨습니까?"

"아, 그냥 어디서 들었어."

남편의 주책없는 농담 때문에 혹시 경미의 마음이 상하지나 않았는지 걱정했는데 괜찮은 것 같다. 다행이다. 경미가 또 다른 건설공사 계획을 말해 준다.

"종합대학(김일성 종합대학) 앞에 대규모 건설이 있을 겁니다. '려명거리'라고, '미래 과학자의 거리'처럼 수십 개의 고층 건물을 1년 안에 일떠세우는 일입니다."

경미의 말을 들으며 차 안에서 밖을 보니 여기저기서 공사가 진행 중이다. 가히 '건설 붐'이라 할 만하다. 남편이 경미에게 묻는다.

"근데 대체 무슨 돈으로 대규모 공사를 일으키나? 평양 온 사방에 건설공사니 말이야."

"핵무장을 한 우리는 이제 모든 걸 경제로 돌리고 있습니다. 앞으로는 하루가 멀다 하고 달라질 겁니다."

신이 나서 힘줘 말하는 경미의 모습에 자신감이 넘쳐 보인다.

북한의 어떤 점이 좋나?

호텔로 돌아와 쟁반국수로 점심을 먹었다. 평양에서만 먹을 수 있는 맛이다. 쟁반국수는 냉면과 맛이 거의 비슷하다. 차이가 있다면 국수를 담는 그릇이 다르다는 것. 고명을 넓은 그릇 위에 펼쳐 놓아 시각적으로 입맛을 한층 더 돋운다.

저녁때 2층 커피숍에서 만나기로 하고 경미와 헤어졌다. 휴식을 취하려고 방으로 돌아와 커튼을 젖히니 건설 중인 건물들이 또다시 눈에 들어온다. 아파트 건물처럼 보인다. 이 건물도 지난 6월에 본 기억이 없다.

아직도 여독이 풀리지 않았다. 밤과 낮이 바뀐 데다가 식사까지 하고

고려호텔 로비. 왼쪽 상단으로 당 창건 70돐을 알리는 선전물이 걸려 있다.

나니 졸음이 쏟아진다.

겨우 일어나 커피숍으로 향한다. 로비를 내려다보니 외국인 관광객들이 서서히 들기 시작한다. 매년 관광객이 늘어간다. 평양 시내에서 마주치는 외국인 관광객들을 살펴보면 대충 눈짐작으로 80~90%는 중국인이고, 나머지는 서양인들이다. 그중 반 정도는 '호기심에 북한을 찾았다'고 말한다. '또다시 오겠다'고 다짐하는 사람들도 꽤 된다.

북한의 어떤 점이 좋냐고 물으면 '오염되지 않은 자연환경'과 '순수한 북한 사람들'을 꼽는다. 내가 이곳을 찾는 이유와 크게 다르지 않다. 물론 내게는 '이곳도 우리나라이며 이곳에는 나의 수양가족이 살고 있다'는 더 큰 이유가 있지만.

경미를 만나 한참 동안 얘기를 나누다 택시를 잡아타고 함께 밤거리

택시 안에서 바라 본 평양의 밤거리.

구경을 나간다. 석 달 전에 왔을 때도 자주 택시를 이용해 그리 새삼스러울 것은 없지만, 그래도 북한에서 이렇게 밤에 택시를 타고 돌아다닐 수 있다니…. 2011년 첫 북한 관광 때에 비하면 실로 엄청난 변화가 아닐 수 없다. 그 당시에는 거리에서 택시를 구경조차 하지 못했으니까 말이다.

호텔로 돌아오는 길에 경미가 잘 포장된 작은 상자를 건네준다. "오늘 밤 열지 말고 꼭 내일 아침에 열어보라"고 한다. 호텔 방으로 돌아온 남편이 어서 열어 보자고 재촉한다. 나는 약속을 지켜야 한다며 극구 거절했다. 궁금하기는 나도 마찬가지지만. 이 안에는 과연 무엇이 들어 있을까?

외신기자 완장을 찬 유일한 남쪽 기자

만경대

의문의 상자가 열렸다

2015년 10월 9일, 아침 식사를 마치고 로비로 가니 안내원 경미가 의아한 눈초리로 우리를 맞는다.

"안녕히 주무셨습니까. 긴데 어제 드린 상자를 안 열어 보신 것 같습니다."

"어머, 얘, 정말 깜빡했네. 지금 올라가서 열어보고 올까? 아니면 나중에 방에 갈 일 있을 때 가서 열어봐도 될까?"

"지금 가서 열어 보시고 그 안에 들어 있는 걸 갖고 내려오셔야 합니다."

"갖고 내려와야 한다고? 아니, 대체 그게 뭐기에?"

"열어보시면 압니다."

우리의 대화를 듣고 있던 남편이 눈썹과 한쪽 입술 끝을 추어올리며 마치 심문하듯 끼어든다.

"가만 있어 봐. 그런데 경미야, 우리가 상자를 열어보지 않았는지 어떻게 알지? 혹시 우리 방에 몰래카메라라도 설치하고 일거수일투족 감시하는 거 아냐? 그렇지 않고서야 우리가 상자를 안 열어 봤다는 걸 알 수가 없잖으냐?"

경미는 빙그레 웃으며 어서 올라가 상자를 열어보고 내려오라고 한다. 남편은 고개를 갸우뚱거리며 농담 반 진담 반으로 계속 말을 이어간다.

"경미야, 너 이 늙은이가 속옷 바람으로 방안에서 돌아다니는 거 화면으로 다 보고 있었지?"

"에구머니나, 무슨 그런…."

나는 남편과 함께 방으로 올라와 급히 상자를 열어봤다. 상자 안에 짙은 청색 완장 두 개가 들어있다. 완장 위에는 '기자'라는 흰색의 글씨와 함께 로마자 알파벳 P가 둥근 원안에 적혀 있다. 외신기자를 위한 완장이다. 이를 보는 순간 가슴이 두근두근 마구 뛰기 시작한다. 남쪽에 사는 탈북동포 김련희 씨의 얼굴이 떠오른다.

"련희 씨, 이제 당신의 가족을 만날 수 있을지 모릅니다. 조금만 기다려 주세요. 그리운 가족과 대화를 나눌 수 있도록 메신저로 연결해 드릴게요."

나는 외신기자 완장을 팔에 차고 로비로 내려갔다.

나는 경미의 손을 부여잡고 연신 고맙다고 말했다.

"경미야, 정말 고마워, 너무너무 고마워."

외신기자의 집합 장소인 양각도 호텔.

"제게 고마워하실 것 없습니다. 외무성에서 하는 일이니까요."

"외무성? 아, 참, 그런데 왜 기자 완장이 두 개야? 하나면 되는데."

"두 분이 함께 다니셔야 하지 않습니까. 오늘부터 외신기자들은 외무성의 일정대로 움직여야 합니다. 그러니 한 분에게만 기자 자격을 드리면 또 한 분은 해외동포사업부의 일정을 따라야 하니까 두 분이 떨어지시게 된단 말입니다."

길거리에서 만난 평양 사람들의 일상

오늘 오전은 김일성 주석의 생가인 만경대 고향집 취재가 계획돼 있다고 한다. 이를 위해 우리는 외신기자들의 집합 장소인 양각도 호텔을 향해 출발했다.

차창에 비친 사람들의 모습을 물끄러미 바라보고 있자니 갑자기 저들에게 다가가고픈 욕망이 피어오른다. 저들과 함께 나란히 걷고 싶다. 마치 나도 어디론가 출근하는 사람처럼. 나는 경미에게 시간 여유가 좀 있으면 나도 버드나무 가로수길을 따라 걷고 싶다고 부탁했다. 차를 세우고 인도로 올라섰다. 그리고 천천히 걷기 시작했다.

한 어린 남매가 책가방을 메고 등교한다. 남자아이의 손에는 이곳 사람들이 '구럭지'라고 부르는 비닐봉지가 들려있다. 남자아이와 눈을 마주치며 웃음을 짓자 아는 사람에게 인사를 하듯 묵례를 하고 지나친다. 어쩜 내가 이 근처 학교의 선생님일지 모른다는 생각이라도 한 것일까?

보통 북한에서 아이들과 눈이 마주치면 그들은 장난기 섞인 웃음과 함께 신기한 듯 나를 쳐다본다. 내가 분명 외국인일 거라고 짐작하는 게다. 아마도 가끔 볼 수 있는 중국인 관광객일 거라고 생각하는 듯. 그런데 이 아이는 너무도 자연스럽게 인사를 하며 지나간다. 순간 내가 이방인이 아닌 듯 느껴진다. 짜릿한 기분 속에 이곳 사람이 된다.

저는 〈오마이뉴스〉 평양 특파원입니다

내가 하염없이 걸어가자 경미가 시간이 없다면서 어서 차로 돌아가자고 재촉한다. 발길을 돌려 되돌아오는 길에 아이를 품에 안은 엄마와 마주친다. 아이는 한 손에 쥐어진 빵을 먹으면서 또 한 손으로는 엄마의

목덜미를 꼭 부여잡
고 매달려 있다. 이제
걸어도 될 만한 나이
로 보이지만 엄마는
행여 아이가 떨어질
까 두 팔로 아이를 단
단히 감싸 안는다. 너
무나 평범한 모습임
에도 콧등이 시큰거

버스에서 내린 외신기자들.

려 오는 건 무슨 이유일까.

호텔에 도착하니 이미 많은 기자가 나와 있다. 족히 200명은 되는
것 같다. 이들과 함께 섞여 있자니 도저히 어색해서 견딜 수가 없다.
나는 정식 기자가 아니라서 이들이 내 목에 걸려 있는 싸구려 '똑딱이'
카메라를 자꾸 쳐다보는 것만 같은 느낌이다. 외신기자들은 여러 버스
에 나눠타고 만경대로 향한다. 버스에 오르니 한 외국 기자가 말을
걸어온다.

"어느 나라 언론사입니까?"

"남한(South Korea) 언론사입니다."

남한이라는 말에 깜짝 놀라 눈을 크게 뜨며 마치 취재하듯 계속 질문
을 한다.

"이번에 남한 언론사들도 취재가 허락됐습니까?"

"그렇지 않은 것으로 알고 있습니다."

김일성 주석의 생가인 만경대 고향집을 취재하는 외신기자들.

"그런데 당신은 어떻게 이곳에 올 수 있었습니까?"

"저는 국적이 남한이 아니라서…."

대체 이 상황을 어떻게 설명해야 할지 몰라 나는 말끝을 흐렸다. 그럼에도 불구하고 이 외신기자는 끈질기게 물어본다. 누가 기자 아니랄까 봐….

"국적이 남한이 아니더라도 당신이 남한 언론사 소속이라는 것을 북한 당국이 알고 있습니까?"

설명하기 복잡하다며 대답하기를 꺼리자 그는 나를 이상한 눈초리로 쳐다본다. 그의 시선이 내가 들고 있는 '똑딱이' 카메라로 옮겨간다. 나를 의심하는 것 같은 느낌이다. 마치 내가 기자로 위장해 북한에 잠입한 불순분자라도 되는 것처럼… 아무래도 이 기자가 나를 북한당국에 신고라도 할 것 같다.

"영영 쓸어버리자"는 구호

김일성 주석의 생가인 만경대 취재를 마친 우리의 오후 일정은 자유 취재다. 물론 안내원과 함께 하는 것이지만 우리가 밖에서 흔히 알고

평양 거리에서 마주친 반미 구호. 싱가포르 1차 북미정상회담 이후 이런 선전물이 사라졌다.

있는 것처럼 통제가 심하지는 않다고 외신기자들은 말한다.

　한 외신기자를 안내하는 북측 안내원은 "일부 서방의 기자들이 안 좋은 장면만 촬영해 왜곡 보도를 하기 때문에 여간 신경 쓰이는 것이 아니다"라고 말한다. 하기야 유튜브에 들어가 보면 서방의 기자들이 올려놓은, 악의적으로 편집한 동영상이 많이 올라와 있다. 북한 당국이 이를 모를 리 없을 것이다.

　지하철을 타고 호텔로 돌아가기 위해 역 앞에 오니 구호가 눈에 들어온다. "미제가 덤벼든다면 지구상에서 영영 쓸어버리자"라고 새겨져 있다. 북한 어디에서나 흔히 볼 수 있는 내용이다. 그런데 한 가지 의아했던 건, "남조선을 쓸어버리자" 같은 구호를 북한에서 본 적이 없다는 점이다.

지하철 안 우리 자리 맞은편에 귀여운 아이가 할머니와 함께 앉아 있다. 말을 시켜도 아무 대답 없이 큰 눈망울만 깜빡거린다. 남편이 아이를 웃겨보려고 온갖 표정을 지어 보이고 이런저런 몸짓을 다 해봐도 아이 대신 오히려 할머니만 계속 웃으신다.

　내릴 무렵 나이를 물으니 좌석 위에 얹어놓은 손가락을 약간 움직여 보인다. 과자라도 주고 싶은데 항상 손가방 속에 넣고 다니는 스낵이 오늘따라 없다. 내려서 객차 문이 닫히기 전 손을 흔드니 마침내 아이가 팔을 뒤로 움직이며 수줍은 미소를 짓는다. 오늘 하루 중 가장 행복한 순간이다.

　지하철에서 내려 일상생활을 취재해 보려고 아파트 단지 내로 들어섰다. 할아버지 두 분이 장기를 두고 계신다. 그 옆에서 손자인지 아니면 동네 아이인지 한 소년이 장기판을 뚫어지게 쳐다보면서 훈수를 두고 있다. "집에 가 공부나 하라"는 할아버지의 말씀에도 아랑곳하지 않고 끈질기게 훈수를 두는 아이는 꿀밤을 맞아가면서도 자리를 지킨다. 사진을 찍으려고 하니 한 할아버지께서 언짢은 표정으로 안내원 경미와 대화를 주고받는다.

　"사진 찍지 말라고 하라우."

　"우리 동포입니다."

　"기래? 동포구만. 오데?"

　"재미(재미동포)입니다."

　동포라니까 마침내 우리를 쳐다보며 미소를 지어 보이신다. 이 할아버지 역시 여타 북한동포들과 마찬가지로 이것저것 질문을 하신다.

장기를 두는 두 할아버지와 구경하며 훈수 두는 소년.

담배를 연상 피우시던 다른 할아버지께서 화를 내신다.

"어서 장기 두라우."

경미가 몹시 배가 고프단다. 서두르느라 아침을 먹지 못한 모양이다. 호텔로 돌아와 곧바로 식당으로 향한다. 식탁에 앉자마자 우리는 맥주부터 주문한다.

고작 반나절 취재를 다녔는데 다리가 후들후들 떨리고 힘이 쭉 빠진다. 기자가 내 직업이 아닌 게 천만다행이다. 오늘 오후엔 아무것도 안 하고 쉬기로 했다.

내일은 남편이 기다리는 북한 정규군 열병식 사진을 기자의 자격으로 찍을 수 있는 날이다.

〈오마이뉴스〉 평양특파원으로 열병식에 가다
2015 조선노동당 창건 70돐 기념 열병식

세 번이나 못 알아들은 말… "경축합니다"

2015년 10월 10일, 조선노동당 창건 70주년 기념일이다. 아침에 일어나 식당에 가니 문 앞에서 직원이 알아들을 수 없는 말로 인사한다.

"○○합니다."

"네?"

"○○합니다."

"네? 무슨 말씀이신지?"

"경축합니다."

"네? 뭘…?"

"당 창건 70돐을 경축합니다."

"아~, 네, 경축합니다."

세 번이나 못 알아들었다. 당 창건 명절날을 축하한다는 인사다. 대단

고려호텔 식당 중앙에 조선노동당 창건 70주년을 기리는 문구가 걸려 있다.

하다. 북한동포들에게 당 창건일은 정말 큰 명절인 모양이다. 인사마저 이런 식으로 하다니…. 우리가 설날에 "새해 복 많이 받으세요"라고 하는 것과 같다.

노후를 즐기는 유럽 할머니들

식당에 들어서니 빈자리 찾기가 쉽지 않다. 한 테이블이 비어 있지만 두 사람이 앉기엔 너무 넓다. 양해를 구하고 옆 테이블의 외국인 관광객과 합석했다. 식사는 한식과 양식이 뷔페식으로 차려져 있다. 남편과 나는 밥과 쑥된장국, 계란프라이, 명태조림, 김치, 두부부침, 부루(상추) 샐러드, 도라지나물, 그리고 생오이와 고추장을 담아왔다.

〈로이터〉의 제임스 피어슨 기자와 함께.

남편과 내가 우리 음식을 먹으며 우리 말로 대화를 나누자 같은 테이블에 앉아 있던 한 외국인 여성이 말을 걸어온다. "어느 나라에 사는 코리안이냐"고 묻는다. 눈치가 상당히 빠르다. 미국서 사는 한국인이라고 답하자 "쉽게 비자를 받았느냐"라고 질문한다. 한반도 상황에 대해서도 잘 알고 있는 듯하다.

자신들의 오늘 일정은 퍼레이드(열병식) 구경을 하고 저녁엔 음악회에 가는 것이란다. 대부분 70대로 보이는 유럽 할머니들이다. 친구들과 함께 노후를 즐기는 여행객들이다.

식사를 마친 후 경미를 만나기 위해 로비에 가니 한 기자가 나를 알아보고 명함을 건넨다. 한국말이 하도 유창해 나는 그가 한국에서 온 기자인 줄 착각했다. 명함을 보니 〈교도통신〉의 일본인 기자다. 나를 잘 알고 있다고 한다. 아마도 지난번 서울에서 있었던 '종북몰이' 때문이겠지. 내 명함을 부탁하지만 나는 명함이 없다. 대신 종이에 이메일 주소를 적어줬다. 경미를 만나 외신기자들의 모임 장소인 양각도 호텔로 향한다.

"미안해, 제임스"

양각도 호텔 로비에 외신기자들이 모여든다. 이곳에서 버스를 타고 열병식이 열리는 김일성 광장으로 이동한단다. 기자 완장을 찬 한 서양인이 다가와 영국식 발음의 영어로 말을 건다.

"안녕하세요, 신은미. 〈로이터〉통신의 서울 특파원 제임스 피어슨(James Pearson)입니다."

"어머, 제임스, 안녕하세요. 여기서 만나다니…."

나는 제임스 피어슨 기자를 만난 적은 없지만 그와 2014년 이메일을 주고받은 적이 있다. 당시 그는 북한에 대한 책을 쓰고 있었는데, 내가 북한에서 찍어 온 사진들을 자기 책에 실을 수 있도록 허락해달라는 부탁을 해왔다. 자신은 최근 북한의 변화하는 모습에 많은 관심이 있다면서 내가 북한에서 찍어온 사진들, 특히 여성들의 패션, 여성들이 술집에서 맥주를 마시는 모습 등의 사진들을 책에 수록하고 싶다고 했다. 런던대학과 케임브리지 대학에서 한국학을 전공했으며, 북한 유학생들과 함께 살면서 생활했다는 말까지 덧붙였다. 당시 나는 다음과 같은 이유를 들어 거절했다.

"나는 당신이 어떤 내용의 책을 쓰는지도 모르는 상태에서 내 사진의 사용을 허락하고 싶지 않습니다. 서방의 기자들이 쓴 책이나 기사들은 대부분 북한에 대해 악마화된 이미지를 부각하며 부정적으로 묘사하는데, 이는 내 조국 한반도의 평화통일에 역행하는 일입니다. 개인적으로 나는 내가 북한에서 찍어온 사진들을 가능한 한 많은 사람이 보기를 원합니다. 제가 페이스북에 북한의 사진을 올리는 이유이기도 합니다.

사진 사용을 허락하지 못해 대단히 죄송합니다."

제임스 피어슨 기자는 "충분히 이해한다"라면서 내 사진들과 관련된 부분의 원고를 보내줄 테니 읽어본 뒤 결정할 수 있는지 재고해달라는 답장을 보냈다. 나는 또다시 거절했다. 원고 전체를 읽어보기 전에는 그가 집필하고 있는 책의 의도를 알 수가 없기 때문이었다. 한 마디로, 북한을 악마화하거나 희화화할지도 모르는 책 속에 내 사진들이 수록되는 걸 원치 않았다.

2011년 북한을 처음 방문한 이래 내게는 북한 사회에 대한 학자들의 글이나 기자들의 기사 그리고 한국 정부의 발표를 믿지 않는 버릇이 생겨났다. 특히 한국 기자들의 북한 관련 기사 중에는 소설이나 만화 같은 이야기들도 있었다. 과장해서 말하자면 대부분이 그렇다.

그나마 탈북자들의 증언 중 사실에 가까운 것들이 간혹 있지만 방송에 나와 그들이 하는 말을 들어보면 그들 또한 이에 크게 벗어나지 않는다. 유엔을 비롯해 해외에 나가 강연이나 증언을 하는 탈북자들의 발언은 도가 지나치다. 누군가가 어떤 의도를 가지고 강연 원고를 써주고 있는 게 아닌가 싶을 정도다.

제일 공정하고 정확한 것은 내게 개인적으로 연락해 오는 탈북동포들이다. 그들은 방송에 출연하는 탈북자들에게 분노를 표하기도 한다. 그러나 그들은 자신의 솔직한 심정을 공개적으로 표출하지 않는다. 어쩌면 못 하는 것일지도 모른다.

'공정하고 균형 잡힌' 보도를 한다는 유명한 서방 언론의 기자들 역시 북한에 관한 한 크게 다르지 않다. 한 서방의 기자는 잔디에서 잡초를

솎아내는 평양시민들의 사진을 찍어 '식량이 없어 풀을 뜯어 먹는 북한 인들'이라는 설명을 달기도 한다. 물론 북한을 객관적이고 합리적으로 이해하려는 서방의 기자들도 있다. 비록 소수지만. 어쨌든 나는 그가 어떤 책을 쓰는지 알지 못하는 상황 속에서 그의 요청을 받아들일 수 없었다. 양각도 호텔 로비에서 그와 대화를 나누며 나는 그에게 "미안하다"는 말을 잊지 않았다.

철저한 검색 거친 후 김일성 광장으로

우리 외신기자들은 로비에서 호텔 옆문으로 안내됐다. 외부인들의 접근이 철저히 차단된 이곳에서 열병식이 열리는 김일성 광장으로 향하는 버스를 타기 전 몸수색 과정을 거친다.

이미 도열해서 우리를 기다리고 있던 군관(장교)들이 기자들의 몸과 짐을 금속탐지기로 꼼꼼히 수색한다. 그뿐만 아니라 가방을 열어 내용물도 확인한다. 남편이 먼저 수색을 받는다. 군관이 정중하게 남편에게 묻는다.

"카메라는 없습니까?"

남편이 검열을 마친 가방에서 휴대전화를 꺼내 들었다.

"이건데요."

"손전화기로 사진을 찍습니까?"

"네, 저는 이걸로 사진을 찍습니다."

① 열병식 관람객들이 입장하고 있다.
② 각 군의 의장대와 군악대.
③ 기자석에 자리잡은 필자.
④ 주석단의 김정은 위원장(바로 오른쪽에
류원산 중국 정치국 상무위원이 앉아 있
다).
⑤ 김정은 위원장이 등장하자 카메라가 주
석단을 향한다.

군관이 의아하다는 듯이 고개를 갸우뚱거리며 미소를 띤 얼굴로 남편을 쳐다본다. 친절하지만 눈초리가 매섭다. 군관은 남편의 휴대전화를 열고 셔터를 눌러본다. 내 차례다. 군관은 내게도 장비에 대해 묻는다. 휴대전화와 '똑딱이 카메라' 2개를 제출하자 이번에도 셔터를 눌러 하나하나 확인을 한다. 200명 정도의 기자들을 이런 식으로 검색하느라 상당한 시간이 소요됐다.

드디어 우리는 버스에 올라 김일성 광장으로 향한다. 날씨가 흐리다. 간간이 빗방울이 차창을 스친다. 우산도 없다. 이러다가 본격적으로 비라도 내린다면? 과연 열병식을 제대로 치를 수 있을는지 걱정이다.

김일성 광장에 거의 다다랐다. 차량이 통제된 도로 한복판에 멈춰 섰다. 우리는 또다시 검색을 받는다. 이번엔 엑스레이 기기를 실은 차량까지 마련돼 있다. 모든 소지품과 장비를 엑스레이 기기 안에 넣어 다시 한번 확인 작업을 거친다. 정말 철저하다. 개미 한 마리 기어들 틈이 없어 보인다. 마지막 기자의 검색이 끝날 때까지 기다린 우리는 줄지어 김일성 광장에 들어섰다.

우레와 같은 "만세~" 소리

관람석에는 관객들이 입장하고 있고, 광장에는 군 의장대가 도열해 서 있다. 그 뒤로 대규모 군악대가 연주를 한다. 붉은 깃발을 든 족히 십만 명은 넘을 군중들이 큰 광장을 메우다 못 해 대동강 변까지 늘어서 있다. 군악대의 연주 소리가 광장을 뒤흔든다.

의전 차량을 뒤따라 항일유격대를 재연한 부대가 등장한다. 항일 유격대. 6.25 당시 북한군을 재연한 병사들. 핵배낭 부대. 대형 조선노동당 당기를 펼쳐들고 행진을 하는 여성들. 여성 항일 유격대.

광장에 들어선 남편과 나는 이 광경을 바라보고자 기자단을 이탈해 관람석에 올라갔다. 이런 거대한 퍼레이드는 위에서 아래로 내려다봐야 제대로 음미할 수 있기 때문이다. 적당한 좌석을 찾아 두리번거리는데 관람석 안내원이 다가와 입장권을 보자고 한다. 외신기자라고 말하자 "기자도 관람석에서 취재하려면 입장권이 있어야 한다"란다. 하는 수 없이 내려와 기자단에 다시 합류했다.

이윽고 최고지도자의 입장을 알리는 팡파르 나팔소리가 울려 퍼지며 우레와 같은 "만세" 소리가 광장에 메아리친다. 모든 기자의 카메라가 주석단을 향한다.

나는 김정은 위원장을 2012년 대동강 강가에서 열렸던 불꽃놀이 관람 때 처음 봤다. 당시 군중들의 '만세' 소리에 지진이 난 줄만 알고 깜짝 놀랐던 기억이 난다.

그런데 오늘은 그때와는 비교도 안 될 만큼 군중들의 숫자도 엄청나게 더 많고, 게다가 광장이 건물로 둘러싸여 있어 함성의 메아리가 몇십 배는 더 웅장하다. 인간의 목소리로 만들어 내는 소리가 이렇게 클 수 있다니. 2013년 9월, 같은 장소에서 '로농적위대' 열병식을 관람할 때도 군중들의 "만세" 소리를 들었지만 그때와 비교해 오늘의 함성 소리가 더 크게 느껴진다. 군중의 숫자가 오늘이 더 많은가 보다.

주석단의 인물 중 김정은 위원장을 제외하고 내가 확실하게 알아볼 수 있는 사람은 최룡해 한 사람뿐이다. 또 한 사람은 김영남 최고인민회의 상임위원장 같아 보이는데 확실한지는 잘 모르겠다. 김정은 위원장의 바로 옆에 착석하고 있는 사람이 누군지 한 외신기자에게 물으니 중국 정치국 위원이라고 한다. 대답을 해주면서도 마치 '기자가 그것도 모르니?'라고 되묻는 듯한 눈초리다.

주석단을 찍으려고 '똑딱이' 카메라의 줌을 당겨 보지만 흐릿하게 보인다. 미세한 손 떨림에도 렌즈는 대상물을 벗어나 허공으로 향한다. 겨우 몇 장 찍었다.

열병식을 거행한다는 선언에 이어 의전용 무개차가 앞장서고 뒤이어 일제강점기 만주에서 독립운동을 하던 항일유격대가 등장한다. 열병식 전체를 통해 가장 인상 깊게 본 장면이다. '조선민주주의인민공화국' 창건의 근간을 이루는 항일의 상징이다.

항일. 북한의 모든 건 여기서 출발한다. 건물에 걸려있는 많은 구호들이 "항일의 정신으로…"다. 그뿐만 아니라 북한에 있는 많은 유적지가 항일 빨치산의 흔적들이다.

뒤를 이어 6.25 당시 군인들을 재연한 부대가 등장한다. 어려서 영화에서 봤던, 둥근 원반같이 생긴 탄창이 총에 달려있다. 이 장면부터 나머지는 항미의 상징이다. 온갖 무기가 등장한다. 핵배낭을 가슴에 품고 행진을 하는 부대, 포병부대, 탱크부대, '무수단'이라고 부르는 로켓미사일을 포함한 각종 미사일도 보인다. 수천km를 날아간다는 그 미사일이다.

맨 마지막에 등장하는, 이름을 알 수 없는(이름이 '화성○○호'라는 것 같은데 정확히 기억나지 않는다) 로켓미사일은 그 크기가 열차 칸만큼 크다. 미사일을 실은 트럭은 바퀴가 무려 16개나 된다. 트럭이 지나가며 도로를 울린다. 앞서 지나간 미사일보다 길이도 더 길고 직경도 훨씬 더

2015 조선노동당 창건 70돐 기념 열병식 현장.

크다. 내가 사는 미국에 다다
를 수 있다는 대륙간탄도미
사일이라고 한다.

열병식은 북한의 역사를
군사 퍼레이드를 통해 한눈
에 보여준다. 그들 역사의 골
자를 이루는 열쇳말은 '항일'
과 '항미'다. 열병식의 마지막
행렬까지 모두 지나간 뒤 주
석단의 김정은 위원장이 관
람객들을 향해 손을 흔든다.

열병식이 끝나고 관람객에게 손을 흔드는 김정은 위원장을 멀리서 찍었다. 이럴 땐 망원렌즈 달린 카메라가 부러웠다.

이 군사 퍼레이드는 이렇게 막을 내린다.

누구나 마찬가지겠지만, 전쟁을 증오하는 내게 열병식의 잔영들은 고통스럽게 다가온다. 남쪽도 이에 상응하는 군사력이 존재할 것이다. 게다가 엄청난 화력을 보유한 미군이 남한에 주둔한다.

남과 북의 이 무시무시하고 공포스러운 무기들이 우리 민족을 다시는 일어설 수 없는 파멸의 길로 몰아갈 수도 있다는 생각에 가슴 한편이 서늘해진다.

이건 아니다. 정말 이건 아니다. 이럴 수는 없다. 우리는 한반도에 평화체제를 정착시키는 데 온 민족의 역량을 집중해야 한다. 이 상태가 지속하는 한 우리에게 미래는 없다.

열병식이 끝나고 횃불 행진 취재를 위해 대기하고 있는 외신기자단.

휘발유 냄새 가득한 광장

목이 칼칼하다. 열병식에 등장하는 탱크와 차량에서 나오는 연기를 너무 많이 마셨나 보다. 특히 장갑차와 탱크가 지나갈 때는 도로가 흔들리고 머플러에서는 뿌연 연기를 내뿜는다. 텅 빈 광장에는 아직도 휘발유 냄새가 매퀘하다.

배도 고파온다. 그런데 광장을 떠날 수가 없다. 곧이어 학생들의 횃불 행진이 거행될 예정인데 기자단은 광장에 그대로 남아 있어야 한단다. 다른 기자들을 보니 가방에서 샌드위치를 꺼내 먹고 있다. 준비성이 대단하다.

비마저 내리기 시작한다. 우산이 없어 큰일이다. 다른 기자들은 가방에서 우비를 꺼내 입기 시작한다. 역시 프로들이다. '아마추어' 기자인 나는 김일성 광장 한복판에서 춥고, 배고프고, 비마저 쫄딱 맞으며 어깨

필자 뒤로 횃불행진을 관람온 군인들이 보인다.

를 축 늘어뜨린 채 서 있다.

횃불행진이 지연되고 있는 것 같다. 그러나 비는 그치지 않는다. 우리는 관공서로 보이는 한 건물로 몸을 피했다. 다행히 현관 앞을 지붕이 가려줘 그 아래서 비는 피할 수 있다. 그러나 엄습해 오는 추위는 막을 도리가 없다. 입술이 덜덜 떨린다.

빗줄기가 가늘어지자 횃불행진이 시작되려 한다. 관람석을 보니 모두 군인들이다. 열병식 때는 민간인들이었는데…. 비가 내리는 와중에 누구 하나 피하는 군인이 없다. 좌석이 빗물에 젖어서인지 모두 서 있을 뿐이다.

김정은 위원장의 격려사가 있고 나서 학생들이 횃불을 들고 행진한다. 구호를 외치지만 너무 소리가 커 알아들을 수 없다. 귀를 기울이고 자세히 들어본다.

"김일성, 김정일주의 만세~! 김일성, 김정일주의 만세~!"

대형을 바꿔가며 행진하는 걸 보니 어떤 형상을 만드는 것 같다. 역시 관람석에서 봐야 대열이 무슨 형상을 만드는지 알 수가 있겠다 싶다. 아니면 전문 기자들처럼 높은 사다리 같은 곳 위에다 카메라를 설치해놓고 보던가.

비가 본격적으로 내린다. 그래도 행진은 계속된다. 외신기자들은 카메라를 부여잡고서 취재에 열중이지만 '어설픈' 기자인 남편과 나는 취재를 접고 다시 비를 피해 건물로 몸을 피한다. 물끄러미 행진을 바라보며 생각에 젖는다.

'평행선을 달리는 남과 북. 언제까지…? 누가, 언제, 어떻게 이 직선의 방향을 움직일 것인가? 어느 한 선이라도 조금만 각도를 바꾸면 이 두 선은 언젠가 접점에 다다를 텐데…'

우리는 그 접점을 향해 가야만 한다.

'심장에 남는 사람'은 공장 지배인

류경정주영체육관, 대동강 공연

류경정주영체육관서 본 '모란봉악단 연주회'

10월 11일, 아침 늦게 일어났다. 몸살기가 있다. 우산도 없이 빗속 추위에 떨었으니 그럴 수밖에. 안내원 경미에게 오늘의 일정을 물으니 오후부터 실내·실외 음악 공연 참관이 있다고 한다. 기자의 자격으로 취재차 가는 것이냐고 묻자 실내 공연의 경우 방문객 자격으로 공연을 관람하는 것이란다. 밤에 있을 실외 공연은 개인 참관인 자격으로 가도 좋고 취재차 가도 좋다고 한다.

아직도 어제의 열병식 장면이 머리에 남아 눈앞에 어른거린다. 탱크와 장갑차 그리고 미사일을 실은 트럭에서 내뿜던 휘발유 탄 냄새가 코끝에 머물러 있다. 포탄의 불바다가 휩쓸고 간 전장에 남아있는 불씨에서 실같이 품어나오는 연기의 냄새가 바로 이런 것인가.

오전엔 아무 일정이 없다. 점심 식사를 하러 가려고 호텔을 나서니 비가 내린다. 함께 추위로 고생한 경미를 위해 따뜻한 음식을 잘하는 곳으로 안내를 부탁했다. 도착한 식당에서 온반을 잘한다고 하여

류경정주영체육관.

평양온반을 주문했다. 평양을 방문한 김대중 대통령께서 아침 식사로 드신 것으로 기억을 한다.

돌아오는 길에도 여전히 비가 흩날리고 간간이 바람이 몰아치기도 한다. 남편도 몸 상태가 영 좋아 보이질 않는다. 웬만해선 약을 먹지 않는 사람이 해열제를 찾는다. 오늘 밤 야외 음악회가 있다고 하는데 날씨가 궂으니 걱정이 된다.

충분한 휴식을 취했음에도 어제 열병식장에서의 추위 때문에 여전히 몸상태가 좋지 않다. 다행히 실내음악회를 가려고 자동차에 오르니 비가 그쳤다. 이내 청명한 가을 하늘의 따뜻한 햇볕이 차창을 타고 들어온다. 신호등에 걸려 줄지어 서 있는 택시들을 바라본다. 마치 서울의 도로를 보는 것 같은 느낌이다.

지금 가서 관람할 공연이 '모란봉악단'의 연주회라고 한다. 공연장에 도착해 보니 '류경정주영체육관'이라고 적혀있다. 소 떼를 몰고 판문점을 넘은 현대 고 정주영 회장이 지어주신 체육관일 게다. 차를 타고 지나가면서 여러 번 본 적은 있으나 직접 들어가 보는 것은 처음이다.

소 떼를 몰고 휴전선을 넘은 실향민. 북한에 아무런 관심도 없었고 또 내 종교적인 신념을 다해 노력해 보아도 북한을 좋아할 수 없었던 나는 그분이 소 떼를 몰고 가시던 장면을 약간은 불편한 마음으로, 아무런 감흥 없이 무감각하게 바라보았다. 그분의 성함을 따 이름 지어진 이 체육관 앞에 서 있는 지금 나는 조용히 고개 숙여 그분을 회상한다.

이북이 고향(강원도 통천)인 그분은 집안의 소를 훔쳐 판 돈으로 서울에 와서 열심히 일한 끝에 재벌이 되었다. 그리고 1,001마리의 소 떼를 몰고 다시는 갈 수 없을 것으로 생각했던 고향 땅을 밟는다. 설사 사업을 위한 일이었다 하더라도 작금의 꽉 막힌 남북관계를 고려할 때 당시 그분의 방북이 시사하는 바는 실로 대단할 수밖에 없다. 만일 그 소 떼 방북이 지금 일어났더라면 나는 눈물을 펑펑 쏟으며 그 장면을 바라보았으리라.

정장 안 입은 남편 옷차림이 문제가 되기도

공연장 입구에서 남편의 옷차림이 문제가 됐다. 양복 정장을 하지 않은 남편에게 다음부터는 정장을 하고 오라고 공연장 여성 안내원이 주의를 준다. 그렇지 않아도 집 떠나기 전에 '양복을 한 벌 준비해 가는 게 어떻겠냐'고 했건만, 남편이 극구 반대했던 것을 떠올리며 핀잔을 주자 안내원 경미가 다음에는 자기 아버지의 양복을 가져올 테니 그걸 입고 가잖다. 게다가 남편이 손에 들고 있는 카메라가 문제가 됐다. 공연장 여성 안내원이 남편에게 말한다.

"그리고 선생님, 카메라는 저쪽에 가셔서 맡겨놓고 가십시오."

말이 떨어지기가 무섭게 남편 특유의 '억지'가 시작된다.

"사진 촬영이 안 되나요?"

"네, 그렇습니다. 연주에 방해가 돼서 그렇습니다."

"저~, 사실은 외신기잔데…. 절대 플래시를 사용하지 않을 겁니다."

"실내공연엔 기자들도 사진을 못 찍게 되어있습니다."

"저~, 사실은 멀리서 온 해외동폰데 좀…."

"아~, 해외동포시군요. 조국에 오신 것을 환영합니다."

"고맙습니다. 자, 그럼…."

남편이 발걸음을 떼자 안내원이 급히 불러 세운다.

"어, 저, 동포 선생님, 기래도 카메라는 안 됩니다."

내가 공연장 안내원에게 "미안하다"고 대신 사과를 하고 남편의 팔을 끌어당겨 물품보관소로 향한다. '심통'이 있는 대로 난 남편은 안주머니에 있는 휴대전화를 만지작거리며 "휴대전화로 찍겠다"면서 불평을 한다.

체육관에 들어서니 관람객들이 속속 들어서고 있다. 체육관 한 쪽으로 대형 스크린과 함께 무대가 설치되어 있고 텔레비전 중계 카메라들이 여기저기 배치돼 있다. 관람객의 반은 '사민(민간인)'이고 반은 '군관(장교)'과 '전사(사병)'들이다. 막상 입장해 보니 남자들은 모두 넥타이를 맨 정장 차림이다. 여자들은 주로 한복으로 곱게 단장했다.

조선로동당 창당 기념공연이라서인지 연주하는 대부분의 곡이 당을 찬양하는 노래들이다. 이념이나 사상을 내포하고 있는 노래라고 해서

관객들의 기립박수를 받은 조선인민군공훈합창단과 모란봉악단.

모두가 군가풍의 경직된 곡만 있는 것은 아니었다. 만일 가사를 듣지 않고 멜로디만 들을 경우 부드럽고 서정적인, 마치 영화음악 같은 곡이라고 느낄 만한 것들도 꽤 있다.

공연이 끝나고 관객들이 기립박수를 치자 무대의 맨 앞줄에 도열한 가수들이 군대식 거수경례로 답례를 한다. 어렴풋이 기억하기에 모란봉악단은 인민군 소속으로 단원들도 군인이라는 것 같다. 단원들의 군대계급(북한에서는 '군사칭호'라고 부름)이 뭔지 궁금하다. 저 정도 실력이면 일반 병사 계급은 아닐 것 같다. 아마도 군관이겠지 싶다.

악기를 다루는 솜씨와 노래 실력이 수준급이며 단원들의 미모 또한 빼어나다. 연주 시 보여주는 몸동작도 상당히 세련됐다. 단원들의 기량을 고려해 볼 때 만약 이들이 서방의 음악을 연주한다고 해도 훌륭히

소화해 내리라는 확신이
든다.

무엇보다도 우리 민족
이 가진 '끼'와 '흥'을 이들
도 고스란히 소유하고 있
다는 사실이다. 언젠가 이
들이 서울을 방문해 남녘
의 곡을 연주하거나 노래
를 부른다면 그 인기가 대
단할 거라는 생각이 든다.
훗날 남북관계가 좋아져
예술교류가   이루어진다
면 이 모란봉악단을 제일
먼저 초청할 것을 추천하고 싶다.

대동강 물 위에 설치된 초대형 무대(위).
어린이 출연자들의 북한 애국가 제창.

대동강 물 위에 또 다른 아리랑 공연

5시 조금 지나 시작한 모란봉 악단의 공연이 7시가 넘어서야 끝났다.
우리는 저녁 식사도 거른 채 야외 공연이 벌어지는 대동강 가로 향한다.
10월의 가을 밤 날씨가 영하로 느껴진다. 분명 이 정도라면 영하임이
틀림없다.

유난히 추위를 타는 남편은 발을 동동 구르면서 걷는다. "야외공연이

무대에 설치된 대형 화면에 리인모 북송 장기수의 흉상 사진이 떴다.

아마도 서너 시간은 될 텐데…"라며 경미의 걱정이 이만저만이 아니다. 이 추위에 '서너 시간'이란 말에 나도 겁이 덜컥 난다. 일기예보에 의하면 오늘 백두산의 기온이 영하 8도라고 경미가 전해준다. 역시 북한이 춥긴 추운 모양이다. 공연자들도 걱정이 된다.

김일성 광장을 뒤로 하고 대동강 가에 다다르자 강물 위에 설치된 초대형 무대가 입을 떠~억 벌어지게 한다. 강물 위에 이런 대형 무대를 설치한 것도 놀랍지만 이 야외공연의 총 출연자가 무려 만 명이라고 한다. 강물 위에 떠 있는 또 다른 〈아리랑 공연〉을 보는 것만 같다. 어린이 출연자들이 "아침은 빛나라"로 시작하는 북한의 애국가를 부르면서 화려한 공연이 펼쳐진다.

공연이 진행되는 사이 무대 뒤에 설치된 대형 스크린에는 여러 화면

이 떠오른다. 북한의
역사를 보여주는 흑백
사진과 최근 쏘아 올린
인공위성이 지구를 돌
고 있는 화면까지 다양
하다. 그중에는 북송
장기수분이 송환되는
화면도 있다. 리인모
북송 장기수로 보이는

남한 언론에서 숙청당했다고 보도한 가수 전혜영도 무대에 섰다.

흉상의 화면도 등장한다. 북한에서 '신념의 화신'으로 많은 존경을 받는
분들이다.

출연자 중에는 내가 아는 가수들도 있다. 이탈리아의 로라 산타 세실
리아 음악대학에 유학 중 제13차 주세페 디 스테파노 국제성악콩쿠르에
서 최우수상을 차지한 알토가수 황은미가 그 중 한 사람이다.

'휘파람'이라는 북한가요로 우리에게도 잘 알려진 전혜영은 나를 깜
짝 놀라게 한다. 왜냐하면 그녀가 숙청당했다고 남한 언론에 보도됐었
기 때문이다. 그는 예전보다 성숙해진 느낌의 목소리로 열창을 한다.

'북한 스크린 뮤직의 여왕'이라고 해도 과언이 아닐 인민배우 최삼숙
도 출연했다. 북한 영화의 주제가는 대부분 그녀가 불렀다고 한다. 가수
가 되기 전 공장의 여공이었다는 최삼숙은 마치 가냘픈 현악기에서
품어나오는 소리 같은, 천부적으로 아름답고 고운 목소리를 갖고 태어
났다. 44년 동안 무려 2,800여 곡을 부른 그녀의 나이는 현재 65세.

여전히 고운 목소리를 간직하고 있다.

최삼숙은 옛 38선 이남인 경기도 개성에서 태어났다. 그녀의 언니가 서울에 살고 있다는 말을 들은 적이 있는데 사실인지, 사실이라면 아직도 생존해 있을는지… 살아있다면 자신의 동생이 북한에서 유명한 '인민의 가수'라는 사실은 알고 있을는지….

북한 영화음악의 여왕 최삼숙의 딸 리은경의 탈북(?)

2016년 4월 총선을 앞두고 중국에 있는 북한식당에서 일하던 12명의 종업원들이 입국한다. 중국에 있는 북한식당 종업원들의 남한 입국을 놓고 남한정부는 '귀순'이라고 주장하고 북한 정부는 '유인 납치'라고 비난하는 가운데 북한에 있는 종업원들의 가족은 "어서 가족의 품으로 돌려보내 달라"며 오열을 한다.

정세현 전 통일부 장관은 '국가기관이 연관되지 않고서는 탈북자가 이렇게 빠른 시일 내에 입국하고 또 이를 곧바로 발표한다는 것은 있을 수 없다'고 밝혔다. 이들에 대한 의혹은 시간이 흐르면서 더욱 더 커지고 있다. 심지어는 이들이 북송을 요구하며 단식투쟁을 하던 중 한 사람이 사망했다는 확인되지 않은 소문을 한 재미 언론사가 보도하기도 했다. 이렇듯 온갖 설이 난무하고 있는 형편이다. 이미 사회에 나와 한국 생활에 적응하고 있다는 한국 정부의 발표만 있을 뿐 이들이 어디서, 어떻게, 무엇을 하고 사는지 정확히 알려진 바가 없다.

이들 12명 중의 한 사람이 바로 '북한 영화음악의 여왕' 최삼숙의 딸 리은경이다. 그녀는 지금 남한의 어디에 살고 있을까. 혹시 서울에 살고 있다고 알려진 그녀의 큰이모가 생존해 있다면 만나는 보았을까.

전시도 아닌 평화 시에 가족과 헤어져 살아야 한다니…. 가족에게는 물론 자신에게도 크나큰 고통이 아닐 수 없다. 어쩌면 남과 북은 여전히 보이지 않는 전쟁을 하는 중인지도 모른다.

'심장에 남는 사람'은 공장 지배인

북한의 음악은 사상과 이념을 떠나서는 이해할 수 없다. 물론 그렇지 않은 것도 많이 있다. 내가 한국서 강연 중 불렀던 〈심장에 남는 사람〉은 영화 주제가다. 공장에 취재를 나갔던 한 여기자가 열심히 일하는 공장 지배인에게 사랑을 느끼게 된다는 줄거리의 영화다. 그리고 여기서 '심장에 남는 사람'이란 공장 지배인을 말한다.

나는 2012년 북한 문화성의 초청을 받아 재미예술단 일원으로 평양 공연을 하러 갔을 때 이 노래를 현지에서 급히 배워 부른 적이 있다. 북한 측으로부터 불러 달라는 부탁을 받고 서둘러 준비해 불렀는데 당시 북한 측의 말에 의하면, 다른 많은 남쪽 가수도 불렀다고 했다.

가사도 좋고 또한 서정적인 멜로디도 아주 마음에 들었다. 영화 주제 가라고만 들었을 뿐 당시에는 이 노래가 어떤 배경을 갖고 있는지 전혀 몰랐다. 그 이후 나는 한국서 강연을 할 때 이 노래를 부르곤 했는데 2014년 말 소위 '종북 콘서트'로 인해 검경의 조사를 받을 때 이것이 문제가 됐다.

군복 차림의 출연자들.

검사는 내게 이 노래가 어떤 노래인 줄 아느냐고 물었지만 나는 대답을 할 수 없었다. 다만 한국의 여러 유명가수들이 불렀었다는 점만 알고 있었을 뿐. 검사는 '심장에 남는 사람'이란 북한의 지도자를 말하는 것이라는 투로 나를 다그쳤지만 나는 그저 "한국의 여러 가수도 불렀는데 왜 이게 문제가 되냐"고 반박할 수밖에 없었다. 후일 미국으로 돌아와 알아본 결과 이 노래의 배경에 대해 알게 되었다. 만일 당시 내가 이를 미리 알고 있었다면 보기 좋게 검사에게 반박했을 텐데 하는 아쉬움이 남는다.

그러나 많은 곡이 당과 지도자와 혁명을 위해 사상을 고취하는 노래들이다. 북한 음악의 키워드는 민족과 혁명이라고 생각한다. 사실 이는 비단 음악뿐 아니라 모든 북한의 예술 분야 그리고 정치, 경제, 사회 분야에도 해당하지 않는가 싶다.

덜덜 떨면서 먹는 냉면 맛이 일품이라더니

밤 9시 정도에 시작한 공연이 다음 날 새벽 1시가 넘어 끝났다. 출연자의 수, 무대의 규모, 공연시간 등 그야말로 대공연이었다. '명절' 때라서 그런지 밤 늦게까지 차들이 분주히 오고 간다. 저녁 식사도 거른 채 추위에 떨며 호텔로 돌아오니 새벽 2시 반이다. '쫄딱' 굶고 잠들 생각을 하며 로비에 들어섰는데, 아~, 이게 웬일인가! 밤 10시만 되면 여지없이 문을 닫는 식당이 열려 있는 게 아닌가. 행여 닫을까 싶어 뛰는 걸음으로 식당에 들어선다.

너무나 반가워 웨이트리스의 손을 부여잡고 감격해 말을 붙인다.

"아니, 어떻게 이 시간에 문을 열고 있어요?"

"오늘 공연이 늦게까지 있단 말입니다. 식사를 못 하신 분들이 계실 거라 문을 열고 기다리고 있었습니다."

"아이고 고마워요. 고맙습니다."

"식사는 뭐로 하시겠습니까?"

추위를 녹이느라 시간이 좀 지난 뒤 주문한 음식은 냉면! 누군가가 냉면은 추운 겨울날 먹어야 제맛이라더니 덜덜 떨면서 먹는 냉면 맛이 그야말로 일품이다. 뜨거운 육개장을 먹으며 몸을 녹이는 안내원 경미가 떨면서 차가운 냉면을 먹는 나를 쳐다보며 고개를 절레절레 흔든다.

이후 난 방으로 돌아가 깊은 잠에 빠졌다.

남편이 아픈데, 아내에게 약 준 북한 의사

평양의 북송 장기수, 수양딸 설경이

병원을 싫어하는 남편

10월 12일 새벽 4시쯤 잠이 들었고 일어나 보니 벌써 점심시간이 다 되어간다. 어젯밤 새벽까지 추위에 떨어서인지 남편의 몸 상태가 점점 나빠지는 것 같다. 의사에게 가자고 해도 병원을 싫어하는 남편은 극구 거절한다. 안내원 경미의 걱정이 이만저만이 아니다.

"아버님, 어서 의사에게 가시는 게 어떻겠습니까?"

"아냐, 괜찮아. 인간에겐 자연치유 기능이 있어서 시간이 지나면 다 낫게 돼 있어."

"그러다가 무슨 일 생기면 어쩌시자고. 어서 의사 선생께 가시자요."

"아니, 좀 더 지켜보자고."

"아버님, 우리 조국을 위해서라도 어서 가시자요."

"응? 그게 무슨 말이야?"

"혹시 아버님께 무슨 일이라도 생기면 외부에서 얼마나 악선전을 해대겠습니까. 다른 나라 여행 중 병이 생기면 아무렇지도 않게 생각하지만 우리 조국에 온 손님한테 그런 일이 벌어지면 외국에서 또 얼마나 악담을 해대겠냐는 말입니다. 그냥 드리는 말씀이야요. 아버님 위해서 기러는 거니 어서 가시자요."

"그래, 경미야. 좀 견뎌보다 정 아프면 가자. 고맙다."

다시 만난 북송 장기수 최선묵

오늘 오후 일정은 모두 취소했다. 대신 점심 식사 후 나는 경미에게 지난 6월에 방문한 적 있는 북송 장기수분들 댁을 다시 만날 수 있는지 물었다. 내가 그분들 댁을 방문하고 싶은 이유는 다름이 아니라 미국서 준비해 온 작은 선물을 전해 드리고 싶었기 때문이다.

지난 6월에 있었던 이분들 댁 방문은 예정에 없던 일정이었다. 이분들께서 내가 머무는 고려호텔 바로 옆 아파트에 사신다는 말을 당시 안내원 김혜영 선생에게서 듣고 찾아갔었다. 아무런 선물도 준비하지 못하고 따뜻한 대접만 받고 돌아온 것이 내내 마음에 걸렸다. 이번 북한여행을 앞두고 준비한 노인용 영양제를 이분들께 전해 드리고 싶었다.

경미가 어딘가에 여기저기 전화를 건다. 한참 시간이 지난 후 돌아와 "3시 반쯤 방문이 가능하다"고 전한다. 그 시간에 로비에서 다시 만나기로 하고 그때까지 쉬기 위해 방으로 돌아왔다.

남편의 얼굴이 점점 힘들어 보인다. 잠깐이면 될 테니 그래도 함께

오른쪽에서 두번째가 북송 장기수 최선묵 선생님. 세번째가 최선묵 선생님의 부인. 네번째가 김동기 선생님.

가겠다고 한다. 로비에서 경미를 만나 아파트로 향한다. 북송 장기수
김동기 선생님 댁으로 들어서니 같은 아파트 건물에 살고 계신 최선묵
선생님께서 부인과 함께 이미 와 우리를 기다리고 계신다. 최선묵 선생
님께서 반가이 맞으시며 안부를 물으신다.

"아이고, 신 선생. 그동안 잘 있었소?"

"네, 선생님께서도 건강하시지요?"

"아주 건강하오. 그래 팔은 다 낫습니까? 지난여름 이곳에서 치료를
받고 있다고 했는데."

"어머나, 그걸 다 기억하시고 계시네요. 네, 수기치료(지압)를 받고
다 나았어요. 생활하는 데 전혀 불편하지 않습니다. 고맙습니다."

지난 6월 만났을 때 내가 그런 얘기를 한지도 모르고 있는데 세심한

이분은 그걸 다 기억하고 있다. 경기 지방의 말씨 때문에 이웃집 할아버지를 만나는 양 한결 더 친근감이 느껴진다. 남쪽에 친척들이 많이 살고 있을 텐데 얼마나 그리울까.

저녁에 행사가 있어서 정장 차림을 하고들 계신단다. 보통 포상을 받은 북한 민간인들이나 군인들의 옷에는 큼직한 훈장들이 여백 없이 주렁주렁 달려있는데, 40여 년 징역살이에 비해 이분들의 정장을 장식하는 훈장은 숫자도 적고 그 크기도 작다. 내게 북한 훈장에 대한 지식이 없어 이분들이 달고 있는 훈장들의 의미를 몰라서 그런 생각을 하는 걸까.

준비해 온 선물을 두 장기수 선생님께 드리고 아파트를 나선다. 최선묵 선생님 부인께서 손을 살포시 잡는다.

"멀리서 오는데 왜 무겁게 이런 걸 들고 와요."

"무겁기는요. 아무것도 아녜요. 하나는 남성용이고 또 하나는 여성용이에요. 분홍색이 여성용입니다. 다음에 또 찾아뵐게요. 사모님, 두분 항상 건강하세요."

오늘은 남편의 몸이 너무 안 좋아 호텔에서 남은 시간을 보내며 생각에 젖는다. 법원에서 받은 긴 형기를 다 채우고도 자기 생각과 믿음을 바꾸지 않는다는 이유로 십수 년 더 징역을 살아야만 했다니. 오래전 일일 텐데 한국에 아직도 이런 법이 남아있을까? 만일 국가 권력이 내가 가진 기독교 신앙과 믿음을 포기하라고 강요한다면 나는 어떤 선택을 할 것인가. 아마도 나는 이분들과 같은 길을 갈 것이다.

환자인 남편이 아닌 아내에게 약을 준 의사

2015년 10월 13일. 아침에 일어난 남편이 아무래도 의사에게 가봐야 겠다고 한다. 보통 괴로운 게 아닌 것 같다. 경미에게 말하니 펄쩍 뛰며 좋아한다. 이 호텔에 의사 선생님이 계시다며 우리를 데리고 엘리베이터로 향한다.

호텔의 한 객실을 의료실로 사용하고 있었다. 상냥한 의사 선생님께서 걱정스러운 표정으로 우리를 맞는다. 남편의 혈압을 재고 여기저기 진찰을 하더니 두 종류의 약을 환자인 남편이 아닌 내게 준다. 하나는 가루약인데 따뜻한 물에 타 가지고 다니면서 물 대신 마시고 다른 하나는 식후에 복용하는 거라며 내게 신신당부한다.

"남자들은 약을 잘 안 먹는단 말입니다. 시간도 잘 지키지 않고. 기러니 녀사께서 잊지 말고 꼭 챙기십시오. 고려의학에 따라 만든 약인데 보기보다 약이 잘 들을 겁니다."

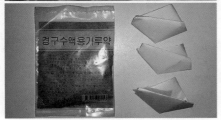

의사 선생님의 진료를 받는 남편(위)과 의료실에서 받은 약.

약을 받아들고 고개 숙여 인사를 했다.

식후에 복용하라는 약이 나를 과거로 돌려보낸다. 네모난 종이 한가운데 약을 놓고 몇 번을 접어 고깔모자 모양으로 만든 포장이다. 예전에 남쪽에서도 바로 이렇게 약을 종이에 쌌다. 돌아가신 아버님 생각도 난다. 어렴풋이 떠오르는 기억에 간호사가 약을 환자인 아버지가 아니라 어머니에게 건넸고 어머니가 약을 가지고 다니시다 시간이 되면 아버님께 드리곤 했다.

휴대전화로 식당을 찾는 경미(위). 상점을 찾아주는 휴대전화 화면.

내게 북한 여행은 여러 이유로 단순한 관광의 의미를 넘어선다. 그중 하나가 사실적이고도 완벽하게 과거로 돌아가는 일이다. 마치 타임머신을 타고 과거로의 여행을 떠난 것 같이. 그리고 지금은 점점 잊혀 가는, 아니면 잃어버린 우리들의 옛 모습을 발견하는 일이다.

지난여름 팔 수기치료 때와 같이 진료비는 무료란다. 혹시나 해서 선물용으로 항상 핸드백에 넣고 다니는 작은 화장품을 억지로 탁자 위에 놓아두고 고맙다는 인사를 드리며 의료실을 나왔다.

피자 식당에서 맡는 북녘의 바닷내음

오늘 오후에는 수양딸 설경이네 집에 간다. 가기 전 점심 식사를 무얼로 할지 남편과 '논쟁'을 벌인다. 내 속셈은 남편이 소주 같은 술을 마시지 않아도 되는 음식점을 찾는 일이다. 보다 못 한 경미가 휴대전화를 열고 여기저기 식당의 메뉴를 보여주며 고르라고 한다.

'손전화전자상점'이라고 쓰인 화면 위에 '이 제품은 콤퓨터소프트웨어보호법에 의하여 보호됩니다'라는 문구가 적혀 있다. 상점별로 찾아볼 수도 있고 상품별로도 찾을 수가 있다. 가기 전에 미리 주문도 할 수 있고 배달이 가능한 상점이나 음식점도 있다. 결제는 현금카드로 하거나 또는 현지에서 상품을 받을 경우 현금을 내도 된다. 유엔의 금융제재로 인해 북한에서 신용카드 사용이 불가능한 불편이 있을 뿐이다.

오늘 점심은 피자로 '합의'를 봤다. 두세 번 가본 적이 있는 '해운이딸리아특산물식당' 대신 새로운 곳을 가보기로 했다. 우리가 가려는 피자집은 '광복거리'라고 부르는 길에 있다. 식당을 찾아 길을 거넌다. 오고가는 북녘의 동포들과 마주치며 "사랑한다"는 말을 소리 없는 눈빛으로 전한다.

이탈리아 요리 전문 음식점인데 메뉴에는 한식 요리도 몇몇 눈에 띈다. 나는 애피타이저로 포기김치를 주문했다. 남편이 조개구이와 함께 맥주를 주문한다. 내가 '몸이 아픈 사람이 왜 또 술을 들려고 하느냐'고 말려 보지만 소용이 없다. 게다가 옆에서 경미는 "맥주가 술입니까?"라며 한술 더 뜬다. 경미를 북한의 셋째 수양딸 삼았다간 내 남편 오래 못 살 것 같아 정신이 번쩍 든다.

접대하는 웨이트리스가 마치 집안 내 어른들 대하듯 손님을 공손하게 대접한다. 혹시라도 부족할까 싶어 조심하는 몸가짐이 마음을 움직인다. 그 아름다운 모습을 간직하려 뚫어지게 그녀를 쳐다본다.

서해산 조개구이와 평양 포기김치.

웨이트리스가 조개 위에 알코올을 골고루 뿌린 뒤 불을 붙인다. 조금 있으니 조개가 입을 쩌~억 벌리고 뽀얀 국물을 흘린다. 남포에서 온 조개란다. 북한의 서해안에 흔해 빠진 게 조개라고 한다. 뜨거운 조개 하나를 집어 조심스럽게 즙을 마시고 살을 뜯어 입에 넣는다. 나는 바로 대동강맥주 두 병을 추가로 주문한다. 남편이 '비웃는' 듯한 표정으로 나를 응시한다.

조개 하나를 먹고 나서 집어 든 김치가 침샘을 요동친다. 10월인데 추운 겨울 김장김치에서나 느낄 수 있는 '쩅한' 사이다 맛을 낸다. 어찌 이런 맛을 낼 수 있는지 웨이트리스에게 물었다. 평양김치는 사시사철 이 맛이라고 한다. "그래도 겨울 김장김치가 제일 맛있으니 겨울에 꼭 오십시오"라며 겨울 북한여행을 유혹한다. 포기김치 한 접시를 추가로 주문했다. 그리고 얇은 햄이 얹혀 있는 시실리아식 피자와 해물 스파게티를 주문했다.

피자의 맛은 내가 이탈리아에서 맛본 것과 아주 흡사하다. 아마도 이탈리아산 치즈와 햄을 사용해서 그렇지 않나 싶다. 해물 스파게티는

새우와 여러 가지 조개류를 넣어 만들었다. 그중 하나가 동해안에서 나오는 섭조개다.

2011년 10월 첫 북한 여행 때 바라본, '슬프도록' 아름다웠던 동해안이 눈앞에 어른거린다. 수정같이 맑은 바닷물이 흰 눈꽃송이 같은 거품을 날리며 금빛 모래사장으로 밀려왔다. 마치 그날 그 해변에 있는 양 내 조국 한반도 북부의 바다 내음을 듬뿍 맡으며 스파게티 접시 위의 다양한 조개 맛에 빠져든다.

"Just let her go! (그냥 가게 해줘!)"

식사를 마치고 설레는 마음으로 설경이네 아파트에 도착하니 손자 의성이를 데리고 설경이가 마중을 나와 있다. 의성이도 반가워하며 내 옷을 어루만지며 잡아당긴다. "할머니 보고 싶었냐"는 물음에 "응, 할마이"라고 또렷하게 대답한다.

아파트 입구에서 경비원 아주머니가 뛰어나오신다.

"아이구, 의성이 할마니. 설경이가 또 오신다 기러디만 뎡말 오셨구만. 기래 안녕하셨습니까?"

"네, 아주머니. 별고 없으셨어요? 건강하시죠?"

"내레 아주 건강하요. 의성 할마니는 그 먼 미국서 이래 딸네 집 오겠다고 그 먼 길을…."

"네, 아주머니. 그게 제 낙이에요."

"어서 들어 가시라요. 손주하고 재밌게 노시라요."

"네, 갈 때 또 뵙겠습니다."

아파트 계단을 오르며 설경이에게 경비원 아주머니의 나이를 물으니 나와 비슷할 거라고 답한다. 북한사람들의 나이를 짐작하기란 쉬운 일이 아니다. 20대 이하는 나이보다 어려 보이고 30대 이상은 나이보다 훨씬 더 들어 보이기 때문이다.

의성이 아빠의 안부를 물으니 근황을 얘기한다.

"이제 안내원 일은 더 안 하고 사무실에서 일합니다."

"어머, 잘 됐다, 얘. 이제 오래 집을 떠나 있지 않아도 되니 말이야. 근데 의성이 아빠 진급했구나?"

"네, 맞습니다."

"축하한다, 설경아."

듣던 중 반가운 소식이다. 안내원은 관광단을 이끌고 한 번 나가면 1~2주씩 집을 비워야 한다. 의성이를 위해서도 잘된 일이다.

"두 분 열병식은 잘 보셨습니까?"

"응, 근데 나는 원래 군대를 무서워해. 이 아바이가 열병식 사진 찍겠다고 해서 간 거야. 지난번 말한 대로 외신기자 자격으로 취재했어. 우리 둘째 딸 설향이는 잘 있지? 게네 집도 곧 갈 거야."

"네, 지금 배가 잔뜩 불러 있습니다. 1월 초 정도에 출산 예정입니다."

"그렇구나, 어서 가 보고 싶구나."

"또 다른 일정은 없으십니까?"

"한 사람 또 만날 사람이 있는데 글쎄 잘 될는지…. 그리고 자강도와 신의주 관광을 좀 다녀오려고 그래."

칭얼거리는 의성이를 달래는 설경이.

"만나셔야 할 분이 대체 누구신데 잘 될는지 걱정하시나요?"

"탈북해서 서울서 사는 한 여성의 가족을 만나는 일이야. 지금 그
가족들이 평양에 살고 있거든. 김련희라는 사람인데 본인은 속아서
왔다며 북송을 요구하지만 이미 남조선 시민이 되었기 때문에 남조선
정부로서는 그 사람의 요구를 들어줄 수가 없는 거지. 경미에게 그
가족을 만나게 해 달라고 부탁을 했는데 아직 아무 대답이 없어, 하하."

내가 경미를 쳐다보자 미소만 지으며 아무 말이 없다.

우리들의 대화가 지루했는지 의성이가 칭얼거리기 시작하자 달래기
위해 설경이가 의성이를 안고 일어선다. 우리는 선 채로 한동안 대화를
나누다 작별인사를 했다.

나에게는 이번 여행에서 제일 중요한 두 가지 일정이 있다. 하나는

평양의 두 수양딸을 만나는 것이고 또 다른 하나는 탈북자 김련희 씨 가족을 만나 페이스북 메신저를 통해 평양의 가족과 대화를 나누게 해 주는 것이다.

아무리 생각해 봐도 이해할 수가 없다. 대체 지금이 어떤 세상인데…. 북한은 그렇다 치자. 어찌 세계화를 부르짖는 나라가 가족에게 가고 싶다는 사람을 붙잡아 두는가 말이다. 오히려 이를 보는 세계 여론만 나빠질 뿐이다. 나는 김련희 씨의 얘기를 가끔 미국 친구들과 나누곤 한다. 그들의 대답은 모두 한결같다.

"Just let her go!(그냥 가게 해줘!)"

아파트를 나서며 경비 아주머니와 인사를 나눈다. 이제 가면 또 언제 오냐며 눈시울을 붉힌다. 꼭 다시 오겠다는, 지킬 수 있는 약속을 하고 호텔로 돌아온다.

평양판 '맥도날드' 메뉴판을 공개합니다

〈오 수산나〉와 짜장면

청봉학단이 연주한 〈오 수산나〉

2015년 10월 14일, 아침에 일어나니 기분이 아주 상쾌하다. 전날 설경이네 집에도 가고 밤에는 음악회도 다녀와 기분 전환이 돼 그런가 보다. 최근에 창단했다는 청봉악단의 연주회였다. 먼저 관람한 모란봉악단과 굳이 다른 점을 찾아보자면 모란봉 악단의 곡 편성과 편곡을 기악 중심으로 했다면 청봉악단의 연주는 주로 성악을 중심으로 곡의 흐름을 이끌어 갔다고 볼 수 있겠다.

두 악단 모두 음악 편곡이 기존 사회주의 음악의 흐름이라기보다는 자본주의 국가에서 흔히 들을 수 있는 편곡 기법이었다. 청봉악단의 연주에서는 재즈풍의 선율마저 감지할 수 있었다. 미국의 작곡가 스티븐 포스터의 〈오 수산나〉를 비롯한 외국 민요들의 편곡은 내가 그동안 들어 봤던 그 어떤 음악 편곡보다도 훌륭했다.

특히 전형적인 미
국 민요를 연주할 때
는 어색하지 않게 그
나라 감성을 노래와
율동에 담아 표현했
다. 오히려 받아들이
는 내 감정이 어색하

청봉악단 연주회가 열린 인민극장(왼쪽 둥근 건물) 앞에서.

기까지 했다. 평양에서 미국을 대표하는 민요를 듣게 되리라고는 상상
조차 해보지 않아서 그랬던 것 같다. 노래를 들으며 경미에게 귓속말로
물었다.

"이 미국 노래를 인민들이 알고 있어?"

"네, 세계명곡집이라는 게 있는데 그 안에도 들어 있습니다. 서방의
노래들이 대부분입니다."

북한 연주자들이 북한 노래를 부를 때는 이들의 실력을 가늠해 보기
가 쉽지 않다. 왜냐하면 북한 음악에 대한 내 지식이 극히 제한적이기
때문이다. 그런데 이들이 외국곡을 연주하는 것을 들으면 수준이 상당
히 높다는 것을 알 수 있다. 미국의 역사나 19세기 미국의 사회상 등
〈오 수산나〉의 배경에 대한 이해가 부족할 것이라는 가정을 하면 이들
이 이 노래를 무척 훌륭히 소화한다는 생각이다.

연주회는 '인민극장'이라는 곳에서 열렸다. 전형적인 오페라 극장이
다. 마이크를 쓰지 않고 노래를 부를 수 있도록 디자인했다고 한다.
북한에는 최고 수준의 극장이나 연주회장이 많이 있다. 평양 인구나

그들의 생활 수준에 비해 그 수도 많고 시설이 가히 세계적이다. 아마도 음악이 선전·선동의 중요한 수단이기 때문이 아닐까 생각해본다.

평양 햄버거 식당에서 마신 아메리카노

오늘 아침에는 남편의 얼굴색도 좋아 보인다. 아침부터 맥주를 찾는 걸 보니 어제 의사 선생님께서 주신 약이 잘 듣는 모양이다. 오늘 오후에는 둘째 수양딸 설향이네 집에 가기로 돼 있다. 오전에는 특별한 일정이 없어 호텔에서 휴식을 취하려 하자 안내원 경미가 꽃구경을 가자고 한다.

꽃구경이라고 해서 들놀이 가는 줄 알았는데 막상 도착한 곳은 큰 건물이다. 꽃 전시관이다. 조선로동당의 상징(낫, 붓, 망치)을 전시관 한가운데 꽃으로 화려하게 장식해놨다. 그리고 가장자리를 따라 여러 직장에서 출품한 꽃 장식이 전시돼 있다. 대부분이 당과 지도자에게 바치는 작품들이다. 역시 사상과 이념이 깃들어져 있다.

꽃 전시관에서 안내원과 함께(위). 꽃 전시관 내부 모습. 중앙에 조선로동당의 상징이 꽃으로 표현돼 있다.

한참 동안 꽃 전시관을 걸으며 구경을 했더니 갈증이 난다. 시원한 음료수라도 마시면서 잠시 쉴 곳을 찾으니 햄버거 식당에 가잔다. 그곳에 가면 청량음료를 비롯해 다양한 종류의 커피가 있다고 경미가 일러준다.

평양판 '맥도날드' 메뉴판.

햄버거 식당은 김일성종합대학 근처에 있다. 막상 들어가 보니 메뉴가 엄청나게 다양하다. 자리에 앉아 '료리차림표'를 열었다. 벽에 걸려있는 메뉴가 전부가 아니다. 메뉴판을 한 장 한 장 넘기며 여러 종류의 샌드위치와 음료를 보고 있자니 변화하고 있는 북한의 모습을 보는 듯하다.

지금 북한에는 민간 경제의 시장화와 함께 서구의 문화가 서서히 유입되고 있다. 북한 주민들은 이를 자연스럽게 접하고 있다. 그러나 서구의 문화가 무분별하게 들어와 주민들이 이를 거리낌 없이 받아들이는 건 아니다. 국가가 외국 문화의 유입을 제한하거나 조절하기 때문만은 아닌 듯하다. 북한 주민들이 갖고 있는 보편적 가치가 있으며, 이에 반하는 외부의 문화를 그들 스스로 자정하는 측면이 있는 것으로 보인다. 그러나 아마도 이곳 북녘동포의 가치관도 시간이 흐름에 따라 변할 것이다. 이 세상에 영원한 것이란 없기 때문이다.

나는 아메리카노를 주문했다. 이 북한 땅 햄버거 식당의 메뉴판에서 '아메리카노'라는 글자를 보는 순간 야릇한 감정이 느껴졌다. 그래서

북한에서 맛본 짜장면. 맛은 남한 짜장면이 더 나았다.

주문해봤다. 호기심에 프렌치프라이(감자튀김)도 함께 주문했다. 프렌치 프라이를 담은 종이 곽이 마치 맥도날드의 그것과 유사하나, 맛은 훨씬 더 좋다. 우선 감자가 고소하고 튀김의 색깔이 곱다. 아마도 냉동 감자가 아닌, 신선한 감자를 튀겨서 그런 것 같다. 커피를 마시면서 창밖을 내다본다. 한껏 멋을 낸 여성들이 걸어간다. "아, 지금 북한은 변하고 있구나!" 혼잣말을 되뇐다.

짜장면보다 냉면 좋아해

햄버거 식당에서 충분한 휴식을 취했다. 경미가 "점심도 이 식당에서 햄버거로 하겠냐"고 묻는다. 미국서 햄버거는 많이 먹을 수 있으니

다른 곳으로 가자고 제안했다. 북한의 햄버거 맛이 궁금하긴 했지만 햄버거 맛이야 별반 다르지 않을 것 같고, 기왕이면 우리가 먹어보지 못한 음식을 먹고 싶었다. 경미가 색다른 제안을 한다.

"남조선에서는 짜장면을 많이 먹는다는데 조국(북한)의 짜장면을 한 번 드셔 보시겠습니까?"

"짜장면? 그래 가자. 고려호텔 앞에도 짜장면집이 있던데 맛이 어떨는지 궁금해하던 차에 참 잘 됐다. 어서 가자, 얘."

우리가 찾아간 곳은 짜장면 전문집이 아닌 일반 음식점이다. 한식(조선식), 일식, 중식이 모두 갖춰져 있다. 북한동포들도 짜장면을 먹지만 즐기지는 않으며 가끔씩 먹는 별식이라고 한다. 이유인 즉슨, 짜장면에 비해 가격도 저렴하고 맛도 좋은 냉면을 더 선호하기 때문이란다. 이곳 짜장의 색깔은 옅은 갈색이고 소스에서 오향 냄새가 약간 난다. 그 외에는 우리가 먹는 짜장면과 크게 다르지 않다. 아니, 큰 차이점이 있긴 하다. 가장 중요한 단무지와 양파가 함께 제공되지 않는다. 북한을 수차례 여행했지만 이곳에서 짜장면을 먹어보는 건 처음이다.

역시 우리 입맛에는 한국식 짜장면이 훨씬 좋다. 언젠가 북한동포들에게 한국식 중국음식을 맛보인다면 그 인기가 대단하리라 상상해 본다.

"결혼하고 나니까니 뭐…"
서둘러 호텔 방으로 돌아와 설향이에게 건넬 육아용품을 미국서 가져

둘째 수양딸 김설향 부부.

온 기저귀 가방에 담는다. 지난번 첫째 딸 설경이 출산 때와 비슷하게 준비했다. 아기를 위한 의약품, 비타민, 우유병, 샴푸, 비누 등과 설향이 부부를 위한 여러 가지 선물들. 설향이는 지금쯤 배가 많이 불러 있겠지.

설향이네 아파트로 가는 길과 거리의 허름하게 보이는 아파트들이 이제는 눈에 많이 익었다. 처음 북한을 방문했을 때 그런 아파트들을 보면서 가슴 아파했던 기억이 난다. 설경이네도, 설향이네도 모두 아파트의 외양이 매우 낡았다. 첫 방문 때 집안으로 들어가기 전 얼마나 걱정을 했는지 모른다. 아파트 벽의 시멘트는 떨어져 나가 있고, 페인트가 벗겨진 곳도 한두 군데가 아니다. 수십 년 전에 지어진 소비에트 스타일의 성냥갑 같은 단조로운 건축양식이 초라함을 더한다. 그런데 막상 집 안으로 들어가 보면 깔끔하게 정리정돈 해놓고 갖출 건 다 갖춰놓고 산다. 정말 겉과 속이 다른 것이 북한이다.

문을 열고 들어서니 설향이 부부가 반갑게 맞아준다. 배가 잔뜩 부른 설향이가 내 손을 잡으며 인사를 한다.

"안녕하셨습니까, 오마니. 오신다더니 정말 또 오셨습니다. 어서 들어와 앉으세요."

"설향아, 배가 많이 불렀구나. 힘들지?"

"일 없습니다. 남편이 많이 도와줍니다. 나 도와주자고 퇴근 후 술자리 피해 일찍 집에 와 아주 편합니다."

"그럼, 그래야지. 아이구, 듬직한 남편… 여전하구나."

"애 갖고 나서 많이 변했습니다."

"아니, 그게 무슨 말이야? 연애할 때 매일 하루에도 몇 번씩 전화하곤 했잖아. 기억 안 나? 우리 안내할 때 중간중간에 하도 전화를 많이 해 우리가 놀리곤 했잖아."

"하하, 기건 기랬습니다만 결혼하고 나니까니 뭐…."

"어서 계속해봐."

"지금은 잘하니까 됐습니다. 오마니."

내가 설향이 남편을 노려보자 남편은 설향이를 쳐다보며 어이없다는 표정으로 헛웃음을 친다. 어디나 사람 사는 게 다 같다. 유머도, 남편 얘기도, 시댁 얘기도….

우리는 2013년 8월, 2주간 함께 여행했던 추억을 더듬으며 시간 가는 줄 모르고 얘기를 나눈다. 함께 백두산을 오를 때 내가 힘들어하자 연약하게만 보였던 설향이가 뒤에서 내 등을 밀어주며 하던 말들이 생각난다. 일본군에 대항해 목숨을 걸고 싸운 여자 빨치산에 대한 이야기다.

배가 부른 설향이를 힘들게 하지 않기 위해 서둘러 집을 나왔다. 설향이가 내 소매를 잡는다.

"아니, 저녁도 안 드시고 이번에도 기냥 가십니까?"

"또 다른 일정이 있어. 다음에 올 때는 내가 장을 봐 올 테니 함께 해 먹자꾸나."

"매번 오실 때마다 기냥 가셔서 이거 참 안됐습니다."

"아냐, 설향아. 몸조리 잘해. 다음에 올 때는 꼭 먹고 갈게."

설향이네 아파트를 나오니 이 지역주민들의 해외동포 친척을 담당하는 직원이 나를 기다리고 있다. 북한은 상당히 촘촘하게 짜인 조직사회다. 각 단위마다 그 단위에 사는 주민들의 해외동포 친척이 방문하면 담당자가 이를 미리 알고 모든 편의를 제공한다.

"녀사님, 그래 딸이랑 잘 보내셨습니까?"

"네, 덕분에 시간 가는 줄 모르고 재밌게 지냈습니다."

"또 언제나 다시 오시나요?"

"글쎄요…, 1~2년 내에는 꼭 다시 올 거예요."

갑자기 이분이 눈물을 글썽이며 말을 잇는다.

"아, 친딸도 아닌데…, 그 멀리 미국서 여기까지…."

아마도 이 세상에서 북한 여성처럼 눈물이 많은 사람은 없지 않을까 싶다. 반공교육 때문인지는 몰라도 우리는 북한 사람은 감정이 메마르고 차가울 거로 생각하지만, 실상은 정반대다. 북한의 여성은 수줍음을 많이 타면서도 감정 표현을 숨기지 않는다. 게다가 감성이 풍부하고 감상적이기도 하다. 하기야 많은 북한의 노래가 사상과 이념을 내포하고 있지만 멜로디와 리듬은 사뭇 감상적이고 애달프다.

철갑상어회는 이렇게 생겼다. 깜짝 놀랐다.

끔찍한 철갑상어

호텔로 돌아와 저녁 식사 장소를 놓고 남편과 논쟁을 벌인다. 남편이 북한 요리의 별미 중의 하나인 철갑상어회를 먹으러 가잔다. '상어'라는 말만 들어도 등골이 오싹하는데 그것도 날로 먹자니…. 도저히 내키지 않는다. 소름마저 끼친다. 남편의 우격다짐에 할 수 없이 따라나선다.

식당은 주택가 같은 곳에 있는데 간판도 없다. 상어 이미지처럼 어두 컴컴하니 음산하고 으스스하다. 대체 이 건물이 식당인가 싶다. 그런데 막상 들어와 보니 여러 개의 방까지 갖추고 있는, 꽤 크고 그럴싸한 식당이다. 방으로 안내받아 '꺼림칙한' 기분으로 앉아있는데 웨이트리스가 들어와 붉은 술을 한 잔씩 돌린다. 철갑상어 피인지, 간인지, 쓸개인지를 섞은 술이란다. 기겁하고 술잔을 돌려주니 소주를 따라준다.

곧이어 들어온 철갑상어 회가 의외로 먹음직스럽게 보여 화들짝 놀란다. 소주 한 모금을 마시고 한 점 입에 넣는다. 살점에 붙은 물렁뼈가 오돌오돌 씹힌다. 아, 고소하다!

식사와 함께 마지막으로 나온 철갑상어 찌개가 일품이다. 철갑상어 껍질을 넣고 된장을 풀어 끓여냈단다. 마치 복어 껍질을 먹는 느낌이지만 그와는 또 다른 별미다. 이 찌개가 철갑상어 요리의 백미다.

남편의 '우격다짐'에 고마워하며 생각지도 않게 개운하고 산뜻한 기분으로 식당을 나선다. 큰 기대는 실망을 낳고 체념은 때론 뜻밖의 결과를 준다더니… 호텔에 도착하니 안내원 경미가 작은 목소리로 다소곳이 말한다.

"내일은 탈북자 김련희 씨의 가족을 만납니다."

아, 드디어 서울의 탈북동포 김련희 씨와 그녀의 평양 가족을 페이스북 메신저로 연결해 주는구나! 헤어진 후 처음일 텐데 얼마나 가슴이 미어질까. 나는 들고 있던 스마트폰을 힘주어 꼭 쥐고 방으로 올라왔다.

"자유주의 하시면 안 됩니다"

페이스북 이산가족 상봉

김련희 씨 딸 김련금을 만나다

2015년 10월 15일, 북으로의 송환을 요구하며 남한에 사는 탈북동포 김련희 씨의 가족을 만나는 날이다. 이번 여행에서 제일 중요한 일정 중 하나다. 〈오마이뉴스〉 시민기자 자격으로 인터뷰를 하기 위해 만나는 것으로 돼 있지만, 내 의도는 사실 인터뷰가 아니다. 오늘 김련희 씨와 그녀의 가족은 김련희 씨가 남으로 간 후 처음으로 메신저를 통해 대화를 주고받는 날이 될 것이다. 아침에 일어나서 나는 몇 번이고 휴대전화를 켜고 페이스북이 제대로 연결되는지 확인했다.

만나기로 한 장소는 북한의 '해외동포사업국' 건물이다. 이곳은 주로 해외동포들과 북한 내 친척들의 상봉 장소로 이용된다고 한다. 또한 지방에 사는 사람들이 북한을 방문한 해외동포 친척을 만나기 위해 이곳에서 머무른다고도 한다.

손수건으로 눈물을 닦아가며 이야기를 나누는 탈북동포 김련희 씨의 딸.

　초조한 마음에 서두르다 보니 약속 시간보다 훨씬 일찍 도착했다. 나는 기자 완장을 팔에 차고 그들이 오기를 기다린다. 얼마 지나지 않아 김련희 씨의 남편과 딸이 도착했다. 그들도 나와 같은 심정이었는지 약속 시간보다 일찍 도착했다. 딸 련금 씨가 나를 바로 알아보고 다가와 인사한다.

　"안녕하십니까. 김련금입니다."

　"어머, 어머니하고 똑 닮았네요."

　"이렇게 멀리 찾아주셔서 고맙습니다."

　"아니어요. 련금 양, 어서 앉아요."

　인사를 마친 김련희 씨의 딸이 이내 울음을 터뜨리며 내게 묻는다.

　"저의 오마니를 마지막으로 보신 게 언제입니까? 기자 선생님은 남조선에 들렀다 오시는 길인가요?”

“아니요. 나는 련금 양의 어머니를 만난 적이 없어요. 인터넷을 통해서만 알고 있어요. 그리고 남조선에 들르지 않고 미국·중국을 거쳐 평양으로 바로 왔어요.”

나는 차마 내가 남한에 입국금지 돼 갈 수 없다는 사실을 말할 수 없다. 왜냐하면 그런 설명은 련금이를 더 절망적으로 만들지 모른다는 생각 때문이다.

나는 차고 있던 기자 완장을 팔에서 떼어내 테이블 위에 놓으면서 련금이에게 말했다.

“나는 기자의 자격으로 만나자고 했지만 사실은 련금 양과 남조선에 계신 련금 양 어머니를 인터넷으로 연결해주려고 해요.”

내가 휴대전화를 꺼내 보여주며 말했다.

“이제 내가 남조선에 계신 어머니를 인터넷으로 연결할 거예요. 그럼 어머니와 대화를 나누면 돼요.”

“네? 어머니를 연결해주신단 말입니까?”

“네, 잠깐만 기다려요.”

야아~ 이러시면 안 됩니다

우리의 대화를 듣고 있던 안내원 경미가 깜짝 놀라며 손사래를 친다.

“신 선생님, 인터뷰하신다 기랬는데 기건 안 됩니다. 미리 요청을 하셨어야지, 기건 안 됩니다. 야아~, 이러시면 안 됩니다.”

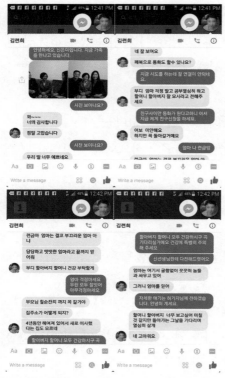

남에 있는 김련희 씨와 북에 있는 김련희 씨의 딸이 나눈
페이스북 대화 내용.

"경미야, 남조선에 있는 김련희 씨는 얼마나 사무치게 이곳 가족을 그리워하고 있겠니. 그리고 지금 여기 련금이는 얼마나 애타게 어머니가 보고플까 생각 좀 해봐. 경미야, 잠깐이면 되니까 좀 양해해 줘."

"저도 지켜보고 있는 심정은 똑같습니다. 긴데 이건 안 됩니다. 이건 공화국의 법을 위반하는 겁니다. 저 큰일 납니다."

"경미야, 잠깐이면 돼. 잠깐이면. 무슨 일이 생기면 내가 책임질게. 모녀가 얘기 좀 나누게 하자."

"선생님이 어떻게 책임을 지십니까? 선생님은 떠나시면 그만이지만 책임은 제가 져야 한단 말입니다. 미리 그렇게 하신다는 요청을 하셨어야지요. 전 정말 모르겠습니다."

경미가 핸드백에서 전화기를 꺼내 들고 밖으로 나간다. 혹시라도 경미에게 무슨 일이 생길까 불안해진다.

경미가 어디론가 전화를 걸면서 나간 사이 나는 김련희 씨의 페이스북에 들어가 메신저를 열었다. 현재 함께 있는 사진을 두 장 찍어 보내면서 메시지를 보냈다.

"안녕하세요, 신은미입니다. 지금 가족을 만나고 있습니다. 사진 보이나요?"

"와~~~, 너무 감사합니다. 정말 고맙습니다."

나는 사진이 보이냐고 재차 물었다.

"우리 딸 너무 예쁘네요. 네, 잘 보여요. 페북으로 통화도 할 수 있나요?"

"지금 시도를 하는데 잘 연결이 안 되네요."

김련희 씨와 내가 페이스북 친구 관계가 아니라서 그런지, 무슨 이유인지 통화 연결이 잘 안 된다. 전화를 련금이에게 넘겨주자 눈물을 떨구며 자판을 누른다.

얼마 안 돼 경미가 방으로 들어오더니 내 카메라를 들고 동영상 촬영을 도와준다. 뜻밖에도 전혀 걱정스러운 표정이 아니다. 안심해도 되겠다는 생각이 든다.

두 모녀가 손가락으로 대화를 나누는 것을 물끄러미 바라본다. 나는 탈북동포 김련희 씨를 한 번도 만나본 적이 없다. 언론을 통해 그녀가 사랑하는 가족이 있는 북한으로 가고 싶어 한다는 딱한 사정을 알고 있는 정도다. 한 번은 그녀가 내게 페이스북 메신저를 통해 자신의 한국 주소를 영문으로 표기해 달라는 부탁을 해왔는데 그 일을 도와준 게 전부다. 그런 그녀가 너무나 안타까워 내가 스스로 그녀를 평양의

남한의 어머니에게 손을 흔들어 보이는 탈북동포 김련희 씨의 딸 련금 양과 김련희 씨 남편.

가족과 연결해 주고 싶었을 뿐이다.

나 자신도 남한에 입국금지가 돼 갈 수 없는 형편이지만, 나는 이들에 비하면 아무것도 아니다. 하루에도 몇 번씩 서울 어머니와 전화 통화도 할 수 있고, 게다가 또 어머니께서 1년에 한두 번씩 미국에 오시니 큰 불편은 없다. 다만 연로하신 어머니께서 딸을 보러 긴 비행시간을 견디셔야 하는 것과 혹시라도 서울의 어머님과 시어머님께 무슨 일이라도 생기면 갈 수 없다는 정신적 부담이 있을 뿐이다.

탈북 브로커에 속아 남한에 왔다는 김련희 씨. '한국 국적을 취득하지 않으면 영원히 사회에 나갈 수 없다'는 말에 어쩔 수 없이 남한 사람이 됐다고 한다. 그 후, 감옥을 드나들며 북송을 요구하는 그녀는 지금도 국가보안법 위반으로 또다시 구속될 위기에 처해 있다. 북한에 있는

가족의 품으로 가게 해달
라는 것이 국가보안법 위
반인 것이다.

민족의 분단은 지금도
이산가족을 만들어 낸다.
슬픔을 넘어 분노가 치솟
는다. 사랑하는 가족이
함께할 수 없다는 것은
엄청난 인권 유린이다.
분단은 가장 잔인하고도
야만적인 비극을 우리의
역사에 남기고 있다.

탈북동포 김련희 씨의 딸 련금 양을 배웅하며(위).
눈물을 글썽이며 버스정류장으로 걸어가는 아빠를 위로하는 탈북
동포 김련희 씨의 딸.

어린 소녀의 무거운 어깨

엄마와의 대화를 마친 련금이가 공손히 전화기를 내게 돌려준다.
한동안 아무도 말이 없다. 연신 눈물을 훔치는 경미의 모습만이 우리의
심경을 대변해줄 뿐이다. 카메라를 들고 있는 남편이 침묵을 깬다.

"련금아, 한 번 환하게 웃어줄래? 어머니한테 사진을 보내 드리려는
데 그래도 환하게 웃어야 어머니가 좋아하실 거 아냐. 그래, 한 번만
환하게 웃어. 그리고 반갑게 손을 흔들어봐. 련금이 아버님께서도 환히
웃어주십시오."

련금이도 김련희 씨 남편도 어색한 미소를 짓는다.

나는 김련희 씨의 남편과 딸 련금이를 배웅하기 위해 함께 건물을 나왔다. 그리고 련금이를 꼭 안고 말해줬다.

"련금 양, 어머니는 꼭 돌아오실 거예요. 그러니 걱정하지 말고 공부 열심히 해서 원하는 대로 훌륭한 요리사가 되길 바래요. 나는 평양에 수양딸들이 있어 자주 오는 편이에요. 다음에 올 때도 꼭 련금 양을 찾을게요. 할머니·할아버지 그리고 아버지 잘 모시고 어머니가 오실 때까지 련금 양도 희망을 잃지 말고 꿋꿋하게 잘 살아야 해요. 알겠지요, 련금 양."

마치 어머니를 만난 것 같다는 말을 남기고 두 사람은 버스정류장으로 걸어간다. 나는 두 사람의 뒷모습을 찢어지는 가슴으로 바라본다. 련금이가 눈물을 글썽이며 걸어가는 아버지의 팔을 살포시 잡는다. 아빠를 위로하고 있는 것 같다.

북한에서 '자유주의'란?

돌아가는 차 안에서 나는 기자 완장을 꺼내 경미에게 돌려줬다.

"이제 더 이상 나는 기자가 아니야. 그리고 김련희 씨 가족을 만나게 해준 공화국(북한) 정부에 진심으로 감사하고 있어. 내가 공화국의 법을 위반했다면 처벌을 달게 받겠어."

"걱정 마십시요. 저도 놀라서 전화를 들고 상부에 보고했더니 가만히 듣더니만 '잘하셨다 전해 드리라'고 했습니다. 헤어진 모녀가 대화를 나누는 게 당연한 일이지, 뭐…."

"정말 다행이다. 그분께 고맙다는 인사 꼭 전해드려."

"알갔습니다. 긴데 다음부터는 자유주의(마음대로 하는 행동) 하시면
안 됩니다. 웬만한 건 숨기지 마시고 꼭 미리 요청하십시오."

차창 너머 아파트 단지 내에 있는 소프트볼 연습장이 눈에 들어온다.
북한에서 잘하지 않는 스포츠로는 골프와 야구가 있다. 평양에 골프장
이 하나 있긴 하지만, 주로 외국인이 이용한다. 스크린 골프가 등장했지
만 이는 오락에 불과하다. 야구도 하는 건 본 적이 없다. 대략 야구와
비슷한 소프트볼 경기도 북한에서 본 적이 없었는데, 오늘 처음으로
본다. 언뜻 미국 어느 한 동네를 지나는 것 같은 느낌이다.

경기장 바로 앞에 노점상들이 있다. 과일도 팔고, 길거리 음식도 판다.
나는 경미에게 오늘 점심은 길거리 음식으로 하자고 제안했다. 남편이
얼굴을 찡그린다. 왜냐하면 길거리 음식 매대에선 술을 팔지 않기 때문
이다. 절충을 했다. 길거리 음식을 사서 호텔에 가져가 대동강맥주와
함께 먹자고 말이다. 우리는 김밥을 샀다. 지난번(2015년 6월) 너무 맛있게
먹었던 기억 때문이다.

북한 김밥은 속에 든 것도 없는데 고소하면서도 담백하니 아주 맛있
다. 이번에 산 김밥도 역시 마찬가지다. 얇은 계란말이 조각에 단무지처
럼 생긴 짠지무가 전부다. 그런데도 밥 양념을 잘해서 풍부한 맛을
낸다. 심술쟁이 남편만 대동강맥주에 김밥을 먹으며 투덜댄다.

"에이, 참. 소주에 육회 한 접시하고 시원한 냉면 한 그릇 먹으면
좋겠다!"

슬픔과 기쁨이 교차하는 하루

오늘 저녁 식사는 평양의 딸들과 함께하기로 돼 있다. 그런데 둘째 딸 설향이는 몸이 몹시 안 좋아 참석하지 못 했다. 배가 잔뜩 불러 힘이 많이 드는 모양이다. 우리는 대동강 가에 있는 식당에서 맥주를 마시면서 이야기꽃을 피운다. 단연 오늘의 화제는 탈북동포 김련희 씨다. 오늘 있었던 일을 모르고 있는 첫째 딸 설경이가 많이 궁금해한다.

"오마니, 탈북여성 가족은 잘 만나 보셨습니까?"

"응, 딸이 요리학교에 다니는데 희망을 잃지 않고 꿋꿋하게 견디고 있는 것 같아 그래도 안심이 돼. 오히려 남편 되시는 분께서 더 힘들어하시는 것 같아."

"긴데 어케 남조선엘 갔답니까?"

"본인은 꼬임에 넘어갔다고 해. 그래서 남조선에 도착하자마자 북으로 보내 달라고 했는데 이미 남조선 국적을 취득해 불가능한 거지. 북으로 오기 위해 이런저런 일을 하다 잡혀 감옥에 갔다 오기도 했고. 참 안됐어."

"좀 돌려보내 주면 좋갔구만."

"그래서 오늘 인터넷으로 모녀를 연결해 줬어. 남으로 간 후 처음으로 대화를 나눈 거지."

"네?"

이때 경미가 오늘 있었던 일을 이야기하면서 끼어든다.

"말도 맙시다, 설경 동무. 인터뷰하시갔다고 해서 조직을 했는데 갑자기 기자 완장을 내려놓고 인터네트로 남조선의 김련희 씨를 불러내지 않갔습니까."

말이 끝나기가 무섭게 설경이가 묻는다.

"기래 오케 됐습니까?"

"나도 옆에서 보면서 눈물은 나지, 보고는 해야갔지, 뭐 죽을 맛이었지요."

"모녀가 대화는 나눴습니까?"

"서로 주고받았습니다."

"문제는 없었습니까?"

"잘 됐습니다. 긴데 이제는 신 선생님도 안심을 못 하겠단 말입니다. 이제까진 정 선생님(남편)만 조심하면 된다고 생각했는데…, 신 선생님 자유주의도 대단합니다. 한 번 했다 하면 쎄게 하시니까 말입니다."

경미가 오늘 놀라긴 놀란 모양이다.

자리를 찻집으로 옮겨 못 다한 정을 나눈다. 설경이가 경미에게 다음 날 일정을 묻는다.

"내일은 오데 일정이 있습니까?"

"자강도에 갑니다."

"자강도엘 말입니까? 거게는 왜?"

"정 선생님께서 다른 데는 다 보셨는데 자강도만 못 가보셨다고 해서 희천까지 다녀오려고 합니다. 희천댐까지 말입니다."

"조심 단단히 하십시오. 우리 아바이 자강도에서 잃어버리면 량강도에나 가서 찾아야 합니다."

"찾으면 다행이지 싶습니다."

설경 부부와 헤어지며.

남편은 수양딸들 사이에서 '자유주의'로 악명이 높다. 그래도 엄청 나아졌다. 마구 이탈하는 일도 없고, 절이나 교회에 가서 이제는 "이거 가짜 아닙니까?" 같은 막말도 절대 하지 않으니까. 그래도 여전히 남편 의 시한폭탄 같은 성격 때문에 어딜 가나 조마조마하긴 한다.

설경이 부부와 작별 인사를 하고 호텔로 돌아온다. 서운함 그득 담긴 설경이의 눈망울이 머릿속에서 떠나지 않는다. 슬픔과 기쁨이 교차한 하루다.

달링, 주사가 넘 아파요

자강도 가는 길

처음 가는 자강도

2015년 10월 16일. 아침에 일어나 어제 일을 회상한다. 김련희 씨가 남한에 간 뒤 처음으로 평양에 있는 딸과 대화를 나눴다. 조금이라도 위로가 됐을까. 아니면 그들을 페북 메신저로 연결해 줘 되레 그리움에 복받쳐 더 힘들게 만들지는 않았을까. 여러 생각을 뒤로하고 더는 기자가 아닌 관광객으로서 일정을 시작한다.

자강도로 가기 위해 호텔을 나선다. 자강도는 처음이다. 이제 자강도만 가보면 북한의 모든 도(평안남북도, 함경남북도, 황해남북도, 량강도, 자강도, 강원도)를 다 돌아본 셈이다. 상점에 들러 김밥, 김치 그리고 이런저런 반찬거리를 사서 차에 오른다. 경치 좋은 곳에서 소풍 겸 점심을 먹기 위해서다.

출근 시간도 아닌데 도로가 차로 붐빈다. 북한에서 일고 있는 여러 가지 변화 중 하나가 바로 '늘어나는 교통량'이다. 이 때문에 평양의 대기 상태도 내가 처음 북한을 방문했던 2011년에 비해 많이 나빠졌다. 그러나 다른 나라들의 대도시에 비하면 평양의 공기는 여전히 신선하다.

고속도로 휴게소 거의 없어

차가 시내를 빠져나와 평안남도의 농촌을 지난다. 추수가 한창이다. 이제 햇곡식이 나오면 당분간 식량 걱정은 없을 게다. 그저 풍년이길 바라며 쌓아놓은 볏짚단을 흐뭇하게 바라본다.

농촌 주택의 모습도 많이 달라지고 있다. 오래되고 보수도 제대로 못 한, 흉한 모습의 기와집 대신 산뜻한 색상의 지붕을 얹은 주택이 눈에 많이 들어온다.

남편이 '볼 일' 때문에 차를 세우잔다. 북한의 고속도로에는 휴게소가 거의 없다. 그러다 보니 적당한 곳에 차를 세우고 '볼 일'을 본다. 여성의 경우 보물찾기하듯 나무숲을 찾아 헤매는 모습도 보인다. 반면 남자들은 그저 저만치에서 등만 돌리고 일을 보기 일쑤다. 마침 안주로 가는 출구에 자동차가 다다르자 차에서 내린 남편은 뒤도 돌아보지 않고 대충 일을 치른다.

우리는 다시 차에 올라 고속도로를 달린다. 점심 식사를 위해 적당한 곳에 차를 세우고 음식을 풀어 놓으려니 마실 것이 보이질 않는다. 그만 깜빡하고 음료수를 사지 않았다. 경미가 제안을 한다.

평안남도 개천군으로 가는 길.

"여기서 조금만 가면 개천군이 나옵니다. 거게서 식당을 찾아 들어가 음료수를 사서 풀어놓고 먹읍시다."

"음식도 안 시키고 음료수만 사서 먹자구? 미안해서 어떻게 그러니, 경미야."

"일없습니다."

고속도로를 나와 개천군으로 향한다. 북한의 시골 풍경이 예전 남한 농촌의 모습과 무척이나 흡사하다. 옛 정취에 빠져보고 싶은 생각에 차를 세웠다. 한 여인이 머리에 짐을 이고 어디론가 걸어간다.

우리는 가끔 옛날로 돌아가고 싶어한다. 산업화로 인한 문명의 편리함이 되레 우리의 인성을 해쳤다면서 "그때가 좋았다"는 말도 꼭 덧붙인다. 어떤 이는 문명의 이기를 뒤로하는 삶을 살기도 한다. 한번 잃어버린 과거는 여간해서 되찾을 수 없긴 하지만 말이다.

연탄과 '타이어' 굴렁쇠.

학교를 마치고 집으로 돌아가는, 붉은 소년단 머플러를 두른 소학교 학생들이 우리 일행을 쳐다본다. 평안도 농촌의 어린아이는 왼손 팔목에 예쁜 시계를 찼다. 언젠가 오른손에는 휴대전화가 쥐어져 있을 게다.

소육개장과 육개장

개천군 시내에 도착해 식당을 찾는다. 운전기사가 차를 세우고 길가는 여성에게 식당을 묻는다. 단정한 옷차림의 이 여성은 옆구리에 핸드백을 낀 채 한 손에는 화장품 튜브를, 또 다른 한 손에는 전화기를 들고 있다. 개천역 부근에 식당이 몇 군데 있다면서 친절하게 알려준다.

역으로 가는 길에 뜻밖의 장면을 목격하고 깜짝 놀란다. 어린이들이 자전거 타이어를 이용해 굴렁쇠 놀이를 하고 있다. 내가 어렸을 적 남자 아이들이 즐기던 놀이다. 88 서울올림픽 개막식을 중계방송하던 한 외국인 아나운서는 개막식에서 가장 인상 깊었던 장면은 어린이가 굴렁쇠를 굴리면서 운동장을 횡단한 장면이라고 말했다.

북한에서 굴렁쇠를 보리라곤 상상해보지 못했다. 굴렁쇠가 남북 어린이의 놀이인 것을 발견하곤 울컥한다. 빈터에는 막 찍어낸 연탄을 펼쳐

평안남도 개천역.

놓고서 말리고 있다. 벌써 월동준비를 하는가 보다. 이 또한 우리에게
그리 낯설지 않은 풍경이다.

개천역 근처에 차를 세우고 식당을 찾는다. 역에는 예외 없이 김일성
주석과 김정일 위원장의 사진이 걸려 있고 양옆으로 붉은 붓글씨체의
구호가 적혀 있다. 역 앞에는 짐을 싣는 손수레도 보이고 손님을 기다리
는 승합차도 서 있다. 역 건물이 꽤 오래돼 보인다. 박물관으로 사용하는,
일제강점기 당시 지은 역 건물도 근처에 있단다. 점심을 먹고 개천을
떠나기 전 들러보기로 했다.

식당에 들어가 들녘에서 먹으려고 준비해온 김밥, 풋배추김치, 달걀
간장조림, 오징어젓, 어묵튀김 등을 펼치고 식당에서 주문한 육개장을
곁들인다. 이 식당의 육개장은 다른 식당의 육개장과 다르다. 고춧가루

가 거의 들어가지 않아 맑은 소고깃국 같은 느낌이다.

대체 어떻게 요리를 했는지 고기가 아주 연해 부담 없이 맛있게 먹는다. 다 먹고 식당을 나오자니 남편이 내 귀에다 대고 조용히 속삭인다. "아무래도 지금 우리가 먹은 고기가 소고기가 아니라 개고기인 것 같아, 소고기가 이렇게 부드러울 수 없어"라면서 내 비위를 건드린다.

갑자기 남편의 말이 맞을는지도 모른다는 생각에 정신이 번쩍 든다. 왜냐하면 북한의 다른 지방에서 먹은 육개장도 남한의 육개장처럼 고춧가루를 넣어 붉은색이었다. 게다가 북한에서는 남한식 육개장 앞에 '소'자를 붙여 꼭 '소육개장'이라고 부른다. 그런데 생각해 보니 오늘 경미가 육개장을 주문할 때 '소육개장'이라고 하지 않고 그냥 '육개장'이라고 불렀다. 경미한테 물어보고 싶지만 도저히 겁이 나서 묻지 못하겠다. "설마…?" 남편을 노려보며 '절대 개고기가 아닐 것'이라고 마음속으로 다짐한다.

혁명유적지인 개천역과 서선여관

일본강점기 때 사용했다던 옛 개천역을 전문해설사의 설명을 들으며 참관한다. 정말 깨끗하게 잘 보존하고 있다. 전문해설사까지 상주하고 있는 옛 기차역이 박물관으로 사용되는 이유를 알았다. 바로 김일성 주석이 열한 살이라는 어린 나이에 조국 해방의 뜻을 품고 고향을 떠나 중국으로 갈 당시 이 기차역을 이용했다고 한다. 이곳은 북한의 혁명사를 공부하는 청소년에게 아주 중요한 유적지라고 설명한다.

김일성 주석이 11세 때 조국해방의 뜻을 품고 중국으로 향할 때 머물렀다는 '서선여관'.

역 바로 앞에 또 하나의 유적지가 있다. 김일성 주석이 역에서 내려 하룻밤을 머물렀다는 여관이다. 그 당시 여관에서는 가격에 따라 제공하는 음식의 반찬 가짓수와 덮고 자는 담요의 숫자가 달랐다고 한다. 먼 길을 가야 하기에 어린 김 주석은 가장 싼 거로 주문을 했으나 이를 눈여겨본 여관 주인이 제일 비싼 가격의 식사와 침구를 제공했다고 한다. 후일 해방이 되고 김일성 주석은 이 여관의 주인을 찾았지만 여관을 팔고 어디론가 떠난 주인을 끝내 찾지 못했다고 해설사는 말한다.

옛 개천역을 참관한 뒤 시내를 가로질러 고속도로로 향한다. 길에는 '자력갱생'이라는 구호가 화강암 돌탑에 적혀 있다. 수십 년간 제재를 받고 살아온 나라의 고통과 다짐이 저 구호 속에 새겨져 있는 것 같다. 착잡하고 한편으로는 안타까운 마음으로 평안남도 개천을 뒤로한다.

평안남도 개천의 주민들과 '자력갱생' 구호가 적힌 돌탑.

시아버님 친구의 고향 개천군

시내를 지나자 평안남도 개천군의 농촌 길로 다시 들어선다. 이 길을 따라 고속도로로 향한다. 개천군은 나의 시아버님과 같은 대학에 재직하며 영문학을 가르치시던 절친한 친구 교수님의 고향이기도 하다. 고향 땅을 얼마나 그리워하셨을까. 아마도 지금 내가 지나고 있는 이 신작로 옆 논두렁에서 친구들과 몸을 뒹굴며 꿈을 키워 오셨겠지. 생전에 얼마나 이 개천을 보고 싶으셨을까. 그분의 고향 마을을 뒤돌아보며 그분의 심정으로 평안남도 개천을 내 마음에 새겨둔다.

우리를 태운 차가 평안북도 녕변(영변)을 지난다. 2011년 10월 이곳을 처음 지나며 느꼈던 감정을 잊을 수 없다. 남편이 당시 안내원에게 "이 근처에 약산이 있냐"고 묻자 안내원은 그런 산이 있다며 '봄이면

향산호텔 수영장.

진달래꽃을 비롯해 들꽃이 만발한다'고 했다. 순간 이 '녕변'이 김소월의 시 〈진달래꽃〉에 나오는 바로 그 '영변'이라는 걸 알게 되고 눈시울을 적셨다. 상상 속 '영변의 약산 진달래꽃' 한아름 가슴에 품고 이곳을 지난다.

오늘 밤 묵을 묘향산 향산호텔에 예정보다 늦게 도착했다. 일정에 없던 옛 개천역 유적지 참관 때문이다. 피곤한 우리는 사우나를 하기 위해 수영장으로 향한다. 북한 투숙객 몇몇과 어울려 수영도 하고 찜질도 한다. 한 북녘동포가 묻는다.

"평양에서 왔습니까?"

"아니요, 미국서 왔습니다."

"그렇습니까? 재미(재미동포)시군요."

"네."

뭔가 더 묻고 싶은 게 있는 표정인데 머뭇거리기만 할 뿐 더는 묻지 않는다. 식사 시간에 늦을까 싶어 서둘러 수영장을 나선다.

안내원 경미의 휴대폰 메시지.

오늘의 전식은 묘향산 칠색송어회. 얼음으로 조각한 우묵한 그릇에 예쁘게 회를 얹었다. 초고추장을 비롯해 세 가지 소스를 내준다. 함께 나온 나막김치가 새콤하니 먹기 딱 좋게 익었다. 대동강맥주와 곁들여 이야기꽃을 피운다.

경미가 남편에게서 온 전화를 받는다. 먼 길 떠났으니 걱정이 되는 모양이다. 낮에는 주로 문자 메시지로, 근무시간이 끝난 저녁 때는 전화 통화로 서로의 안부를 주고받는단다. 내가 "북한의 문자메시지 시스템은 어떤지 궁금하다"고 하니 경미가 거리낌 없이 남편과 주고받은 메시지를 보여준다.

경미 남편의 아이디는 'Darling'이다. 'Darling'(달링)을 잘못 입력했는데 귀찮아서 그냥 둔다면서 피식 웃는다. 서로 존댓말을 다정하게 사용하고 있다. "주사가 넘 아파요"라는 대화를 보니 우리 아이들이 나와 문자를 나눌 때 사용하는 바로 그 줄임말이다. 이곳 북한에서도 문자를 주고받을 때 줄임말을 쓴다는 사실이 새삼 놀랍다.

방으로 돌아와 발코니로 나간다. 2011년 10월 첫 북한 여행 때 바로 이곳에서 은하수를 봤다. 오늘도 북녘의 밤하늘을 쳐다본다. 반짝이는 별들이 하나 가득하다.

"살수는 청천강이 아닙니다"

니탄국수, 희천언제

평안북도와 자강도 경계의 검문소

2015년 10월 17일 아침, 산나물과 토장국으로 개운한 식사를 한다. 웨이트리스가 묻는다.

"잠은 잘 주무셨습니까?"

"네, 아주 편히 잘 쉬었어요."

"오늘 점심도 호텔서 드실 건가요? 원하시는 식사를 미리 말씀 해주시면 준비해 놓갔습니다."

안내원 경미가 웨이트리스에게 "오늘 점심은 희천에서 할 예정"이라고 말하자 남편이 "평양으로 돌아가는 길에 들러 호텔 야외식당에서 송어회를 한 번 더 먹었으면 좋겠다"라고 제안한다. 웨이트리스가 야외식당에 말해놓겠다고 한다. 다시 올 것을 약속하고 향산호텔을 나선다. 주위를 둘러보니 단풍이 한창이다.

향산호텔에서.

우리를 태운 차가 평안북도와 자강도의 경계선에 다다르자 운전기사 아저씨가 차를 세운다. 경미가 차에서 내려 신분증과 증명서를 꺼내 들고 경비소 같은 곳으로 들어간다. 도와 도 사이의 경계선에는 짐과 승객을 태운 승합차가 손님을 기다리는지, 아니면 검문을 받는지 세워져 있다. 승객으로 보이는 아기 엄마가 등에 업힌 아이를 재우면서 차 주위를 맴돈다.

내가 어렸을 때 남한에서도 비슷한 경험을 했다. 시외버스를 타고 가노라면 검문소에서 멈춰 섰다. 경찰과 헌병이 차에 올라와 승객들의 얼굴을 하나하나 쳐다보다가 간혹 한 사람을 지목해 신분증을 요구하기도 했다.

석탄에서 뽑은 니탄국수

자강도에 들어선다. 1990년대 중반에 대기근이 들어 소위 '고난의 행군'이라는 고초를 겪을 때 자강도 주민들이 제일 심하게 고생을 했다는데, 그럴 만도 하다는 생각이 든다. 논이라곤 찾아볼 수 없고, 주변엔 온통 산뿐이다. 오죽하면 석탄으로 국수를 만들어 먹었을까. '니탄'이라는 석탄으로 국수를 만들어 '니탄국수'라고 불렀단다. 그러나 가는 길은 정겹기 그지없다. 산과 산 사이로 청천강이 흐르고 도로변에는 코스모스가 피어 있다.

평안북도와 자강도의 경계.

자강도 희천으로 가는 길은 청천강을 따라 자연 그대로의 강을 감상하는 여행이다. 강폭이 넓고 수심이 깊어 보이는 곳이 있는가 하면 수심이 얕고 강변에 자갈밭이나 모래사장이 있는 곳도 있다. 그물로 고기잡이를 하는 사람도, 낚싯대를 드리운 동네 사람들도 보인다. 장비를 갖고 물속에서 모래를 파는 사람들도 있다. 경미의 말에 따르면 사금을 캐는 사람들이란다. 수정같이 맑은 물에 고기가 헤엄치고 강바닥에는 금이 쌓여 있다. 강 건너 단풍 숲 울창한 산을 바라보니 물에 비친 산이 비단결 같이 흐르는 강물 위에 수를 놓은 듯하다. 그야말로 금수강산이다.

맞은편으로 고급스럽게 보이는 이층 버스가 온다. 평양에서는 자주 봤지만, 북한의 산골에서 이층 시외버스를 보는 건 처음이다. 평양에 차량이 많이 증가하는 것과 마찬가지로 지방에도 시외버스가 눈에 띄게 늘어나고 있다. 이동 인구가 많아졌다는 증거다. 늘어나는 휴대전화와 함께 교통수단의 급격한 증가는 북한 사회의 점진적 역동성을 의미한다.

서서히 도시 모양을 갖춘 마을들이 나타난다. 희천시 초입에 들어서

맞은편 도로로 자강도의 이층 버스가 달려온다.

고 있다. 북한의 산골 도시치고는 상당히 깨끗하고 정리가 잘 돼 있다.
특히 다른 도시에 비해 건물에 페인트가 산뜻하게 칠해져 있다. 평양
등 다른 도시의 아파트처럼 1층은 상점이고 2층부터는 주거용이다. 말하
자면 주상복합 아파트랄까. 강과 산을 끼고 있는 희천은 아늑한 전원도
시 같은 인상을 준다.

재미동포 난생처음 본다는 희천시 직원

시내 구경을 위해 차가 광장으로 들어간다. 그곳에서 안내를 맡을
희천 해외동포위원회 직원들을 만나 함께 희천댐으로 간다고 경미가
알려준다. 잠시 시내 관광을 하고 떠나자고 한다. 차량이 광장에 도착하

안내를 위해 나온 희천시 직원(가운데)과 지역 해설원(오른쪽).

자 희천시 직원과 해설원이 우리를 기다리고 있다. 서로 인사를 나누는
데 희천시 직원이 깜짝 놀라는 표정으로 내 어깨를 팔로 감싼다.

"오마나, 어케 우리 조선말을 이레 잘 하십니까? 야아~, 재미동포가
온다는데 말이 안 통하면 어카나 걱정을 많이 했드랬습니다. 여기는
관광객이 오는 곳도 아니고 또 재미동포는 처음입니다. 외국서 태어나
살면서 이레 우리말을 잘하다니…."

"아, 네, 고맙습니다. 저는 남조선에서 태어나 대학까지 마치고 미국으
로 갔습니다. 그러니 당연히 우리말을 잘하지요."

"기렇구만요. 우리는 고저 해외동포라 하면 왜정 때 왜놈들 피해
외국으로 간 동포들이나 그 자손들이라는 생각이 먼저 떠오르다나니.
기럼 남조선 동포십니까?"

"그런 셈입니다. 다만 국적이 미국입니다. 그래서 이렇게 북조선에도

희천댐 가는 길.

올 수가 있답니다."

"야아~, 어쨌든 재미동포는 처음입니다. 정말 반갑습니다."

"네, 반갑습니다. 저도 자강도는 처음입니다."

다른 북한동포들과 마찬가지로 큰 호기심을 가지고 온 갖 질문을 쏟아낸다. 항상 같은 질문들이다. 가족 구성, 직업, 먹는 음식에 대해 그리고 미국에서 조선인이라는 이유로 탄압을 받지 않았는지 등등.

"미국으로 돌아가는 길에 서울에도 갈 예정이냐'라고 묻는다. '입국금지'가 돼 가지 못한다는 말 대신 "이번에는 시간이 없어 서울에 들리지 않고 바로 미국으로 돌아갈 거예요"라고 답했다.

해설원이 멀리 한 건물을 가리키며 CNC 기계를 생산하는 회사라고 소개한다. 이름이 잘 기억이 나질 않는데 '연하기계'라는 것 같다. 겉으로 봐선 공장이 아닌, 사무실 건물처럼 보인다. 해설원이 CNC 기계에 대해 축이 몇 개라는 등 설명을 이어가는데 도저히 이해할 수가 없다. 그냥 '기계를 만드는 기계' 정도로 이해했다.

차에 오르니 희천시 직원과 해설원이 "다음에 꼭 또 오시라"는 말과 함께 손을 흔든다. "다시 오겠다"는 지킬 수 없을 것 같은 약속을 인사말로 남기며 광장을 떠난다.

희천댐. 이곳에서 약 60km 거리에 전천군이 있다. 2017년 7월 28일 발사된 ICBM(대륙간탄도미사일) 화성-14호의 2차 발사 장소가 바로 전천군 무평리다.

　차가 시내를 벗어나 희천댐으로 향한다. 마을의 민둥산에는 갓 심은 어린나무들이 자라고 있다. 대충 10년쯤 후엔 북한의 마을에서 민둥산을 볼 수 없길 기원한다. 자강도는 공업지구라더니 공장은 보이질 않고 주변은 평화로운 마을뿐이다. 경미의 말로는 도내 여러 곳에 공업지대가 형성돼 있는데, 주요시설은 대부분 지하 깊숙한 곳에 있다고 한다. 공습에 대비해 그럴 것이라 쉽게 짐작된다.

　강을 따라 올라가는데 여러 작은 댐들이 나타난다. 알고 보니 희천댐은 열 몇 개의 댐으로 이뤄져 있으며, 지금 우리가 찾아가는 댐은 '희천 제2발전소'란다.

희천발전소 부소장과 함께.

2년여 만에 맨손으로 완공한 희천언제

차가 언덕에 올라서자 엄청난 댐이 눈에 들어온다. 상상한 것보다
큰 규모에 압도당한다. 댐 아래 '열 번 확인 한 번 조작'이라는 큰 글씨가
눈에 들어온다. 댐 위에서 청천강을 바라본다. 수위가 많이 낮아져 물까
지 거리가 멀게 느껴진다. 그동안 내가 보아온 청천강은 그 규모가
수나라의 백만 대군을 쓸어버릴 정도로 커 보이지 않았다. 그런데 지금
댐 위에서 바라보니 이 정도 수량이라면 우중문의 대군을 제압할 수
있었겠다는 생각이 들어 경미에게 물었다.

"이 정도의 수량이면 수나라의 대군을 충분히 물리칠 만하네. 을지문
덕 장군께서 이곳 어디쯤 둑을 쌓아 수나라의 군대를 물리치셨겠지?"

"살수는 청천강이 아닙니다."

"살수가 청천강이 아니라고? 그럼 어디야?"

"여러 설이 있습니다만 모두 살수가 요동 어디엔가 있는 강이라고 합니다."

2011년 10월 첫 북한관광 때, 청천강을 바라보면서 을지문덕 장군의 살수대첩

착공일과 완공일을 알려주는 안내 표지석.

을 연상하며 얼마나 감격했었던가! 경미의 말을 듣고 나니 갑자기 공허한 느낌이 다가온다.

허술한 작업복 차림의 한 젊은 남성이 자신을 발전소의 부소장이라고 소개한다.

"안녕하십니까. 이곳 발전소의 부소장입니다. 멀리 미국서 동포가 이곳까지 찾아주시니 정말 반갑습니다. 기래 조국(북한)은 많이 다녀보셨습니까? 음식이나 잠자리는 불편하지 않으십니까?"

부소장의 인상이 아주 영리하고 날카로우면서도 매우 세심하다. 댐 주위 이곳저곳을 손가락으로 가리키며 자세하게 설명한다.

"우리나라가 뭐 장비가 제대로 있습니까, 아니면 물자가 풍부합니까. 온 인민이 일심단결하여 돌멩이 하나하나 어깨에 둘러메고 나르면서 건설을 하였습니다. 기것도 2년여 만에⋯. 외국 기술자들도 와서 보고는 믿지 못하겠다고 말하곤 합니다."

부소장이 화강암으로 세운 표지석을 가리킨다. '희천언제'라는 글씨 아래 '착공 주체 98(2009)년 3월 25일' '완공 주체 100(2011)년 4월 9일'이라고 적혀 있다.

나는 표지석 위의 '희천언제'라는 말이 무슨 말인가 궁금했다. 그 아래 착공일과 완공일이 적혀 있으니 '언제'라는 말이 혹시 시간을 가르키는 부사가 아닐까 잠시 생각해봤으나 그러기엔 뭔가 어색하다.

"부소장님, '언제'가 무슨 말이에요?"

"아, '언제'란 '물막이'라는 말입니다. 영어로 댐(dam)이란 뜻입니다."

그러니까 '희천언제'란 '희천댐'의 한자말인 것이다. '댐'이란 말만 써온 내게는 아주 생소한 용어다.

'희천언제' 구경을 마치고 점심 식사를 위해 희천 시내로 돌아간다. 하굣길의 어린아이들이 도로 한 쪽에 걸어간다. 자강도 아이들의 가방에도 디즈니 만화의 캐릭터가 그려져 있다. 분홍색 상·하의를 입은 아이가 길을 가다 말고 누군가와 대화를 나눈다. 함께 가던 동무가 뒤돌아 서서 쳐다보며 느긋하게 기다린다.

점심 식사를 위해 희천 시내에 있는 한 '려관(여관)'에 들어선다. 여관치곤 규모가 꽤 커 보인다. 복도에는 이 국영 여관의 역사를 말해주는 사진들과 함께 여러 글귀가 전시돼 있다. 고난의 행군 시절 국가로부터 아무런 지원을 받지 못했음에도 지배인이 여관을 잘 경영해 국가가 주는 상을 받고 오늘에 이르렀다는 글귀가 눈에 들어온다.

자강도 산나물들, 닭고기 조림, 가자미 튀김, 김치, 샐러드 등과 함께 후식으로 송편을, 그리고 맥주와 포도로 만들었다는 '인풍술'을 주문했다. 북한 포도주라 생각하고 한 모금을 입에 넣고 삼켰다. 순간 독한 알코올 냄새가 입안 가득 진동하더니 금방이라도 목구멍이 타들어 가 버릴 것만 같다. 얼른 물을 마시고 병을 들여다보니 알코올 도수가 무려 40도나 된다. 포도를 주원료로 만든 독한 술이다.

함께 올 줄 알았던 발전소 부소장이 보이질 않는다. 경미에게 물으니 근무 중이라 자리에 함께할 수 없단다. 무척 아쉽다. 꼭 식사를 대접하고 싶었는데 말이다.

희천을 뒤로하고 차에 오른다. 도로를 따라 농가가 눈에 들어온다. 마을 주변 민둥산에는 역시 심은 지 얼마 안 돼 보이는 듯한 나무들이 자라고 있다. 밭에는 수확을 마친 옥수숫대들이 펼쳐져 있다. 볕에 말리고 있는 것 같다. 저 옥수숫대를 말려서 어디에 쓸까. 땔감으로 밖에는 용도가 없을 것 같은, 밭에 널린 누런 옥수숫대를 바라보면서 자강도 동포들의 안녕과 행복을 빈다.

Are you a North Korean?

향산호텔 웨이트리스에게 한 약속대로 묘향산으로 향한다. 향산호텔의 야외식당에 도착하니 외국인 관광객들이 자리하고 있다. 웨이트리스

향산호텔 야외식당에서 외국관광객 어린이와 수족관 칠색송어를 그물로 뜨며.

가 뜰채를 가리키며 원하는 송어를 잡아 와도 좋다고 일러준다. 뜰채를 들고 칠색송어를 뜨려고 하자 한 외국인 관광객 어린이가 자기도 하고 싶다며 뜰채 손잡이를 함께 잡는다. 송어가 얼마나 빨리 움직이던지 생각보다 쉽지 않다.

웨이트리스의 말에 의하면 잡히지 않으려고 많이 움직이는 송어가 살도 더 쫄깃쫄깃하고 맛도 좋단다. 겨우 두 마리를 잡아 주방에 전했다.

송어회를 곁들여 맥주를 마신다. 오후의 햇볕이 식탁 위로 스며든다. 좀 전에 송어를 함께 뜬 외국 어린이가 우리의 테이블로 다가와 내게 말을 건다.

"Are you a North Korean? You are not, right?(당신은 북한 사람이에요? 아니지요?)"

"No, I am not. I am a Korean, though.(아냐. 그렇지만 나는 코리안이야.)"

의아한 표정을 지으며 빤히 쳐다본다. 겉모습은 좀 다른데 식당 종업원들과 우리말을 주고받으니 이상하게 보였던 모양이다. 이 어린아이에게 이 상황을 어떻게 설명해야 할지 갑자기 답답해진다. "세상 여러 나라에 많은 코리안이 살고 있다"라고 대답해 줬다.

티끌 하나 없을 듯한 묘향산의 가을 공기가 가슴속을 확 트이게 한다.

휘발유 구입표.

부피가 아닌 무게로 계산하는 휘발유

도로 오른편으로 지는 북녘의 태양을 바라보며 평양으로 돌아간다. 차의 연료 계기를 보니 휘발유를 넣어야겠다는 생각이 든다. 내가 차에 기름을 넣어주겠다며 주유소로 가자고 하니 운전기사 아저씨가 "자동차 사용료에 기름값도 포함돼 있다"라면서 거절한다. 남편이 윽박지르다시피 해서 주유소로 간다. 경미가 안내하는 대로 주유소에 들어가 휘발유 구입표를 샀다. 휘발유를 부피가 아닌 무게로 계산한다. 15kg 구입표 4장을 사서 운전기사에게 줬다.

내일은 일요일이다. 경미가 묻는다.

"내일은 어느 교회에서 예배를 드리시렵니까? 봉수교회로 갈까요,

서해로 기우는 북녘의 태양.

아니면 칠곡교회로?”

　“지난번에는 칠곡교회로 갔으니 이번에는 봉수교회로 가자.”

　기억에 남는 몇몇 신도들의 얼굴이 떠오른다. 대동강 변의 한 식당에
서 하루를 마감한다. 자강도를 따라 흐르는 푸르른 청천강을 마음속에
떠올리며.

"오마니는 정말 예수가 다시 살아났다고 믿습니까?"

평양의 봉수교회, 평의선 기차

평양 봉수교회에서의 간증

오늘(2015년 10월 18일)은 주일이다. 차림을 단정히 하고 교회에 도착하니 몇몇 낯익은 교우들이 눈에 띤다. 눈인사와 묵례를 주고받으며 자리에 앉는다. 찬양에 이어 교회 소식을 전한다. 목사님의 설교가 끝나자 목사님이 나를 호명하며 교우들에게 한마디 해 달라고 부탁한다. 앞으로 나아가 평양의 교우들에게 내 마음을 전한다. 대충 다음과 같은 말을 한 것으로 기억한다.

"사랑하는 동포 여러분, 정말 반갑습니다. 저는 남녘에서 태어나 미국에서 미국 시민으로 살아가고 있습니다. 우리는 어디에서 태어나 어디에서 살아가고 있든 한 형제자매입니다. 우리는 한 하나님을 믿고 따르는 주님의 제자들입니다. 지금 이 시각, 예배당에 함께 하시는 주님이 우리를 향해 무슨 말씀을 당부하고 계실까요.

2015년 10월 18일. 평양 봉수교회에서 교우들에게 마음을 전하며.

저는 목사님의 설교를 들으며, 여러분과 한목소리로 찬송을 부르고 함께 기도하며, 뜨겁게 느끼고 깨달은 것이 있습니다. 분명 하나님께서는 우리 남과 북을 향해 한 형제인 우리가 더는 증오로 얼룩진 분단의 아픔에 신음하지 않고 분단의 상처를 치유하고, 주님 안에서 서로 사랑하고 화평하여 세상의 빛과 소금의 삶을 살아가길 간절히 바라고 계신다는 것입니다.

오늘 여러분들과 헤어지면 저와 여러분은 또 서로 다른 공간에서 살아가겠지만 우리는 주님 안에서 늘 한 형제요, 자매입니다. 서로 기도로서 마음을 통하고 우리 남과 북이 부디 서로를 긍휼히 여기고, 미움과 분쟁이 없는 화평과 사랑으로 하나 되는 그날을 향해 각자 처한 환경에서 서로 최선을 다해 나아갑시다.

남녘에서, 해외 각지에서 여러분들을 사랑하고 우리 민족이 화해하고 협력하여 평화로운 삶을 살아가는, 진정 그리스도의 자녀다운 삶을 살아가길 간절히 바라는 사람들이 많이

독일어 안내원 오수련의 어머니.

있습니다. 하루빨리 통일된 조국에서 남과 북의 한 형제가 한목소리로 기쁨의 찬양과 사랑의 마음을 나누며 예배드릴 수 있게 되길 우리 함께 기도합시다. 저처럼 남녘과 해외의 많은 동포도 여러분을 만나 사랑을 나누고 기쁨을 나누길 소망하고 있습니다. 그런 날이 하루빨리 다가왔으면 좋겠습니다. 형제자매 여러분 사랑합니다.”

독일어 안내원 오수련의 어머니

예배를 마치고 나오는데 누가 다가와 말을 건넨다.

“신은미 선생님, 반갑습니다. 딸한테 신 선생님에 대해 들은 적이 있습니다.”

“혹시 따님이 누구신지요?”

“저 오수련이 엄마입니다.”

“네? 수련이 어머니시라고요? 어머, 수련이 잘 있어요? 아버님도

2013년 8월 22일 함흥 선덕 비행장에서 헤어지며 눈물을 글썽이는 오수련과 함께.

안녕하시고요?"

"네, 고맙습니다. 수련이도 려행사에 잘 다니고 수련이 아버지도 고저 어서 통일이 되어 고향에 갈 수 있는 날만 기다리며 잘 지내고 있습니다."

오수련은 '조선국제려행사'의 독일어 담당 안내원이다. 2013년 8월 유럽 관광객들과 함께 백두산과 칠보산 관광을 할 당시 독일 관광객을 동행한 그녀와 며칠간 함께 다닌 적이 있다. 그때 나는 관광객들에게 차려진 식탁을 떠나 안내원들의 식탁으로 옮겨가 그들과 얘기를 나누며 식사를 함께하곤 했다.

많은 얘기를 나눴다. '고난의 행군' 시절 자강도 주민들이 석탄으로 만든 '니탄국수'를 먹었다는 슬픈 이야기도 한자리에서 식사하며 들었다. 이는 내가 이번에 자강도를 여행한 이유 중의 하나가 되기도 했다.

수련이 아버지의 고향은 전라북도 군산이다. 한국전쟁 당시 인민군에 자원입대했다고 한다. 그리고 전쟁이 끝난 후 평양에 정착해 지금의 수련이 어머님을 만났다. 수련이는 내게 자신의 어머니는 평양 사람으로 독실한 기독교 가정에서 태어났으며 평양 봉수교회의 신도라고 했다. 2013년 그때 수련이가 내게 물었다.

"고모(수련이는 나를 보면 남녘 어딘가에 살아계실 고모가 생각난다며 나를 고모라

불렀다)는 정말 하나님이 있
다고 믿으십니까?"

"응."

"저는 도저히 리해가 안
됩니다. 아니 어떻게 죽은
사람이 살아나고 성령인가
하는 그 사람의 혼이 세상

2011년 10월 9일 평양 봉수교회에서의 첫 예배. 늦게
도착해 혼자 기도를 올렸다.

을 다스리고… 어머니가 일요일 교회만 다녀오시면 저한테, '성령이
임하사 어쩌구저쩌구…' 하시는데 저는 도저히 말이 안 되는 소리라
그냥 제 방으로 들어가 버립니다."

"정말 예수가 죽었다 다시 살아났다고 믿습니까?"

내가 북한의 교회에 처음 와본 건 2011년 10월 첫 북한 여행 때였다.
당시 나는 미국서 상당히 보수적인 교회에 다니고 있었다. 그런 내가
북한 관광을 간다고 하자 교우들이 내게 '북한의 교회가 진짜 교회인지
아니면 가짜 교회인지 꼭 알아보고 오라'고 부탁했다.

하지만 내가 평양의 교회에서 첫 기도를 드리는 순간 '(북한의 교회가)
진짜 교회인지 가짜 교회인지'는 내게 아무런 의미가 없어져 버렸다.
아무리 북한 교회가 대외선전을 위해 만들어졌고, 국가의 통제를 받는
다 해도 그곳에 앉아 주님 앞에 내 심령을 찢으며 통탄하는 마음으로
우리 민족의 화해와 서로를 향한 사랑을 울부짖었던 그 순간, 내 마음은

이미 성전이요, 기도하는 그곳은 하나님의 나를 긍휼히 여김을 체험할 수 있었던 참다운 교회였다.

진짜 교회인지 가짜 교회인지 미션을 안고서 들른 평양의 한 교회에서 난 그동안 느껴보지 못한 참회의 감동이 온몸에 전율로 다가왔다. 북녘의 신도들에게도 마찬가지일 것이다. 북한의 교회가 진짜 교회인지 가짜 교회인지는 그들 각 사람의 마음에 달려있을 것이리라.

"어머니가 일요일 교회만 다녀오시면 저한테, '성령이 임하시고 어쩌고저쩌고' 하시는데 저는 도저히 말이 안 되는 소리라 그냥 제 방으로 들어가 버립니다"라고 했던 당시, 수련이의 그 말이 북한 교회에 대한 내 생각을 다시 한번 되짚어 보는 계기가 됐다.

서로 헤어지기 섭섭해 교회 주차장에서 수련이의 어머니와 이런 저런 화제로 얘기를 나눈다. 만나본 적도 없는 수련이 아이와 아버지에 대해 마치 여러 번 본 적이 있는 것처럼 이야기 했다. 수련이의 어머니를 떠나보내고 차로 다가가자 경미가 깜짝 놀라며 묻는다.

"오마니, 저분을 어떻게 아시나요?"

"응, 내가 아는 '조선국제려행사'의 독일어 안내원 어머님이셔."

"야아~, 그러시군요. 저분 유명한 영화배우이셨습니다."

"영화배우?"

"네, 그렇습니다. 야아~ 저분도 교회 나가시는구만."

놀라는 표정을 가누지 못하는 경미와 차를 타려는 순간 작별인사하는 목소리가 들린다. 목사님이다. 얼른 계단을 뛰어올라 목사님에게 간다. 목사님이 내 손을 꼭 잡는다. 차에 올라 점심 식사를 위해 식당으로

평양 봉수교회 목사님과 함께.

향한다. 경미는 내가 예배를 드리는 내내 밖에서 기다렸다. 내가 경미에게 말했다.

"들어와서 함께 앉아있지 않고 밖에서 기다렸어?"

"저는 그런 곳에 앉아있고 싶은 마음이 없습니다. 말이 되는 소리를 해야죠. 뭐 죽은 사람이 살아나고…."

오수련의 말과 똑같아 잠시 웃는다.

"세상에는 여러 종류의 사람들이 있어. 나같이 하나님이 있다고 믿는 사람도 있잖아."

"기래도 기렇지… 긴데 오마니는 정말 예수가 죽었다 다시 살아났다고 믿습니까?"

"응."

"에구머니나!"

고난의 행군이 뭔지 모르는 아이들

시내로 들어서니 도로는 차로 꼭 막혀있고 거리는 사람들로 붐빈다. 평일 평양 거리는 한산하다. 그러나 공휴일에는 많은 사람이 거리에 나온다. 또 평일에는 유니폼 같은 제복이나 작업복이 눈에 많이 띄는데 반해 휴일에는 옷 색깔이 훨씬 밝아진다.

엄마의 손을 잡고 어디론가 가는 여자아이의 모습이 보인다. 머리는 곱게 빗어 흰 꽃 리본으로 묶었다. 얼굴색이 뽀얗다. 요즘 평양 어린이들의 피부색이다. 지방도 어린이들의 얼굴색이 조금씩 밝아지고 있다. 분명 영양 상태가 좋아지고 있다는 뜻이다. 내가 경미에게 말했다. "요즘 아이들은 피부도 곱고 정말 옷들도 예쁘게 입고 다닌다. 그렇지?"

평양 시내의 교통 체증(위). 예쁘게 단장한 평양의 어린 아이.

"저 아이들은 고생을 모르고 자랍니다. '고난의 행군'이 무슨 말인지도 모릅니다."

"참 잘됐다. 그래야지. 어제 자강도에서도 보니까 아이들이 아주 건강해 보이더라고."

휴일 사람들이 곱게 단장을 하고 거리로 나온다는 것은 이들의 생활수준이 높아지고 있다는 말일 게다. 처음 북한을 방문했던 2011년과는 확연하게 달라지고 있다. 사방에서 벌어지고 있는 건설공사, 새로 들어서는 식당들, 늘어나는 차량과 휴대전화

기차여행을 앞두고 평양역 앞에서.

등 과거와는 비교할 수 없을 정도다. 밝은 모습으로 붐비는 평양의 휴일 거리를 보니 나도 덩달아 기분이 들뜨고 식욕도 샘솟는다.

모르는 사람에게 짐을 전해달라고 부탁

2015년 10월 19일, 오늘은 평의선(평양-신의주)을 타고 기차여행을 한다. 2012년 5월, 두만강이 동해로 흘러 들어가는 한반도의 북동쪽 끝머리를 가봤다. 이순신 장군의 기념관이 있는 봉우리에서 중국과 러시아를 한눈에 내려다봤다.

두만강 하류가 동해로 굽이쳐 흘러 들어가는 장엄한 모습을 보며 내 마음에 드리워져 있던 두꺼운 차단의 장막을 두만강 물결 속에 훨훨 던져 동해로 흘려보냈다. 그리고 잠시 멈춰있었던 찬란한 조국의 역사를 남과 북이 다시 함께 써 내려가길 기원하며 사랑하는 조국을 목메어 불렀다. 이제 나는 조국 한반도의 북서쪽 끝머리를 보러 가는 것이다.

기차표를 사서 돌아온 경미와 함께 역안으로 들어서는데 개찰구 앞에

평의선(평양-신의주) 기차표(위)와
기차요금 영수증.

사람들이 소포 꾸러미처럼 보이는 물건을 들고서 줄을 서 있다. 한 사람이 내게 다가와 뭐라고 말한다. 정확히 알아들을 수가 없다. "혹시 신의주에 가냐?"는 질문인 것 같다. 그러자 경미가 그 사람에게 말한다.

"이분은 해외동포입니다."

"아, 기렇습니까."

그 사람은 또 다른 승객에게 다가가 말을 건다. 경미에게 물었다.

"저분 무슨 일이야?"

"아, 네, 혹시 신의주에 가는 길이면 짐 좀 부탁한다는 말입니다."

"짐 좀 부탁하다니?"

"신의주역에 누가 나와 있을 테니 짐 좀 전해달라는 부탁입니다."

깜짝 놀랐다. 택배나 화물우송 시스템이 잘 갖춰지지 않아 생기는 일이겠지만 모르는 사람에게 그런 부탁을 하다니. 한편으로는 "어떻게 믿고 저런 부탁을 할까?" 의문이 들기도 한다. 옆에서 남편이 마치 잃어버렸던 물건이라도 찾은 사람처럼 흥분해 목소리를 높인다. "햐아~ 어릴 적 부모님과 열차나 고속버스에 오르려 할 때 꼭 보던 모습이야. 잊고 있었는데…"라면서 흥분한다. 나는 북한만의 독특한 생활 문화인가 싶었는데 그게 아닌가 보다. 이것도 지금은 사라져버린 우리의 옛 모습일까.

처음 타 보는 북한 기차

경미가 기차표와 영수증을 전해준다. 우리 부부와 경미 세 사람의 편도 기차표값이 109달러 40센트이니 1인당 대충 한국 돈으로 4만 원 정도다. 기차표에는 '국제려객차표'라고 적혀있다. 국내선 열차표에 왜 '국제려객차표'라고 적혀있냐고 경미에게 물으니 이 기차가 중국의 북경까지 가는 기차라서 그렇다고 답한다.

플랫폼에 들어서니 우리가 타고 갈 열차가 기다리고 있다. 열차 칸마다 출발지와 도착지를 알리는 푯말이 붙어 있다. 북한에서 처음 경험해 보는 기차여행. 상기된 기분으로 '평양-신의주'라고 적혀 있는 열차에 오른다.

신의주에서 중국을 바라보며

평양–신의주 기차여행 그리고 국경의 밤

다음엔 완행열차를 타고 여행하기로

열차에 오르니 한쪽에 2층 침대로 이루어진 4인용 객실이 있고, 또 한쪽엔 복도가 있어 사람들이 다닐 수 있게 돼 있다. 이런 식의 열차는 처음이다. 하기야 종착역이 북경이니 침대가 필요할 법도 하다. 언젠가 남북의 철도가 연결돼 남에서 출발한 기차가 유럽까지 가려면 아마도 이런 식의 침대칸이 있어야 할 것이다.

북한에서 열차여행을 해본 적이 없으니 창밖에 펼쳐지는 정경도 모두 처음이다. 하지만 고속도로변에서 펼쳐졌던 모습과 별반 차이가 없다. 논에 쌓아놓은 볏짚단, 토사길을 흙먼지 풍기며 지나는 차량들, 자전거를 타고 오가는 동네 사람들, 간간이 여기저기 보이는 붉은 깃발들과 구호들.

역들을 지나치며 어린 시절로 돌아간다. 석탄을 싣고 있는 듯한, 눈에 익은 화물열차가 멈춰서 있다. 창밖에 비치는 이런저런 모습들을 카메라에 담는다. 허름한 완행열차가 보인다. 남편이 정차해 있는 완행열차를 보고 경미에게 한마디 한다.

평의선(평양–신의주)에서 바라본 평안남도 평원군의 농촌 풍경.

"야~, 저 열차를 타야 하는 건데."

"저 기차는 역이란 역은 전부 섭니다. 온종일 가는 기찹니다."

"그게 더 재밌지. 세월아 네월아 저 열차를 타고 사람들과 어울려서 음식도 나눠 먹고, 얘기도 주고받으며 얼마나 좋은데."

"기럼 다음번엔 저 기차를 타 보시렵니까?"

"그래, 그래. 나는 이 침대 열차보다 저 열차가 훨씬 더 좋아."

"알갔습니다. 긴데 없어지기 전에 빨리 다시 오셔야겠습니다. 철도 현대화를 위해 대규모 계획을 세우고 있습니다."

"그래도 몇 년은 걸리겠지. 다음번엔 꼭 저 열차를 타고 여행을 하자. 평양을 떠나 나진·선봉까지."

"하하, 알겠습니다. 저 열차를 타고 라선(나진·선봉)까지 가시려면 며칠을 가셔야 할 때도 있습니다."

"더 좋지! 기차에서 쭈그리고 잠도 자고, 역에서 잠시 내려 아주머니들

평의선(평양–신의주) 완행열차.

이 파는 음식도 사 먹고…"

"아니 기런 건 어케 아십니까?"

"우리는 같은 동포잖아. 예전에 다 경험해 봤어."

남편이 학창시절 완행열차를 타고 친구들과 여행을 하던 경험담을
들려준다. 경미가 들으면서 놀라워한다. 자기들 경험과 똑같단다. 다만
자기들은 학교에서 단체로 다녔을 뿐 개인적으로 다니지는 않았다면서
말이다.

탈피껍질은 최고의 맥주 안주

점심 식사를 위해 식당 칸으로 향한다. '탈피'(북어)를 안주 삼아 맥주부

터 마신다. 평양의 호텔이
나 맥주집에서와 마찬가
지로 북어 한 마리를 통째
로 준다. 경미는 눈알이
제일 맛있다며 그것부터
뺀다. 딱딱한 '탈피'를 뜯
는 건 보통 힘든 일이 아
니다. 경미가 능숙한 솜씨
로 껍질을 벗기고 살을 찢

평의선(평양–신의주) 식당칸. 탈피(북어)껍질을 벗기는 경미.

어낸다. 남편에게 라이터를 빌려 껍질을 구워 주는데 적당히 구워진
'탈피' 껍질은 최고의 맥주 안주가 된다.

　식사와 함께 뭇국, 소시지, 김치, 북어조림, 오이지, 계란, 오리고기찜
등이 반찬으로 나온다. 그중에서도 오징어젓(북에서는 낙지젓이라고 부른다)
이 일품이다. 전혀 달지 않아 설탕을 싫어하는 남편이 무척 좋아한다.
상당히 많은 양을 줬는데도 두 접시나 더 주문한다. 남편은 평양에
돌아가면 낙지젓, 명란젓, 창난젓, 곤쟁이젓을 사서 모두 미국에 가져가
겠다고 다짐한다.

　기차가 평안북도 룡(龍)천역을 지나자 남편이 신의주에 거의 다 왔다
고 한다. 어떻게 아느냐고 물으니, 10여 년 전 신의주와 가까운 이 역에서
화학물질을 실은 열차의 충돌사고로 인해 대폭발이 있었으며 이 근처가
모두 파괴됐다는 뉴스를 들었단다. 경미가 그때 상황을 설명한다. 엄청
난 사고였던 모양이다.

평안북도 신의주역.

포장된 도로가 보이기 시작하더니 점점 도시 모습이 나타난다. 곧 이어 신의주역에 열차가 정차한다. 신의주 해외동포 위원회에서 50대 여성이 나와 우리를 반갑게 맞는다. 역 건물을 나오니 넓은 광장이 나온다. 광장 오른쪽에 평안북도의 역사를 보여주는 사적관이 있다며 우리를 그곳으로 안내한다. 해방 후 평안북도가 어떤 과정을 거쳐 오늘날에 이르렀는지 사진과 유물들을 통해 자세한 설명을 들었다.

국경의 밤

오늘 밤 지낼 압록강려관에 짐을 풀고 휴식을 취한 우리는 경미와 함께 근처 식당을 찾았다. 그곳에서 술안주로 생선튀김을 주문했다. 처음 먹어보는 생선 맛이다. 미꾸라지보다 가늘고 흰 색깔을 띠고 있다. 아주 작은 검은 눈알이 없었다면 생선인지도 모를 것 같다. 튀김옷이 얇아 느끼함도 없이 생선 고유의 맛과 기름이 어우러져 담백하면서도 고소한 맛을 선사한다. 맥주가 술술 들어간다.

뱅어 아니냐고 물으니 다른 이름을 댔다. 이름이 기억나지 않는다.

압록강이 서해로 흘러 들어가는 '서조선만'에서 주로 잡힌다고 한다. 북한에서는 압록강 하구에서부터 서해안을 따라 남쪽 평안도의 움푹 파인 곳까지의 바다를 '서조선만'이라고 부른단다. 경미가 내게 묻는다.

"내일 신의주 어디를 보고 싶습니까?"

"저~, 한 곳만 가보면 돼."

"한 곳이요? 거게가 어딥니까?"

"중국이 바라보이는 곳."

"네? 오늘 차 타고 다니실 때 중국 보시지 않았습니까?"

"어디가 중국이었어?"

"강 건너 높은 건물들 많이 있던 곳 못 보셨습니까?"

"기억이 안 나는데."

"못 보셨구만요. 차 안에서 강은 보이지 않을 테지만… 하여간 보셨는데 중국인지 모르셨나 봅니다."

"중국을 가장 가까이서 볼 수 있는 곳에만 가보면 돼."

"알갔습니다. 내일 해외동포위원회 안내에게 말해놓갔습니다. 긴데 이왕이면 다른 데도 좀 보시지 왜 여게까지 오셔서 중국만 보시려고 합니까? 조국(북한)에 오실 때 중국을 경유하여 오시니 중국 구경 많이 하시지 않습니까?"

"물론이지. 그렇지만 중국에서 보는 중국과 조국 한반도에서 보는 중국은 다른 느낌이야."

"아니 중국이 중국이지 중국서 보는 중국과 조국에서 보는 중국이 다르단 말입니까?"

"나는 남조선에서 태어나 자라났잖아. 남조선은 북쪽으론 휴전선으로 막혀있고 동서남은 바다로 막혀있는 거 잘 알지? 나는 우리 조국 한반도가 대륙과 맞닿아 있어서 조국을 떠난 기차나 자동차가 중국을 가로질러 유럽으로 가는 기분을 느껴보려고 하는 것뿐이야. 기차를 타고 중국을 오가는 이곳 북녘의 동포들은 내 얘기가 무슨 뜻인지 잘 실감이 나지 않을 거야."

"남녘의 동포들에겐 그렇갔군요. 민족의 비극입니다. 내 나라 땅을 서로 오가지도 못하고…."

"2012년 5월에 육로로 국경을 건넌 적이 있어. 함경북도 온성군에서 두만강 다리를 건너 중국으로 갔어. 다리를 건너자마자 조국 한반도를 뒤돌아보면서 얼마나 눈물을 흘렸는지 몰라. 그때 조국의 북동쪽 끝에서 대륙을 보았으니 이번엔 북서쪽 끝인 이곳 신의주에서 대륙을 보고 싶어서 그래."

"네~, 무슨 말씀이신지 알 것 같습니다. 내일 아침 일어나면 중국 땅이 제일 가까이서 보이는 곳에 먼저 가시자요."

경미는 내 뜻을 알 것 같다고 말하지만 여전히 잘 이해하지 못하는 눈초리다. 압록강려관으로 돌아오는 국경의 밤거리가 매우 쌀쌀하다. 경미와 허리춤을 꼭 껴안고 걸으며 추위를 달래본다.

"꼭 다시 올게요"

평안북도 신의주 정주와 시인 백석

내가 언제 북에 간다고 했느냐

2015년 10월 20일, 아침 식사를 마치고 체크아웃을 한 뒤 신의주의 아침 거리를 보기 위해 여관 주차장에 나온다. 확실히 남한의 이맘때보다 기온이 낮다. 어젯밤 저녁 식사를 마치고 돌아오는 길이 몹시 쌀쌀했는데 아침까지 찬 기운이 남아있다. 신의주가 국경 도시임을 알려주는 듯 압록강려관의 주차장엔 중국 번호판이 달린 차량도 눈에 띈다.

거리엔 출근길 자전거의 행렬이 이어진다. 저들 중에 평소 교분을 나누는 한 재미동포의 친척이 있을지도 모른다는 생각에 가슴이 아려온다. 그 재미동포의 부모님 고향이 바로 신의주다. 아직도 신의주에는 고모님을 비롯한 친척들이 살고 있다고 한다. 소식을 전해 들은 모양이다.

내가 북한여행을 준비하면서 "혹시 원하면 고모님을 만나 소식이라

평안북도 신의주의 압록강려관.

도 전해 드릴까" 물으니 정색을 하면서 절대 그러고 싶은 마음이 없단다. 대답하는 그의 얼굴엔 거의 공포에 가까운 표정까지 엿보였다. 나 같으면 긴 편지와 함께 가방 한가득 선물을 준비해 염치 불구하고 부탁했을 텐데. 충분히 이해는 하지만, 가슴을 에는 고통이 나를 한동안 괴롭혔다.

하기야 이보다 더한 이야기도 들었다. 북한에서 살다가 해방 후 월남한 한 재미동포가 북녘에 두고 온 당시의 어린 아들을 그리며 그의 생존 여부를 알아봤다. 그 아들은 결혼해 아들딸을 낳고 평양에 살고 있었다. 소식을 전해준 분이 아들과 손주들을 만나러 북한에 가고 싶으면 주선을 해주겠다고 했다. 그러나 그는 "내가 언제 북에 간다고 했느냐"라는 말과 함께 버럭 화를 내며 다시는 연락하지 않았다고 한다. 결국 그는 끝내 북녘의 자식과 손주를 보지 않고 세상을 떠났다는 슬픈 이야기다.

조국의 분단은 이렇듯 우리의 인간성마저 철저히 파괴했다. 아니면 우리가 인간성을 잃도록 강요당했거나. 아마도 그 노인은 피눈물을 흘리며 눈을 감았을 것이다.

신의주에서 바라본 중국 단둥시. 오른쪽이 '조중친선다리' 그리고 사진 중앙에 끊어진 옛 압록강 철교가 보인다.

조중친선다리 위에서

신의주 해외동포위원회 직원의 안내를 받으며 중국으로 가는 다리로 향한다. 그곳에서 중국을 가장 가까이 바라볼 수 있다고 한다. 어린 시절 학교에서 '압록강 철교'라고 배운 적이 있는 그 다리로 가는가 보다.

다리의 입구에 도착해 보니 내가 '압록강 철교'로 알고 있던 다리는 끊긴 채로 '조중친선다리'라고 불리는 또 다른 압록강 철교 왼쪽에 놓여 있다. 옛 다리의 북측 부분은 모두 파괴돼 기둥만 남았다. 반면 중국 측 부분은 철교의 모습을 그대로 유지한 채 강 한가운데까지 뻗어있다. 아마도 그 부분은 한반도 소유가 아닌, 중국의 주권이 미치는 곳이라 한국전쟁 당시 미군이 폭격할 수 없었던 게 아닐까 추측해 본다.

중국을 향해 조중친선다리를 건너면서. 다리 가운데 북중 경계를 알리는 빨간색 표시가 있다.

'조중친선다리'는 전쟁이 끝난 뒤 새로 건설된 다리일 것이다. 다리의 한쪽은 철로이고, 다른 한쪽은 자동차도로다. 다리를 배경으로 사진을 찍는데 경비소 같은 건물에서 제복을 입은 사람이 다가온다. 내가 멈칫하며 먼저 말을 꺼냈다.

"여기서 사진을 찍으면 안 되는 건지 몰랐습니다. 죄송해요, 일하시는데…."

"아닙니다. 일없습니다. 사진 찍어도 됩니다. 외국 사람 같이 보여서 와 봤습니다. 우리 조선 사람이네요."

이때 경미가 다가와 설명을 한다.

"재미동포분들입니다. 신의주 관광을 하는 중인데 조국 땅에서 중국을 가장 가까이서 볼 수 있는 곳을 가시고 싶다 해 모시고 왔습니다."

"아, 기렇습니까? 기럼 다리 가운데까지 가보십시다. 거게 가면 중앙 선이 있는데 말하자면 거게까지 조국 땅입니다. 선을 넘으면 불법 월경 이 되니 그 전에 돌아서면 됩니다. 갑시다. 내가 안내하갔습니다."

나를 보며 앞장서라고 한다.

가다 말고 뒤돌아 "만세"를 불렀다. 그리고는 다시 중앙선이 있다는 곳을 향해 발걸음을 옮긴다. 파괴된 옛 압록강 철교의 잔해가 아주 가까이서 보인다. 상처 난 기둥이 흉물스럽게 서 있다. 영화의 한 장면이 떠오른다. 우리의 독립투사가 일본 경찰의 매서운 눈초리를 피해가며 저 철교 위를 달리는 열차를 타고 압록강을 건너 중국으로 가는 장면. 빼앗긴 나라를 되찾기 위해 얼마나 많은 우리 순국선열이 저 다리를 오갔을까. 그분들을 생각하니 숙연해진다.

파괴된 압록강 철교. 영원히 그대로 보존했으면 좋겠다. 전쟁의 상흔 을 바라보며 다시는 조국 한반도에서 전쟁이 있어서는 안 된다는 것을 늘 마음에 새기기 위해.

다리 위 도로 표면이 많이 낡았다. 바퀴가 지나가는 부분이 닳고 닳아 바퀴가 닿지 않는 부분보다 눈에 띄게 낮아 보인다. 아스팔트를 다시 깔아야겠다. 철교 중앙을 표시하는 붉은색 표지물에 다다른다. 그 표지물을 지나서부터는 중국 단둥시다. 철교 위에 부는 바람을 맞으 며 한동안 서서 중국의 단둥과 북한의 신의주를 번갈아 바라본다. 단둥 시가 더 현대적인 모습을 갖추고 있기는 하나 내 눈에 두 도시는 서로 다른 나라의 도시들이 아닌 한 나라, 한 도시처럼 비친다. 마치 '한강다리 건너 서울의 한쪽에서 다른 쪽으로 걸어갔다 온 기분'이다.

내가 만난 신의주.

유리창에 손가락으로 쓴 "꼭 다시 올게요"

다리를 빠져나와 주차장으로 향한다. 주차장에는 중국 관광객들을 싣고 온 버스들이 세워져 있다. 신의주 1일 관광 상품이 있어서 많은 중국인 단체관광객이 철교를 건너 신의주에 온단다. 시내 이곳저곳을 둘러보고 북한 음식을 즐기는데 가격이 저렴해 인기가 많다고 한다.

평양으로 돌아가는 기차 시간까지 2시간 반 정도 여유가 있다. 경미가 식사를 하고 떠날 건지 묻자 남편은 "열차 식당에서 오징어젓을 한 번 더 먹어야 한다"면서 대신 시내를 돌아보자고 제안한다.

신의주는 깨끗하고 정돈이 잘 돼 있다. 경제적으로도 여유가 있어 보인다. 이곳 동포들의 말에 의하면 '고난의 행군' 때도 신의주 사정은 다른 곳에 비해 좋았다고 한다. 아마도 중국과 붙어있어 물자의 이동이 수월했기 때문이 아닌가 헤아려본다.

조국 한반도의 북서쪽 끝 신의주. 다리 건너 중국 단둥시가 마치 강을 사이에 두고 있는 한 도시처럼 보인다. 압록강은 '서조선만'으로 흘러들어 중국의 발해만과 맞닿는다. 발해만의 '발해'는 어느 나라던가! 옛 조상들의 터전을 머릿속에 그려보면서 아무런 절차 없이 압록강 철교를 지나 강 건너 동네로 놀러 가는, 당분간은 불가능한 상상을 하며 피식 웃는다.

신의주역 개찰구를 지나 플랫폼에 들어선다. 우리를 안내한 신의주 해외동포위원회 직원이 함께 들어와 작별한다. 잠시 만나더라도 헤어질 때는 눈물을 보이는, 정 많고 마음 여린 북녘동포들. 해외동포위원회 직원은 기차가 출발할 때까지 창 안의 우리를 들여다보며 손을 흔들고

눈물을 글썽인다. 이렇듯 정 많
고 마음 따스한 북녘의 동포들
을 나는 진정으로 사랑하고 그
들의 동포애에 깊은 고마움을
느낀다.

2011년 10월, 첫 북한여행 당
시가 기억난다. 평양 모란봉공
원에서, '어디서 왔느냐'는 북녘

신의주를 떠나면서. 열차 탑승 전.

동포들의 물음에 '남한에서 태어나 미국서 살고 있다'는 대답을 하면서
난 얼마나 조마조마했던가. 그런 내게 옷소매를 끌어당기며 맥주를
권하고 안주를 입에 넣어준 북녘동포들! 그들을 새삼 떠올리며 신의주
를 떠난다.

열차의 유리창에 손가락으로 "꼭 다시 올게요"라고 쓴다. 밖에서는
거꾸로 읽힐 텐데 금방 알아보고는 고개를 연신 끄덕이며 눈물을 훔친
다. 참았던 눈물이 와르르 솟구친다.

남조선 라면과 일본 라멘

기차가 출발하자 남편이 어서 식당칸에 가지고 마구 조른다. 남편과
나는 밥과 반찬이 나오는 식사와 대동강맥주를 주문하고 경미는 즉석국
수(라면)를 주문한다. 반찬과 맥주가 먼저 나왔다. 남편이 좋아하는 오징
어젓이 한 접시 가득 나왔다. 남편은 맥주 한 모금을 마시곤 젓가락으로

그 짠 오징어젓을 한 움큼 입에 넣고 우적우적 씹는다. 채 한 접시 비우기도 전에 식당칸 승무원을 불러 큰 접시로 한 접시 더 달라면서 별도 주문을 한다.

평의선(평양-신의주) 열차 식당칸 오징어젓.

밥과 국이 나왔다. 지난번에는 뭇국이었는데 이번에는 순두붓국이다. 두부가 모나지 않고 두리둥실 먹음직스럽게 담겨있다. 두부 한 쪽을 숟가락으로 떠서 입에 넣는다. 고소하다. 그냥 양념간장에 찍어 먹어도 아주 맛있을 것 같다.

경미의 라면은 중국제다. 국물을 한 모금 마셔봤더니 중국 특유의 향이 강해 비위에 거슬린다. 자연스레 우리의 라면이 떠올라 경미에게 물었다.

"혹시 남조선 라면을 먹어본 적 있니?"

"있습니다. 해외동포가 갖다 줘서 먹어봤습니다."

"어땠어?"

"역시 우리 입맛에 맞습니다. 그 전에 일본 라면을 먹어본 적이 있었는데 그때 상당히 맛있다고 생각했단 말입니다. 긴데 남조선 라면을 먹어보곤 역시 조선사람의 입맛은 다르구나, 북과 남이 한 민족인데 다를 수가 있겠는가 생각하면서 맛있게 먹었습니다."

이번에는 경미가 남편을 쳐다보며 의아한 표정을 지으며 말한다.

"젓갈을 정말 좋아하십니다. 미국에 40년 가까이 사셨으면 식성이 변하실 만도 한데…. 그동안 여러 날 모시면서 식사 때마다 봤는데 다른 건 별로 손도 안 대시고 고저 나물, 젓갈, 가재미(가자미)식혜, 뭐 이런 건만 드신단 말입니다."

그러더니 내게 고개를 돌려 묻는다.

"기런 것만 드시는데 미국서는 어케 구합니까?"

"그저 웬만한 건 다 있어. 내가 사는 남캘리포니아만 해도 수십만의 남조선 사람들이 살고있는 거 경미도 알잖아. 불법체류자까지 합하면 아마 백 만은 될 거야. 그러니 별것이 다 있지. 게다가 이북이 고향인 분들 그리고 그분들의 자손들도 꽤 되니까 이북 음식도 쉽게 구할 수 있어."

대화를 듣고 있던 남편이 끼어든다.

"경미야, 조선사람은 어딜 가도 조선사람이야."

경미가 고개를 끄덕이며 웃음을 짓는다.

평안북도 정주 그리고 시인 백석

열차가 평야를 달린다. 황해도에서나 볼 수 있는 넓은 논이 평안북도에서도 가끔 눈에 들어온다. 열차가 역에 정차한다. 평안북도 정주다. 나와는 나이 차가 많이 나는 사촌 형부의 고향이다. 이곳에 있는 오산학교에 다니다 월남한 후 미국으로 이민 와 의사로 활동하셨다. 지금은 은퇴해 여생을 보내고 있다. 바로 그 형부가 태어나 어린 시절을 보낸

평안북도 정주역.

곳이다.

　정주는 시인 백석의 고향이기도 하다. 문학적 소양이 없는 내게는 그저 바람둥이의 술주정으로밖에 들리지 않는 시 〈나와 나타샤와 흰당나귀〉의 고향이다.

　　가난한 내가

　　아름다운 나타샤를 사랑해서

　　오늘밤은 푹푹 눈이 나린다

　　나타샤를 사랑은 하고

　　눈은 푹푹 날리고

　　나는 혼자 쓸쓸히 앉어 소주(燒酒)를 마신다

　　소주를 마시며 생각한다

나타샤와 나는
눈이 푹푹 쌓이는 밤 흰당나귀 타고
산골로 가자 출출이 우는 깊은 산골로 가 마가리에 살자

눈은 푹푹 나리고
나는 나타샤를 생각하고
나타샤가 아니 올 리 없다
언제 벌써 내 속에 고조곤히 와 이야기한다
산골로 가는 것은 세상에 지는 것이 아니다
세상 같은 건 더러워 버리는 것이다

눈은 푹푹 나리고
아름다운 나타샤는 나를 사랑하고
어데서 흰당나귀도 오늘밤이 좋아서 응앙응앙 울을 것이다
(1938년 3월 발표)

정주의 동쪽에 산이 보인다. 바위로 뒤덮은 산 어디에도 백석이 나타샤를 흰당나귀에 태우고 갈 만큼 낭만적인 곳은 보이지 않는다. 백석이 얘기한 그 '마가리', 상상의 숲속 초가삼간인가.

백석은 전후에도 북한에서 작가로 활동을 계속했다고 한다. 주로 동화시집과 그림책을 출간했고 외국 아동문학을 번역하며 생을 마감했다고 한다.

우리는 백석을 월북작가라고 말한다. 그래서 한때 그의 작품들은 금서였다고 한다. 그러나 그는 월북작가가 아니다. 그는 정주에서 태어 났으며 전쟁이 끝나자 그냥 고향에 머물러 있었다. 그는 북한의 시인도 남한의 시인도 아닌, 우리나라의 시인이다.

아직도 정주에 있다는 오산학교는 우리의 근현대사에 등장하는 많은 인물과 연결돼 있다. 이승훈, 조만식, 신채호, 이광수, 염상섭, 함석헌, 김소월, 홍명희 등 무수한 인사들이 오산학교와 관계가 있다. 평야를 끼고 있어 쌀이 풍부했을 이곳에서 민족의식도, 종교도, 혁명도, 문학도 피어나지 않았을까 추측해 보며 정주의 들녘을 차창으로 바라본다.

이번에는 열차를 타고 정주를 그냥 지나치지만 다음엔 꼭 정주에 들러 이곳저곳 자세히 살펴보리라 다짐해본다.

평양에서의 마지막 밤

평양에 도착하니 어둠이 깔려있다. 우리를 태울 차량이 보이지 않는 다. 역 앞 주차장에서 두리번거리지만 많은 차량이 뒤섞여 있어 찾을 수 없다. 중국에서 열차를 타고 입국하는 외국인 관광객을 맞는 버스들 이 여기저기 주차돼 있어 시야를 가린다. 경미가 전화기를 들고 겨우 운전기사를 찾아내 호텔로 돌아온다.

짐을 풀고 남편과 저녁 식사를 논의한다. 이제 미국으로 돌아가면 맛볼 수 없는 음식을 먹기로 한다. 명태회무침이 얹혀 있는 함경도 농마국수로 낙점했다.

먹음직스럽고 색깔도 잘 조화를 이룬 농마국수. 감자 전분으로 만든 국수는 질기기가 마치 고무줄 같아 여간해선 끊어지지도 않는다. 가위를 좀 달라고 말하고 싶지만 북한에서는 국수를 절대 가위로 자르는 법이 없다. 국숫발을 입에 줄줄 매단 채 으적으적 소리 내며 씹는다. 북한에서의 마지막 저녁 식사다.

평양에서의 마지막 밤. 평양역 플랫폼에서(위). 평양역 앞. 차량이 많아 우리가 타야할 차를 찾지 못했다.

안녕, 동포들!

10월 21일, 아침에 일어나 주섬주섬 가방을 챙긴다. 2주간의 긴 여행이었다. 듬뿍 정든 호텔 방을 나선다. 내게 북한만큼 떠나기 전 아쉬움이 크게 남는 나라는 없다. 물론 내 조국 한반도라는 생각 때문이겠지만 이곳은 또한 나의 수양가족이 사는 곳이라 그렇다.

호텔을 나서니 안개가 자욱하다. 김일성광장 앞을 지난다. 지난 10월 10일 열병식을 위해 도로 위에 만들어 놓은 하얀 표시 자국이 아직도 선명하게 남아 있다. 열병식 때 본 무시무시한 무기들의 잔영이 눈앞을

스친다. 대륙간탄도미사일의
육중함이 준 위압감도 머릿속
에 맴돈다.

정든 거리를 지나친다. 차가
개선문을 지난다. 개선문 바로
오른쪽에 둘째 딸 설향이의 아
파트가 있다. 특별히 이번 여행
은 아기를 갖은 설향이에게 출
산 준비를 해주기 위한 여행이
었다. 그러나 내게 더 의미 있
었던 일은 '브로커에 속아서 남
한에 왔다'며 북송을 요구하는
김련희 씨와 평양의 김련희 씨
딸을 페이스북으로 연결해 준

김일성광장 앞(위)과 개선문.

일이었다. 김련희 씨가 남한으로 간 후 처음으로 평양의 딸과 문자를
주고받으며 대화를 나눴다.

나 역시 한국 입국금지 조치로 인해 서울에 갈 수 없는 입장이라
그녀를 너무나 잘 이해하고 있다. 그러나 김련희 씨에 비하면 내 상황은
그야말로 아무것도 아니다. 어서 빨리 김련희 씨가 사랑하는 가족의
품으로 돌아가길 간절히 기원할 뿐이다.

경미와 작별인사를 나눈다. 동포의 정에 가족의 정이 더해진다. 나의
세 번째 평양의 딸이 됐지만 나이는 경미가 제일 위다. '설경이와 설향이

를 잘 부탁한다' 말하고 작별인사를 한다. 경미는 눈물을 훔치며 "어서 들어가시라" 내 등을 떠민다. 출국수속을 마치고 고려항공에 오른다. 창밖을 내다보며 북한동포들의 안녕과 행복을 위해 두 손을 모아 기도한다.

평양을 떠난 북한 고려항공 비행기가 심양에 도착했다. 이곳에서 인천을 거쳐 미국으로 돌아간다. 그러나 입국금지 때문에 인천공항 밖으로 나갈 수가 없다. 그리운 어머니를 지척에 두고서 비행기만 갈아탔다.

2014년 차가운 겨울이었다. 북녘의 소식을 전하는 '통일 토크콘서트'를 '종북 콘서트'라 규정하며 청와대와 '반관제' 종편 언론이 기획·주도한 종북몰이. 민족의 화합과 조국의 평화적 통일이란 이렇듯 요원한 것일까. 쓰라린 가슴을 안고 모국의 국적기 대한항공에 오른다.

4부

쌀을 싣고 압록강 철교를 넘다

2017년 5월, 아홉 번째 방북기

58톤 쌀을 싣고 압록강 철교를 넘다
1달러에 세일 중인 평양냉면
김치를 천 포기씩 담그기도
조국에서는 무상의료입니다
생기는 대로 애를 낳겠다는 설향이
고난의 행군 시절 먹었던 인조고기밥
하이네켄이 쌓여있는 동네 상점
상봉의 그날까지 힘내자요
땅 밑에도 삼천리 금수강산

58톤 쌀을 신고 압록강 철교를 넘다

1년 반 만에 찾은 신의주

신은미재단 설립, 4천만 원 모금

2016년 여름, 함경북도 두만강 유역의 지역에서 큰 홍수가 발생했다. 이로 인해 수만 북녘동포들의 집이 파괴됐고 수백 명이 목숨을 잃었다. 이 소식을 접한 나는 이들을 도울 수 있는 길을 모색했다. 중국에서 쌀을 구입해 북한에 전달하기로 결정한 것. '신은미 재단'을 설립하고 동시에 모금운동도 벌였다. 순식간에 4천만 원에 가까운 성금이 모였다. 남한의 동포들, 해외동포들, 그리고 뜻을 함께하는 외국인들이 동참했다.

그러나 문제가 생겼다. 한국의 은행 계좌로 입금된 남녘동포들의 성금을 해당 지점이 이런저런 이유를 대면서 인출을 거부하는 사태가 벌어졌다. 나는 곧바로 서울에 사는 '신은미 재단' 이사에게 도움을 요청했고, 변호사인 그분의 도움으로 성금을 송금할 수 있었다. 후일

〈시사IN〉은 당시의 인출거부가 박근혜 전 대통령이 안종범 수석에게 내린 지시에 의한 것이라고 보도했다.

북한의 식량 사정이 많이 좋아져서 예전처럼 힘들진 않다고들 한다. 하지만 중국에서 쌀을 구입해 북한으로 가져가기로 한 것은, 비록 한 줌의 쌀에 불과하지만 남녘과 해외동포 그리고 함께 가슴 아파하는 외국인들의 마음을 따뜻한 '밥 한 공기' 속에 전하고 싶었기 때문이다.

어렵사리 성금을 인출하니 또 다른 문제에 봉착했다. 북한에 대한 미국의 경제 제재로 인해 미국 국적자가 북한에 구호물자를 보내려면 미 재무부의 허가를 받아야 한다는 것이다. 이 과정 또한 쉽지 않았다. 하루빨리 쌀을 전해야 한다는 초조함 속에 몇 개월을 보내야 했다.

그런데 막상 미 재무부의 허가를 받고 나니, 이젠 쌀 구입을 할 생각에 가슴이 막막했다. 대체 쌀을 어디서, 어떻게 구입해야 하며 이를 북한에 어떻게 가져가야 하는 건지… 이런 일을 해본 적이 없는 남편과 내겐 쉽지 않은 일이었다. 수소문 끝에 무역회사를 경영하는 재중동포 3세 기업인 리헌호 사장을 소개받았다. 리 사장에게 쌀 구입부터 세관 통과에 이르기까지 모든 것을 맡기고 우리는 북한 비자를 신청했다.

압록강 철교 한가운데서 눈시울을 적시다

2017년 5월 13일, 모든 준비를 마치고 남편과 함께 로스앤젤레스를 출발한다. 14일 밤 북경을 거쳐 심양공항에 도착하니 리헌호 사장이 우리를 기다리고 있다. 심양의 한 호텔에서 휴식을 취한 뒤, 다음날

아침 리 사장과 우리는 육로를 통해 중국의 국경도시 단둥으로 향한다. 단둥은 압록강을 사이에 두고 북한 신의주를 바라보는 도시다.

단둥에 도착하자마자 북한 영사관에 가 미리 신청해 놓은 비자를 받아 국경으로 향한다. 점심 식사를 위해 압록강변에 위치한 북한식당 '류경식당'에 들어선다. 남편과 나의 남한 말투를 들은 식당의 종업원은 "남조선 사람은 받지 않습니다"라면서 거절한다.

신의주 화물 하역장에서. 평양에서 온 경미와 함께. 화물트럭 안에 실린 쌀이 바로 동포들의 성금으로 구입한 쌀이다.(위) 버스를 타고 압록강 철교(조중친선다리)를 지나 신의주로 건너갔다.

리헌호 사장이 서툰 우리말로 "이분들은 해외동포인데 곧 북으로 갈 예정"이라면서 전후 사정을 설명하니 환한 미소를 지으며 우리를 안으로 안내한다. 리 사장에 의하면 2016년 4월, 12명의 북한식당 종업원들이 남으로 간 뒤부터 북한 식당은 남한 손님을 더 이상 받지 않는다고 한다(이후 이 집단 탈북 사건을 두고 '국정원의 선거용 기획이 아니냐'는 의혹이 제기됐다).

식사를 마친 후, 58톤의 쌀을 실은 화물 트럭이 세관을 통과해 압록강 철교(조중친선다리)로 진입하는 걸 확인한 리헌호 사장이 우리를 철교

바로 앞 출입국 사무소로 안내한다. 마음이 따스하고 친절한 리 사장님과 아쉬운 작별인사를 나눈다.

북녘동포들 틈에 섞여 출국 수속을 밟는다. 대부분 귀국하는 해외파견 노동자들이다. 집으로 돌아가 가족을 만날 기대로 모두 들떠 있는 모습이다. 입고 있는 옷들도 모두 새로 사 입은 듯하다. 예전 우리네 추석 명절을 앞둔 기차역 귀성객 모습이다. 살며시 미소가 지어진다.

엑스레이 검색대에 가방을 올릴 때도 조심스럽게 올려놓는다. 저 가방 속에는 사랑하는 아내와 아이들, 그리고 부모님께 드릴 선물들이 가득 들어 있겠지. 나도 트럭에 실려 있을 쌀을 걱정하며 함께 국경버스를 타고 압록강을 건넌다.

민족의 슬픈 사연이 어린 압록강을 내려다보면서 눈시울을 적신다. 수해를 입은 북녘의 동포들에게 한 줌의 쌀을 전하기 위해 지구 반 바퀴를 돌아야 하나. 쌀이 남아돌아서 그 쌀의 보관료만도 수천억 원에 달한다는 남녘 쌀을 수해를 입은 북녘동포에게 보낼 수는 없는 것인가. 한국전쟁 때 폭격으로 끊어진 또 다른 철교 잔해를 물끄러미 바라보며 강을 건넌다.

1년 반 만에 다시 찾은 신의주

신의주 세관에 도착하니 평양에서 온 수양딸 경미가 우리를 기다리고 있다. 신의주 해외동포위원회 직원도 함께 나와 우리의 수속을 도와준다. 2015년 10월 신의주를 방문했을 때 우리를 안내해 줬던 바로 그분이

새로 짓는 압록강려관. 2017년 5월에 본 신의주는 2년 전의 신의주와 크게 달라져 있었다.

다. 입국 수속을 마치고 화물하역장으로 가 쌀을 확인한 뒤 신의주 시내에 들어선다. 2015년 10월 처음 신의주를 여행한 이후 두 번째 찾는 신의주.

2017년의 신의주는 2015년의 신의주와 달랐다. 이곳도 평양과 마찬가지로 사방이 건설공사 중이다. 오늘 밤 우리가 지낼 '압록강려관'도 바로 옆 빈터에 새 건물을 짓고 있다. 체크인을 한 뒤 방에 짐을 내려놓고 경미, 신의주 해외동포위원회 직원과 함께 여관을 나선다. 너무 피곤해 밥 생각이 전혀 나지 않았지만, 마중 나온 이들을 위해 식당을 찾는다.

압록강에서 채취한 조개로 만든 조갯국, 오이물김치 덕에 겨우 섭조개죽 한 그릇을 비웠다. 남편도 피로 때문에 식욕이 없는지 다른 음식은 손도 안 대고 육회를 안주 삼아 대동강맥주만 마신다. 저녁 식사를 마치니 피로가 엄습해 온다. '압록강려관'으로 돌아와 힘없이 쓰러진다. 로스앤젤레스, 북경, 심양, 단둥, 신의주를 잇는 긴 여정이었다.

내일(2017년 5월 16일)은 평의선(평양–신의주) 열차를 타고 수양딸(김설경, 리설향)들이 살고 있는 평양으로 간다.

1달러에 세일 중인 평양냉면

평의선, 명란젓

신의주의 아침

2017년 5월 16일 아침, 참 잘 자고 일어났다. 쌓여 있었던 피로가 많이 풀렸다. 이틀에 걸친 비행기 여행 때문에 피로감이 컸지만, 그보다는 '쌀 58톤이 압록강을 잘 건너 북녘동포들에게 무사히 전해져야 할 텐데' 하는 걱정이 나를 정신적으로 더 힘들게 했다.

아침에 일어나 식당으로 향한다. 웨이트리스가 조선식과 중식 중 무엇으로 할지 묻는다. 조선식으로 부탁했다. 관광객으로 보이는 옆 테이블 중국인들도 조선식으로 식사를 하고 있다. 장아찌, 계란, 돼지고기조림, 가재미조림, 나박김치, 토장국이 밥과 함께 오른다. 마치 집에서 어머니가 차려주시는 아침 식사같은 정겨운 상차림이다.

평양으로 가기 위해 여관을 나서 신의주역으로 향한다. 그래도 한 번 왔던 곳이라 신의주 거리가 전혀 낯설지 않다. 주요 교통수단인

평의선(평양–신의주) 하행선 열차 탑승을 앞둔 북한 주민들.

자전거나 구형 오토바이를 타고 어디론가 가는 북녘동포들. 옛 소비에트 건축 양식을 벗어나 새로 지어진 아파트들. 모두 익숙한 북한의 정경이다.

평의선(평양–신의주) 열차에 몸을 싣고

이번 여행에서 제일 중요한 쌀 전달을 마치고 나니 한시름이 놓인다. 이제 평양으로 가서 할 일 두 가지가 있다. 하나는 탈북자 김련희 씨의 부모님을 만나 서로 페이스북 메신저로 화상통화를 할 수 있게 연결해 주는 일, 그리고 평양의 수양딸들과 회포를 푸는 일이다. 경미와 함께 평양행 열차에 오른다.

내가 탄 평의선(평양-신의주)은 북경을 출발해 단둥을 거쳐 평양으로 가는 열차다.

지난번에도 기차가 떠날 때까지 플랫폼에 서서 눈물을 글썽이며 손을 흔들던 신의주 해외동포위원회 안내원. 오늘도 여전히 플랫폼에서 우리가 보이지 않을 때까지 손을 흔들며 눈물을 글썽인다. 북녘의 동포들만큼 마음이 여리고 감성이 풍부한 사람들도 없을 거라는 생각이 든다. 아마도 동포애 때문이리라. 멀어져 가는 그녀의 모습에 나도 덩달아 눈물이 차오른다.

남편은 열차가 출발하자 식당 칸으로 가자고 재촉한다. 2015년 10월 바로 이 평의선 열차에서 먹었던 오징어젓(북에서는 낙지젓이라 부른다)이 먹고 싶어서다.

식당 칸에 자리가 없어 한 북한동포와 합석했다. 경미가 그의 옆자리에 앉았다. 그러자 그 북녘동포가 팔을 경미의 의자 등받이 위에 올려놓는다. 썩 좋아 보이지 않는 매너다. 나중에 물어보니 서로 팔이 닿을까봐 배려하는 거였다고 경미가 알려줬다.

오징어젓 대신 명란젓을 먹으며

이 북한동포는 사업 때문에 중국에 다녀오는 길이라고 한다. 북한에는 소규모 사업가들이 부지런히 중국을 오가며 교역을 한다. 그 숫자도 늘고 있단다. 이들이 민간 경제의 한 축을 담당하고 있음이 분명하다.

혹독한 경제제재 속에서 어떻게든 생존하려는 북녘동포들의 모습이다.

여러 반찬이 상을 가득 메운다. 무엇부터 먹어야 할지 두리번거린다. 그런데 남편이 고대하던 오징어젓이 없다. 무척이나 실망하는 표정이다. 대신 명란젓이 오른다. 뜨거운 밥 위에 명란젓을 올려 한 입 먹더니 이내 웃음을 짓는다. 소주를 반주로 마시던 북녘동포가 남편에게 연신 소주를 권한다. 여느 북녘동포와 마찬가지로 온갖 질문을 한다. 우리 부부가 '남조선' 출신의 재미동포다 보니 묻고 싶은 게 많은 것이다.

며칠 전 새로 출범한 문재인 정부에 대해서도 궁금해한다. '이명박 정부나 박근혜 정부와는 아주 다를 것이며 남북관계도 예전처럼 좋아질 것'이라고 답해줬다. "기래야 합니다"라며 연신 고개를 끄덕인다. 외국을 다니면서 장사를 하니 비교적 국제 정세에도 밝다. "미국은 왜 트럼프 같은 사람을 대통령으로 뽑았냐"라며 우리들도 트럼프에게 투표를 했냐고 묻는다. 아니라고 답해줬다. "조선반도에 관한 한 트럼프는 역대 대통령과는 좀 다르니 기다려 보자"라고 말했지만, 미국을 전혀 믿지 못하는 눈치다.

.

평양-신의주, 다섯 시간이나 걸려

창밖을 보니 모내기가 한창이다. 모두가 수작업이다. 허리가 몹시 아플 텐데 안쓰러워 보인다. 농촌의 기계화가 오래전에 이뤄졌다지만, 지금은 기름이 모자라 농기계가 쓸모없어졌다는 것 같다. '어서 경제제재에서 벗어나야 할 텐데'라는 생각이 든다.

평안북도 곽산역.

　기차가 평안남도 문덕군을 지날 즈음 한 무리의 아주머니들이 철로에
앉아 이야기꽃을 피운다. 검게 그을린 피부가 오랜 노동을 말해주는
듯하다. 그래도 지나가는 우리 열차를 보면서 정겹게 환히 웃어 보인다.

　2013년 8월, 함경북도를 여행할 때의 일이었다. 적어도 반세기는 넘었
을, 도저히 굴러갈 수 없을 것만 같은 고물 트럭 위에 앉아 일터로
향하는 동포들이 우리가 탄 차량을 보면서 손을 흔들고 환한 미소를
지었었다. 당시 트럭을 보며 가슴 아파하던 내게 그들의 미소는 큰
위안이었다. 그래도 요즘은 이런 트럭이 자주 보이진 않는다. 마치 통통
배 가는 듯한 엔진 소리를 내는 목탄차도 이젠 잘 볼 수 없다.

　산이 온통 경작지로 바뀐 모습이 눈에 들어온다. '뙈기밭'이라고 부른
다. 북한의 식량 사정을 여지없이 보여주는 광경이다. 주로 옥수수를

평의선 하행선 기차 안에서 바라본 평양.

심는데 식량 사정이 나아지고 있어 점차 '뙈기밭'을 없애고 나무를 심고 있다.

농촌의 주택 사정도 많이 좋아지고 있다. 대부분의 북한 농촌 주택은 단독으로 된 기와집이다. 수십 년 전에 지어진 주택들을 보수하지 못해 무척 열악하다. 이들을 개보수하기보다는 새로 짓고 있는 곳이 많다. 도시든 농촌이든 건설 붐이 거세다. 10년 후에는 산에 나무가 울창하고 농촌에는 깨끗한 집들이 들어차길 기원한다.

기차는 평양을 향해 달린다. 평의선(평양–신의주)의 옛 이름은 경의선 (서울–신의주)이다. 서울을 떠난 열차가 이 선로를 따라 평양, 신의주를 거쳐 중국으로 가는 상상을 한다. 그렇게 된다면 남한은 더 이상 섬이 아니다.

'호케이장(아이스하키장)' 건물이 보인다. 평양이다. 평양–신의주간 거리가 200km 정도일 텐데 무려 다섯 시간이나 걸렸다. 중간에 정차도 했으니, 대략 50km/h로 달린 듯하다. 남과 북이 공동으로 고속열차를 새로 놓으면 좋겠다는 마음이 굴뚝 같아진다.

줄어든 유럽 관광객…… '1달러짜리 평양냉면'

평양 고려호텔에 도착해 커피숍에서 맥주를 마시고 있는데, 누군가 "고모"라고 외치며 다가온다. 2013년 8월 내가 유럽 관광객들과 함께 백두산, 칠보산, 함흥을 관광할 때 독일어 안내원으로 며칠간 함께 여행한 오수련이다(당시 수련은 내게 '자신의 아버지 고향이 남쪽이고 내가 남쪽 출신이라 고모라고 부르겠다'고 했다). 전라북도 군산이 고향인 수련의 아버지는 한국전쟁 때 인민군에 입대해 북에 정착해 살고 있다. 아버지의 안부를 물으니 여전히 고향을 그리며 잘 계신다고 한다.

요즘은 유럽 관광객들도 예전처럼 많지 않단다. 험악한 북미관계가 유럽 관광객 수에도 영향을 준다고 수련이는 안내 중인 독일 관광객을 만나야 한다면서 아쉬움 속에 서둘러 자리를 뜬다. 슬픈 사연을 품고 사는 북녘의 이산가족이다.

새로 생겨난 '미래과학자 거리'에서 저녁 식사를 하기로 하고 호텔을 나선다. 내가 마지막으로 평양에 온 때는 2015년 10월. 그때는 이 거리의 공사가 막바지에 달하고 있어 출입을 막았었

'1달러'에 세일 중인 냉면. 너무 싸서 마음이 불편했다.

다. 먼발치에서만 보다가 오늘에서야 이곳에 실제 와 보니 놀랄 만큼 잘 꾸려져 있다. 고층 건물들이 큰 도로를 따라 줄지어 들어서 있다. 환할 때 자세히 구경하기로 하고 식당에 들어선다.

피자를 먹고 냉면을 주문했다. 냉면 가격이 1달러다. 보통 외화식당에서는 냉면값이 3~4달러인데 1달러라니… 알고 보니 지금 냉면이 세일 중이란다. 꿩고기 완자, 돼지고기, 닭고기, 소고기, 계란, 배, 동치미 무 그리고 온갖 재료로 마련한 양념 등 화려하게 조리된 냉면이 단돈 1달러라니. 죄책감에 차마 젓가락이 가질 않는다. 경미에게 물으니 손님을 더 끌기 위해서란다.

그동안 외부에 알려진 것과는 전혀 다르게 북한의 경기는 사실 아주 좋았다. 독립채산제로 운영되는 고급 식당들이 여기저기 생겨났다. 가는 곳마다 손님들로 붐볐다. 식당들 사이에서는 유능한 매니저나 접대원을 데려갈 정도로 경쟁도 심했다. 만약 외화식당에서 냉면이 1달러라면 이 식당은 앉을 자리가 없어야 한다. 그런데도 식당 안을 둘러보니 빈자리가 많다.

아마도 불안한 정세 때문이라 짐작한다. 북미관계는 날로 악화 중이고 경제제재는 더 심화되고 있다. 북한은 핵무력을 완성할 때까지 핵실험도 미사일 실험도 계속할 것이니 상황은 더욱더 악화될 테고, 그러니 북한 주민이 심리적으로 위축돼 돈을 쓰지 않는 것이다. 1달러짜리 냉면을 먹으며 든 생각이다.

어서 북미관계, 남북관계가 좋아져 남과 북의 동포들이 마음놓고 즐기고 행복하게 살게되길 바라며 호텔로 돌아온다.

김치를 천 포기씩 담그기도

평양 류경안과병원, 김치공장

여의도순복음교회가 건설 지원한 심장전문병원

아침에 일어나니 눈이 불편하고 팔에 통증이 온다. 식당에 가서 죽한 그릇을 겨우 비웠다. 경미에게 오전엔 좀 쉬고 싶다고 말하니 어서 병원에 가잔다. '류경 안과병원'이라고 새로 생긴 병원인데 빨리 가자며 어디론가 전화를 건다.

내가 괜찮다고 하자 경미는 병원 구경도 할 겸 가자며 병원에 대해 설명한다. 남편이 옆

평양의 류경안과병원.

에서 "좀 지나면 괜찮아질 거야. 그리고 무슨 볼 게 없어서 병원 구경을 하냐"며 그냥 호텔에서 쉬잔다. 나는 경미가 나의 불편함을 걱정하고 또 병원을 자랑하고 싶어 하는 마음을 읽고 "가자"며 호텔을 나선다. 남편의 인상이 찌푸려진다.

병원은 안과종합병원으로 규모가 상당히 크다. 7~8층 되는 건물 두 개로 이루어져 있다. 병원 바로 옆에는 짓다 만 콘크리트 건물이 있다. 남녘의 여의도순복음교회가 지원해 심장전문병원을 건설 중이었는데 남북교류가 중단되면서 공사도 더 이상 진척을 못 본 채 그대로 남아 있다고 한다.

다행히 눈에는 아무 이상이 없다. 피곤해서 그런 것이라며 며칠이 지나도 통증이 계속되면 다시 오라고 한다. 심통이 잔뜩 난 남편이 "거 봐, 내가 뭐라 그랬어"라며 어서 대충 병원 구경을 하고 나가잔다. 그러나 북한에서는 외국인이 공공기관 내부를 개인적으로 돌아다니며 구경할 수 없다. 물론 지나가다 그냥 들어가 구경해도 큰 탈은 없겠지만 안내원은 기관의 담당자에게 알려 꼭 안내를 받을 수 있도록 해 준다.

'류경안과병원'의 홍보를 담당하는 직원이 흰 가운 세 개를 가져와 우리 일행에게 입히며 병원의 역사를 설명해 주는 사적관부터 안내한다. 미처 이를 예상하지 못한 남편의 얼굴이 찌그러질 대로 더 찌그러져 있다.

어디에 내놔도 손색이 없는 훌륭한 병원이다. 이런 현대식 병원이 북한 전 지역에 많이 생겨났으면 좋겠다. 지금 북한의 의료 체계는 의약품과 의료 장비의 부족으로 상당한 어려움을 겪고 있다. 경제제재

김치공장 로비의 대형 벽화.

에 의약품이나 의료장비는 예외인 걸로 알고 있는데 그렇지만도 않은 모양이다. 심지어는 아스피린 마저도 수입이 안 되는지 주민들은 중국의 상인들로부터 구입하곤 한단다. 그런데 이를 악용하는 못된 일부 중국 상인들이 밀가루로 만든 가짜 아스피린을 파는 경우도 있다고 한다. 같은 동포로서 분노와 슬픔이 동시에 몰려온다.

병원 구경을 마치니 이번에는 경미가 오후엔 김치공장 관람 일정이 잡혀 있다고 한다. 북녘동포들의 표현으로 '찡(쨍)'하는 평양김치를 좋아하는 나를 위해 경미가 일정을 잡았단다. 이 말을 들은 남편의 표정이 속된 말로 '돌아버릴' 것 같은 모습이다. 병원 구경에 이어 김치공장 구경을 간다니까 자기는 택시타고 호텔로 돌아가겠단다. 경미가 온 정성을 다해 남편을 설득한다.

공장 로비에 들어서니 정면에 김장 재료들을 그린 대형 벽화가 있다. 사진찍기를 거부하는 남편의 팔을 억지로 끌어당겨 경미에게 촬영을 부탁한다. 어색한 자세로 촬영에 임한 남편이 미소를 지었는지 경미가 "기래도 사진찍으니까 웃으시는구만요"라며 아주 좋아한다.

공장을 둘러보며 경미가 말한다.

"사실은 김치공장보다 집에서 김장김치 담그는 걸 보셔야 하는데 말입니다. 1톤, 2톤, 어떤 집은 3톤 담그는 집도 있습니다."

"뭐? 김장을 톤으로 담근다고?"

"네, 기렇습니다. 우리 조국에선 김장을 반년식량이라고 부릅니다."

"아니, 1톤이라니, 1톤이면 대체 몇포기야?"

"뭐…, 배추 크기에 따라 다르겠지만 고저 3~400포기 될겁니다."

"그럼 3톤이면 천 포기를 담근다는 말인데 그런 집도 있단 말이야?"

"네, 식구가 많은 집은 기렇습니다. 오마니, 겨울에 꼭 한 번 오십시오 우리 집에도 오셔서 함께 김치 담가 보십시오."

그동안 북한을 아홉 차례 여행했지만 겨울엔 한 번도 와 본 적이 없다. 다음엔 정말 꼭 겨울에 와봐야겠다. 생각해 보니 우리도 예전엔 몇백 포기씩 김장을 할 때가 있었던 것 같다.

공대 교원이랑 결혼하는 건데…

호텔로 돌아와 잠시 휴식을 취한 후 택시를 타고 어젯밤 식사를 했던 '미래과학자거리'로 나선다.

대단한 거리다. 세련된 도시의 다운타운 같은 느낌이다. 이 거리를 1년여 만에 완공했단다. 족히 60층 정도 돼 보이는 한 건물은 꽃잎

미래과학자거리 육교 위에서.

모양을 띠고 있다. 여타의 나라에서는 볼 수 없는 특유한 거리다. 평양의
다른 곳 같지 않게 상점이나 식당에도 모두 큼지막한 간판이 걸려있다.
그 흔한 거리의 구호도 이곳에서는 거의 보이지 않는다. 순간 정치적,
사회적, 경제적으로 북한이 추구하며 나아가는 방향이 어떤 것인지
짐작을 해 본다. 북한이 추구하는 미래의 모습이리라.

　대부분의 건물 아래층은 식당, 상점, 영화관 등이며 위층들은 주거용
아파트다. 건물과 건물 사이 여기저기에 넓찍한 휴식처도 만들어 놓았
다. 도로는 왕복 6차선인데 앞으로 차량이 늘어나면 좀 좁지 않을까
싶다. 그래도 인도가 상당히 넓어서 필요에 따라 왕복 8차선 정도는

쉽게 만들 수 있겠다. 경미에게 물었다.

"경미야, 이 아파트에는 주로 누가 살고 있어?"

"이 거리를 건설하기 전 이 지역에 살고 있었던 주민들이 우선이고 그리고 김책공대 교원들을 비롯한 과학자들입니다."

농담도 곁들인다.

"이럴 줄 알았으면 공대 교원이랑 결혼하는 건데 말입니다. 지금 조국에선 과학을 아주 중시합니다. 아이들도 커서 뭐가 되고 싶냐고 물으면 과학자 아니면 력기(역도) 선수라고 말합니다."

"력기 선수는 왜?"

"올림픽이나 세계 대회에서 력기 선수들이 좋은 성적을 내니까 말입니다."

아파트 안을 구경하고 싶다고 말하니 내일 일정을 잡아보겠다고 한다.

미국놈, 일본놈……

오늘은 많이 걸어서인지 며칠 만에 처음으로 시장기가 돈다. 경미가 '장미원'이란 식당으로 가자고 한다. 가 보니 아래층은 일종의 사우나이고 위층은 식당이다. 사우나장의 욕조에는 모두 장미꽃잎이 하나 가득 떠 있다고 한다. 식당에서 주는 차도 장미꽃 차다. 남편이 한 모금 마셔보더니 차에서 꽃 냄새가 나서 싫다고 한다. 맥주부터 주문한다.

이곳 식당도 손님이 별로 없다. 거의 텅 비어 있다. 어제 식당에서

미래과학자거리의 식당 장미원.

느낀 대로 악화일로에 있는 북미관계의 영향을 받고 있음이 분명하다.

가격도 모두 낮춰놨다. 광어 한 마리, 전복, 이름이 기억나지 않는 조개 , 대형 소라, 청포묵 등 안주와 맥주 그리고 따로 주문한 세 사람의 식사 모두 합해서 한국 돈으로 채 5만원이 안 된다. 내가 마지막으로 왔었던 2015년 10월만 해도 이 정도라면 두 배 가량을 지급해야 한다.

호텔로 돌아오는 길에 경미에게 물었다.

"유엔과 미국의 경제제재가 더 심해지는데 사람들 생활에 영향은 안 끼치나?"

"아무래도 압박이 쎄면 힘들지 않갔습니까. 뭐 긴데 우리 조국이 경제제재 하루 이틀 받았나요. 앞으로도 미싸일(미사일) 더 쏘아 올릴텐데 쏠 때마다 '미국놈들'이 발광을 할 테지요. 뭐 힘들면 힘든 대로 사는 겁니다. 뭐…, 일없습니다."

북녘의 동포들은 외국인을 가리킬 때 나라 이름 뒤에 '사람' 또는 '인민'을 붙인다. 예를 들면, '스웨리예(스웨덴) 사람들' 또는 '스웨리예

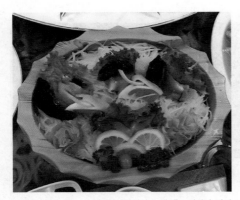
이름을 알 수 없는 조개. 아삭아삭하게 씹히는 식감과 맛이
일품이었다.

인민들', '중국 사람들' 또는 '중국 인민들'. 그런데 '놈' 자를 붙이는 나라가 딱 둘이 있다. 이 두 나라 사람들 외 어떤 나라 사람들에게도 '놈' 자를 붙이는 걸 들어보지 못했다. 바로 일본과 미국이다.

내일은 첫 수양딸 설경이네 집에 가는 날이다. 설경이 아들 의성이도 그 사이 또 많이 컸을 테지. 호텔 방에서 설경이네 식구들에게 줄 선물을 주섬주섬 챙기다 잠자리에 든다.

조국에서는 무상의료입니다

평양친선병원과 패스트푸드 레스토랑

평양친선병원에서 받은 수기치료

2017년 5월 18일, 아침에 일어나니 안과의사 선생님 말대로 눈은 괜찮은데 팔의 통증이 가라앉지 않는다. 내가 팔 통증으로 고생하는 걸 잘 아는 남편이 경미에게 말하니 어서 병원으로 가잔다. 경미가 나를 데려간 곳은 외국 대사관들이 모여있는, 말하자면 외국인촌이었다. 여러 나라 대사관의 명패가 눈에 들어온다.

건물 입구에는 '평양친선병원(Pyongyang Friendship Hospital)'이라고 적혀 있다. 접수를 하고 의사 선생님을 기다리는 동안 경미에게 물었다.

"왜 외국인촌에 있는 병원에 왔어?"

"아, 이 병원은 외교관 같은 외국인 거주자들이나 조국을 방문하는 외국인들 그리고 해외동포들을 위한 병원입니다. 긴데 여게(여기) 수기치료(지압)전문 의사가 있어 왔습니다."

평양친선병원 수기치료(지압) 의사와 함께.

이제 보니까 생각난다. 북한에 대한 반국가 행위로 체포돼 실형을 선고 받고 2년 후 석방돼 미국으로 돌아온 재미동포 케네스 배(한국명 배준호) 씨가 수형생활 중 지병을 치료받았다는 바로 그 병원이다.

수기치료 전문의사 선생님이 한 시간이 넘게 정성을 다해 치료해준다. 선생님께 감사의 뜻으로 약간의 돈을 드리자 손사례를 치며 극구 사양한다. 2015년 6월 평양호텔에서 나를 치료해 준 의사도 그랬었다.

"우리 조국에서는 무상의료입니다."

"네, 알고 있는데 너무 미안해서…."

"아니, 신 녀사님. 아무리 기래도 기렇지 의사인 제가, 그것도 조국을 찾은 해외동포 환자에게 돈을 받갔습니까? 녀사님 마음은 잘 알갔습니다. 조국에는 언제까지 계실 건지요?"

"한 일주일 정도 더 있을 거예요."

"기러면 평양에 계시는 동안은 매일 오셔서 치료를 받으십시오."

앞으로 치료를 더 받는 동안 이 의사의 취향을 잘 관찰해 마지막 날 작은 선물이라도 준비해 가야겠다.

치료를 마치고 돌아가는 길 차창 밖으로 한 외국인 여성이 자전거를

평양에 체류하는 외국인.

끌고 인도 위로 걸어가는 모습이 눈에 들어온다.

"경미야, 저 외국인은 어떤 사람인데 저렇게 자전거를 타고 혼자 다니나?"

"장기체류하는 외국인일 겁니다."

"장기체류하는 외국인이라면?"

"뭐 외교관, 유엔 직원, 사업하는 사람, 그들의 가족, 유학생…, 그런 사람들일 겁니다."

북한에 살면서 수양딸들과 오래 지내보고 싶은 생각이 들어 경미에게 물었다.

"혹시 나도 여기서 장기체류할 수 있을까?"

"글쎄요. 흔히 장기체류 하는 해외동포들은 주로 사업하는 분들입니다."

"어떤 사업을 해?"

광복거리에 있는 슈퍼마켓(왼쪽). 마켓을 나서며.

"식당, 차집 같은 거 하시는 분도 있고 지원활동 하시는 분도 있습니다."

우리 같은 해외동포가 장기간 체류하려면 이곳에서 사업을 하는 것이 가장 용이한 방법이라는 생각이 든다. 북한에 대한 경제제재가 해제돼 미국인의 대북투자가 가능해지면 한번 고려해 봐야겠다. 북한에 살면서 이들과 희로애락을 함께하며 북녘의 동포들을 더 이해하고 싶어서다.

평양에서 장을 보다

점심 식사를 위해 햄버거 식당으로 향한다. 식사 후엔 어제 경미에게 부탁한 '미래과학자거리'의 한 아파트를 방문한다. 그런 다음에는 첫째 딸 설경이네 집에 가서 저녁을 만들어 먹기로 했다. 햄버거집 가는 도중 예전에(2015년 6월) 한 번 와 본적 있는 슈퍼마켓이 눈에 들어 온다. 저녁 식사거리 마련을 위해 미리 장을 보기로 했다.

이 마켓은 평양에서 가장 큰 국영슈퍼마켓이다. 건물 내에 음식코너도 있고 또 여러가지 물건을 파는 백화점도 있어서 많은 사람이 찾는다고 한다. 이곳에서는 외화를 사용할 수 없고 북한 돈만 쓸 수 있다. 마켓 내에 있는 화폐교환소에서 달러를 내고 북한 돈을 받았다. 환율은 1달러당 북한 화폐 8천 몇백 원이다. 50달러를 냈더니 북한 돈 한 뭉치를 내준다. 지갑에 넣을 수가 없어 가방에 집어 넣었다.

이곳의 가격이 장마당이나 동네에 있는 소형 슈퍼마켓보다 싸서 많은 사람이 이용한단다. 하지만 채소는 장마당이 더 싱싱해 채소를 살 때엔 주로 장마당을 선호한다고 한다.

오늘 설경이네 집에 가서 남편과 내가 차려 줄 저녁 식사 메뉴는 '강냉이 국수'(옥수수 국수)로 만드는 파스타다. 비싸고 쉽게 구할 수 없는 스파게티 국수보다 이곳에서 흔한 '강냉이국수'로 스파게티 만드는 방법을 가르쳐 주면 애들이 언제든지 쉽게 해먹을 수 있을 거라는 생각에서다. '강냉이국수 파스타', 과연 어떤 맛일지 나도 무척 궁금하다.

'강냉이국수' 한 봉지, 올리브유, 토마토, 마늘, 그리고 조개 등 해산물을 산 뒤 햄버거집으로 향한다.

간판도 없는 햄버거집

찾아간 햄버거집은 상가도 아닌, 겉에서 보기에 허술한 건물에 있다. 2015년 10월에 갔던 햄버거집은 김일성대학 근처에 있었던 것으로 기억한다. 그 집은 제법 진열장도 잘 꾸며져 있어서 밖에서 봤을 때 한눈에

겉보기는 허술한데 속은 화려한 평양의 패스트푸드 레스토랑.

패스트푸드 레스토랑인 걸 알아차릴 수 있었다. 그런데 이곳은 간판도 없다. 도저히 레스토랑이 있을 것 같지 않다.

잔뜩 실망을 하고 들어서선 깜짝 놀란다. 패스트푸드 식당답지 않게 고급스럽다. 의자엔 천이 씌워 있고, 천정엔 디자인 조명이 달려 있다. 내가 잠시 망각했다. 대형 국영식당을 제외한 많은 북한의 독립채산제 식당이 누추하게 보이는 건물에 있고 간판도 없다. 그런데 막상 들어가 보면 잘 꾸며져 있다는 사실을 잊고 있었다.

주민들이 사는 아파트도 마찬가지다. 겉으로 보기에 페인트도 벗겨져 있고 시멘트도 떨어져 나가 허술해 보이지만 안에 들어가 보면 그런대로 갖출 것 다 갖추고 산다. 적어도 자기의 공간만은 잘 챙기고 산다.

2012년으로 기억된다. 화장실에 다녀온 남편이 동년배로 보이는 안내원에게 "대체 평양의 공중 위생실(화장실) 수도꼭지와 변기는 모두 물이 줄줄 새. 이것만 고쳐도 평양의 수돗물 걱정은 없을 거요"라며 불평을 했다. 그러자 그는 "에…, 이게 자기 물건이면 닦고, 조이고 할 텐데 자기 것이 아니라서…"라며 한숨을 지었다.

식당 건물도, 아파트도, 공중화장실도 모두 같은 이치가 아닌가 싶다.

국가가 무상으로 제공
해 주는 건물이나 공공
시설엔 신경을 쓰지 않
고 자신들의 소유는 닦
고 조이고…. 사회주의
가 극복해야 할 문제점
으로 생각된다. 고급스
러운 패스트푸드 레스
토랑에서 맛있게 먹으
면서 든 잡념이다.

평양의 패스트푸드.

   부리토(토르티야 콩과 고기 등을 넣어 만든 멕시코 요리)의 맛은 일품이나
매운 소스가 중국산인 점이 아쉽다. 소스가 우리 입맛에 맞지 않는다.
소스를 자체적으로 만들었으면 훨씬 나았을 것이라는 생각이 든다.
혹시 중국의 프랜차이즈 업체가 들어온 것 아닌가 싶기도 하지만, 간판
이 없으니 알 길이 없다. 어쩌면 재중동포가 운영하는 레스토랑일 수도
있겠다.

조국과 민족을 위한 공부

   '미래과학자거리'의 살림집으로 향한다. 집주인에게 너무 미안하다는
생각이 든다. 얼마나 귀찮고 성가실까. 집구경 하고 싶다는 부탁을 하지
말 걸. 후회를 한다.

집주인이 "어서 들어오시라"며 반갑게 우리를 맞이한다.

"아휴~, 미안해요. 이렇게 집구경을 하게 해주셔서 정말 고맙고 죄송해요."

"어서 앉으세요. 이역만리 긴 려행길에 이렇게 저희 집에 와주셔서 감사합니다."

나와 비슷한 연배로 보이는 부인의 손님맞이가 마치 예전 우리 어머니 세대의 모습이다.

집을 둘러보니 아무리 적게 잡아도 실평수가 100평은 족히 넘을 듯싶다. 큰 방이 여섯 개, 피아노가 있는 음악실, 온 식구가 함께할 수 있는 공동목욕탕 같은 별개의 목욕실, 부부가 차를 마시며 담소를 즐길 수 있는, 밖이 훤히 내다보이는 넓은 공간, 게다가 운동실까지 있다.

집구경을 마치고 몇 마디 주고 받는다. 남편의 그을린 얼굴은 길거리에서 마주쳤다면 그저 평범한 노동자의 모습이다.

"죄송하지만 선생님께서는 무슨 일을 하세요?"

"저는 김책공대 연구사(연구원)입니다."

"집이 아주 크네요. 좋으시겠어요."

"제가 부모를 모시고 있고 애들이 많다나니 넓은 집을 배정 받았습니다."

나도 한 땐 대학에서 강의했으니 자연스레 공부에 대한 이런저런 얘기가 나왔다. 이 연구사는 "조국과 민족을 위해 공부를 한다"고 한다. 세상에 살다 살다 '조국과 민족을 위해' 공부한다는 사람은 난생처음 본다. 서로 많은 얘기를 나누던 중 가장 인상에 남는 말이었다.

김책공대 연구사 가족이 사는 '미래과학자거리'의 한 아파트.

커피믹스 좋아해

장을 본 '구럭지'(비닐백) 그리고 선물 꾸러미를 들고 설경이네 아파트로 간다. 빨간 완장을 찬 경비원 아주머니가 '경비초소'에서 나와 반갑게 맞이해 준다.

"또 오셨구만요. 저도 이 아파트에 살고 있어서 설경이를 자주 보다나니 소식을 들었습니다. 에그, 이 먼 길을 또…."

"그간 안녕하셨어요?"

"나야 뭐 경비초소에서 편히 지내지만 설경이 양오마니(수양어머니)께선 이 먼 길을 오시느라 얼마나 고생이 많으십니까."

'이 먼 길'을 반복하며 진심으로 걱정해 준다.

일 년 반 만에 찾은 설경이. 남편은 '조선국제려행사' 간부로 이미 승진해 이제 더는 안내원을 하지 않는다. 그러니 특별한 경우가 아닌 한 집을 비우지 않는단다. 아들 의성이는 보통 개구쟁이가 아니다. 사방을 휘젓고 다니며 다 '까부순다'고 한다. 손님이 오면 꼭 안고 있어야 한단다.

선물을 주섬주섬 꺼내 전해준다. 그중에는 북녘의 동포들이 좋아하는 남한의 커피믹스도 있다. 남캘리포니아의 한인 마켓에서 산 거다. '노란색 (커피봉지)'를 가장 선호한

수양딸 설경이네 아파트 경비 아줌마.

'강냉이 해물 파스타' 시식 (왼쪽부터 설경이 남편, 설경이, 필자, 경미).

다. 설경이에게 '커피믹스'에 얽힌 이야기를 해줬다.

"글쎄말이야, 신의주 세관에서 남조선산 커피믹스를 본 세관원이 '이게 뭐냐'며 묻더구나. 커피라고 그랬더니 아주 곤란해 하는 거야. 우리가 마실 거라고 했더니 머뭇거리면서 '껍데기에 괴뢰글(한글 설명문)이 써 있으니 드시고 버리실 때 좀 싸서 버리십시오'라기에 꼭 그렇게 하겠다고 했어. 근데 문제가 생겼어. 다른 가방에서 또 커피믹스가 2백 개나 나왔어. '이것도 두 분께서 드시는 거냐, 커피를 이렇게 많이 마시냐'라고 묻길래 마실 때 많이 만들어 안내원도 마시고 운전수분도 마시고 하다 보면 많이 필요하다 그랬지. 그리고 또 그게 사실이구. 그랬더니 '하여간 버리실 때 꼭 싸서 버리시는 것 잊지 마십시오'라고 했어. 너희들

해산물을 다듬는 남편(왼쪽)과 파스타 소스를 맛보는 설경이.

도 꼭 싸서 버리거라."

"네, 알갔습니다. 걱정마십시오, 오마니."

강냉이 파스타보다는 강냉이 국수

모두 일어나 부엌으로 옮긴다. 설경이네 집을 여러 번 방문했지만 함께 음식을 만들어 먹기는 처음이다. 남편이 마켓에서 사 온 해산물을 다듬기 시작한다. 북한에는 해산물이 비교적 풍부하다. 그리고 '강냉이 국수'라고 불리는, 옥수수로 만든 국수가 흔하고 값도 싸다. 토마토도 어렵지 않게 구할 수 있다. '강냉이국수'로 만드는 여러 가지 요리가 개발되어 있지만 이를 이용한 서양식 요리는 보지 못했다. 우리가 '강냉이 해물 파스타'를 만들어 주려는 이유다.

설경이네 집을 떠나며.

　불행히도 상상했던 맛이 아니다. 국수에서 옥수수 냄새가 너무 강해 파스타 소스의 향과 맛을 모두 덮어 버린다. 설경이 남편도 같은 소감을 말하며 대신 다른 국수를 이용하면 되겠단다. 그래도 소스가 맛있다며 즐겁게 먹어준다.

　남편이 "장국에 말아서 먹는 강냉이국수가 훨씬 맛있다"며 강냉이국수로 이런 식의 파스타를 다시는 만들지 말라고 한다. 나도 같은 생각이다. 설경이가 다음엔 냉면국수로 만들어 보겠단다. 모두 함박웃음을 터뜨린다.

　행복한 하루였다. 부엌에서 음식을 만들어 함께 먹으며 이야기 꽃을 피우니 가족의 정이 한층 깊어간다. 남과 북의 평범한 사람들에겐 이것이 바로 통일이다.

생기는 대로 애를 낳겠다는 설향이

수양손자 찬영이 돎사진

'짝퉁' 옥류관 냉면

2017년 5월 19일, 오늘은 둘째 딸 설향이네 집에 가는 날이다. 아침에 일어나자마자 평양친선병원으로 가서 치료를 받는다. 지압인 '수기치료'를 받고 나면 몸이 나른해져 곧바로 움직이기가 불편하다. 떠나기 전 병원 앞마당에서 잠시 휴식을 취한다.

경미가 설향이에게 오후 3시쯤 가겠다고 전화를 한다. 그러더니 전화기를 두 대씩이나 들고 어디론가 문자를 보낸다. 경미에게 농담 삼아 묻는다.

"무슨 보고를 그렇게 열심히 해?"

"하하, 남편한테 보고합니다. 전할 말이 있는데 지금 근무 중일 테니 문자 보내는 거야요."

일하는 중에도 틈틈이 부부가 대화를 한다.

점심을 먹으러 옥류관에 갔다. 그런데 옥류관이 오늘은 쉬는 날이란다. 마침 옥류관 바로 맞은편에 냉면전문 외화식당이 있다. 말하자면 '짝퉁 옥류관'인 게다. 이곳은 다른 외화식당과는 달리 손님들로 꽉 차 있다. 옥류관이 문을 닫는 날 평양에서 제

'짝퉁 옥류관' 쟁반국수.

일 바쁜 식당이란다. 이 식당에서 훈련받은 직원들이 옥류관으로 가기도 한단다.

쟁반국수를 주문했다. 괜히 기분상 색깔부터 옥류관하고 다른 느낌이다. 그러나 맛의 차이는 못 느끼겠다. '짝퉁'도 이 정도면 아무 문제 없겠다. 북한에서 먹는 냉면은 어디서 먹든 맛에 있어 큰 차이가 없는 것 같다. 늘 내 입에는 한결같이 맛있다. 한 그릇을 국물까지 깨끗이 비우고 설향이네 집으로 향한다.

설향이를 찾아서

지난 2015년 10월, 설향이를 마지막으로 보았을 때 설향이의 배가 잔뜩 불러 있었다. 그 후 출산을 한 뒤 아기 이름을 '찬영'이라 지었다며 사진과 함께 연락을 해왔었다. 이제는 찬영이가 제법 컸을 테니 누구를

설향이네 가는 길.

닮았는지 분별할 수 있겠지 싶다. 몹시 궁금하다.

　오늘은 설향이네서 회덮밥을 만들어 먹을 예정이다. 왜냐하면 북한의 식당 메뉴에서 회덮밥을 본 적이 없어서다. 슈퍼마켓으로 갔다. 생선부에 와 보니 대부분 냉동 생선이다. 수족관에 '용정어'라는 활어가 있는데 아무리 봐도 민물생선 같다. 낚시꾼인 남편이 보더니 '향어' 또는 '이스라엘 잉어'라고 불리는 민물고기란다. 경미에게 물었다.

　"경미야, 저 용정어를 회로도 먹을 수 있니?"

　"물론입니다. 용정어는 송어, 잉어, 철갑상어와 함께 우리 인민들이 아주 좋아하는 회입니다. 용정어회는 살아있는 것을 먹어야 합니다."

　내가 걱정하는 건 기생충이다. 특히 민물고기 회는 디스토마라는 치명적인 기생충을 갖고 있을 수 있다는 걸 학교에서 예전에 배운 적이 있다. 어차피 북한 여행을 마치고 집으로 돌아가면 구충제를 먹으니 큰 걱정은 없다. 북녘의 동포들이 즐기는 생선이라니까 망설임 없이 살아있는 용정어를 사서 설향이네 집으로 간다.

설향이네 가족과 함께.

우리들의 돐사진

아기를 안고 기다리고 있던 설향이, 나를 보자마자 인사와 함께 찬영이를 내게 안겨 준다. 내가 낯설어 엄마 가슴으로 파고든다. 엄마를 많이 닮았다. 커가면서 아빠의 굵직굵직한 윤곽을 더하면 미남자가될 게 분명하다.

설향이는 내게 찬영이가 태어나서 지금까지의 모습을 담은 앨범을 보여준다. 친정 부모, 시부모, 친척, 친구들, 동네 사람들 모두 새 생명의 탄생과 성장을 축복하며 함께 기뻐하는 사진들. 설향이의 생생한 사진 설명에 나 역시 그 시간 속 한 부분을 파고 들어가 흐뭇한 미소를 짓는다. 앨범 속의 사진 한 장에 유난히 내 눈길이 머문다. 찬영이의 돐 잔칫상이다. 아기의 건강과 행복을 위한 만물이 상 위에 올려져 있다. 바로 우리들의 돐사진이다.

생기는 대로 애를 낳겠다는 설향이

남편이 생선을 다듬고 나는 회덮밥에 들어갈 야채를 준비한다. 설향이가 옆에서 수첩과 펜을 들고 뚫어지게 관찰한다.

"설향아, 적을 것도 없어. 세상에 이처럼 간단한 음식도 없어."

"기렇네요. 재료와 양념만이라도 적어 놓겠습니다. 남조선 동포들은 회를 이런 식으로도 요리하네요."

"여기서 식당에 갈 때마다 회덮밥을 찾았는데 이제까지 보지 못했어. 그래서 오늘 회덮밥을 준비했어. 회덮밥은 바다생선으로 만드는데 민물 생선으로는 나도 오늘 처음 만들어 봐. 오늘 찬영이 아버지가 회덮밥을 먹어보고 좋아하면 다음에 만들어 드리렴."

모두 용정어 회덮밥을 좋아한다. 설향이도, 경미도 꼭 만들어 보겠단다. 다행이다.

수양딸 설향이 아들 찬영의 앨범을 펼쳐 보며.

설향이에게 물었다.

"아기는 앞으로 몇이나 더 갖고 싶어?"

"생기는 대로 낳갔습니다."

"다음엔 딸을 꼭 낳아. 내가 여기에 손자들만 있고 손녀가 없잖아."

"하하, 기러지 않아도 다들 다음엔 딸을 낳으라고들 하십니다."

회덮밥 시식을 앞두고.

"이제 '조선국제려행사'는 완전히 그만 둔 거니?"

"아닙니다. 언제든지 원하면 복귀할 수 있습니다. 찬영이가 어느 정도 자라서 지금 생각 중입니다."

"아니 생기는 대로 낳겠다면서 애들은 어떻게 하고?"

"탁아소에 맡기면 됩니다. 다만 아이들이 자라면서 엄마와 함께 지내는 시간이 중요한데 기게 좀 마음에 걸립니다. 기래서 애들이 많아지면 집을 자주 비우는 안내원은 힘들갔고…."

얘기를 듣고 있던 설향이 남편도 설향이의 직장 복귀를 찬성한다. 영어 전공인 설향이의 어학능력을 걱정한다.

설향이네 집을 떠나며.

"외국어는 계속 사용하지 않으면 잊어버린단 말입니다. 지금 나라에선 대대적인 외국관광객 유치 정책을 펼치고 있습니다. 앞으로 이자(이제) 외국 관광객들이 더 늘어날 테니 이들을 안내하는 통역 일꾼들이더 필요합니다. 지금 원산 같은 데선 갈마반도 명사십리에 호텔, 식당을비롯한 건물 백 몇십 채가 일떠서고 있습니다. 외국어 통역 일꾼들이란단시간 내에 만들어지는 게 아니라서…. 설향이도 이를 잘 리해(이해)하고 있습니다."

옳고 그름을 떠나 확실히 생각하는 게 우리와는 다르다. 이들에겐'국가의 정책'도 가정사를 결정하는 요인이 된다. 어제 만난 김책공대연구사도 '조국과 민족을 위해 공부한다'더니….

개인주의 사회에서 살아온 나로서는 이를 이해하기 쉽지 않다. 내가 '공부를 왜 하는가', '애를 더 낳을 것인가 말 것인가'는 국가와 전혀 관계가 없고 이는 전적으로 나 자신의 개인적 사정이나 이해관계에 달려 있기 때문이다.

'생기는 대로 애를 낳겠다'는 북녘의 사랑하는 나의 둘째 수양딸 설향이. 주렁주렁 애를 낳고서 어떻게 직장생활을 할는지 걱정스런 한숨을 내쉬며 설향이의 아파트를 나선다. 올해 안에 또 오겠다고 약속하고 호텔로 향한다.

고난의 행군 시절 먹었던 인조고기밥

평양의 길거리 음식, 별무리차집

눈물의 인조고기밥

2017년 5월 20일 토요일. 지난 며칠간 너무 무리를 했다. 긴 여행에 이어 평양에서의 일정에 체력의 한계를 느낀다. 경미에게 오늘의 일정을 묻는다.

"오전에 병원 가시는 일과 오후에 장기수 선생님 방문하시는 일 외엔 없습니다. 원하시는 데 있으시면 말씀하십시요."

"아냐, 오늘은 그 두 일만 보고 쉬어야겠어. 경미도 힘들지?"

"아닙니다. 저야 뭐 어린데…. 저야 하는 일이 이 일인데요, 일없습니다."

말은 그렇게 해도 외국에서 손님이 오면 떠날 때까지 주말도 없이 함께 다녀야 하니 보통 힘든 일이 아닐 것이다. 근무시간도 정해져 있지 않다. 우리가 아침 식사를 마친 후부터 호텔에 돌아올 때까지

두부밥(왼쪽)과 인조고기밥.

안내를 한다. 저녁때는 집에 전화를 걸어 남편과 아이의 근황을 묻기도 한다.

병원에서 지압치료를 마치고 나니 점심시간인데 밥 생각이 없다. 경미를 위해서라도 식당에 가긴 가야 할 텐데…. 일단 호텔로 돌아가서 뭘 먹을지 결정하기로 했다. 호텔로 가는 도중, 길거리 음식 매대가 눈에 들어온다. 전에 길거리 매대에서 김밥과 몇 가지 음식을 사서 맛있게 먹은 기억이 난다. 경미에게 매대 얘기를 꺼내니 "오마니, 매대에서 파는 '인조고기밥'을 드셔 본 적이 있으시나요?"라고 내게 묻는다.

"아니. '인조고기밥'이 뭔데?"

"콩으로 만든 건데 고기 맛이 나서 인조고기라고 부릅니다. 90년대 '고난의 행군' 시절 먹을 것이 없어 콩기름을 짜내고 남은 찌꺼기를 갖고 만든 음식입니다."

"콩기름 만든 찌꺼기로?"

"긴데 지금은 찌꺼기로 만들지 않고 순전히 온전한 콩으로 만들어서 맛이 좋습니다. 아이들도 아주 좋아합니다. 저도 학교 다닐 때 수업이 끝나면 동무들과 매운 양념을 발라먹는 인조고기밥을 학교 앞 매대에서 사먹고 집으로 가곤 했습니다. 그 맛이 그땐 얼마나 좋던지…. 학교 파할 시간만 기다릴 때도 있었다니까요, 하하."

내 학창시절, 학교가 끝나면 친구들과 떡볶이집으로 쪼르륵 달려가 떡볶이를 먹던 것과 같다는 생각에 옛 추억 속으로 빠져든다.

"혹시 요즘도 콩 찌꺼기로 만든 '인조고기밥'을 파니? 나는 그게 먹어보고 싶은데."

"지금은 없습니다. 그리고 오마니 그거 못 드십니다. 정말 배가 고픈데 먹을 게 없으면 몰라도."

2013년 북한여행 때 '니탄국수'에 대해 들은 적이 있다. '고난의 행군' 시절 자강도(옛 평안북도의 일부) 동포들이 '니탄'이라는 석탄으로 만들어 먹은 국수라고 했다. 당시 나는 그 얘기를 들으며 대체 그 국수를 인간이 먹을 수 있는 건지 꼭 먹어보고 싶었다. 북녘의 동포들을 더 잘 이해할 수 있을 거라는 생각에서였다.

그런 뜻에서 기름을 짜낸 콩 찌꺼기로 만든 '인조고기밥'을 먹어보고 싶지만 지금은 석탄으로 만든 '니탄국수'도, 콩 찌꺼기로 만든 '인조고기밥'도 더는 없다고 한다.

"'인조고기밥'은 매대에서만 팔아?"

"아닙니다. 상점에서도 다 팝니다."

인조고기밥을 사서 호텔에 가서 먹을 생각으로 차를 세워 상점으로 들어간다.

국산화 열풍

상점의 식료품부에 비교적 다양한 상품들이 진열되어 있다. 요즘 북한의 상점에 두드러진 현상이 있다. 다름 아닌 국산화다. 특히 식료품에 있어서 그렇다. 빵, 버터, 소시지 등 모두 북한산이다. 몇 년 전 까지만 해도 식료품을 비롯한 상점의 많은 상품이 중국산이었다.

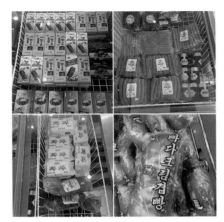

북한의 국산 식료품.

예상외로 북한은 수입에 많이 의존한다. 자체 생산하면 될 것 같은 경공업 제품들마저 대부분이 중국산이다. 북한동포들은 이를 '수입병'이라고 부른다. 그러나 지금은 식료품을 시작으로 국산화의 열풍이 대단하다. 중국산 식품에 대한 불신도 한몫을 한단다.

내가 다른 경공업 제품들의 국산화에 대해서도 얘기를 꺼내자 경미는 말한다.

"그까짓 경공업 발전은 시간문제입니다. 1년이면 모두 국산화할 수 있습니다."

"근데 왜 안 해?"

"나라에는 우선순위가 있습니다."

그 '우선순위'가 뭔지 더는 묻지 않았다. 어서 국산화가 이루어져 북한동포들이 생활에 필요한, 품질 좋은 물건을 싸고 쉽게 살 수 있길 바라는 마음이다.

북한의 길거리 음식.

'인조고기밥'과 또 다른 길거리음식이라는 '두부밥', 그리고 김밥과 야채만두, 물김치를 샀다. '두부밥'은 그 모양이 일본 음식인 '이나리스시(유부초밥)'와 똑같이 생겼다. '인조고기밥'은 콩을 갈아 얇은 밀전병처럼 만들어 밥을 싼 것이다. 두 음식 모두 간장, 고추장, 고춧가루, 파, 마늘 등으로 만든 양념을 발라 먹는다.

간식용으로, 아니면 한 끼 식사로도 훌륭한 음식이다. 그러나 북녘의 동포들이 '고난의 행군' 당시 먹었던 그 '인조고기밥' 맛은 이보다 훨씬 못했으리라. 북녘의 동포들, 특히 여성들은 '고난의 행군' 얘기가 나오면 눈물을 글썽인다. 그 '지긋지긋'했을 '인조고기밥'이 지금은 북녘의 길거리 음식을 대표하는 별미로 사람들의 사랑을 받는 음식이 됐으니 참 다행이라는 생각이 든다.

'남파간첩'과의 재회

오후 4시, 북송 장기수 선생님 댁을 방문한다. 이번이 세 번째 만남이다. 지난 2015년 6월, 이분들을 처음 찾아뵈었다. 그 당시 우리가 묵고 있는 고려호텔 바로 옆에 북송 장기수분들께서 사신다는 얘기를 듣고 찾아갔었다. 나는 이분들이 6.25 전쟁 중 포로가 되어 남한에서 징역살이를 하던 중 북으로 돌아가겠다고 해서 끝내 북송된 분들인 걸로만 알고 있었다. 그러나 이분들과 대화를 나누

북송 장기수 김동기, 최선묵 선생님(오른쪽)과의 만남.

면서 나는 이분들이 전쟁포로가 아닌, 전쟁이 끝난 후 남파됐다 체포된 소위 '남파간첩'이라는 말을 듣고 큰 충격을 받았었다. 내가 충격을 받은 건 다름 아닌 이분들이 내가 상상하고 있던 '남파간첩'의 모습이 아니었기 때문이었다.

그저 마음씨 좋은 동네 할아버지 그 자체였다. 내가 만난 김동기, 최선묵 두 분 중 최선묵 선생님은 고향이 경기도라서 말씨도 남쪽 말씨였다. 이분들이 '철천지 원수'로 여기는 미국에서 살고 있는 나를 얼마나 따뜻하게 대해 주시던지! 나이가 들면 눈물이 흔해지는 건가. 아니면 이분들의 본성인가. 촉촉한 눈으로 바라보며 내 손을 잡고 이별을 못내 아쉬워하던 이분들께 나는 평양에 올 때마다 꼭 찾아 뵙겠다고 약속했었다.

이분들은 전향을 거부하면서 수십 년간 징역살이를 하며 온갖 고문과 폭력의 고통을 이겨낸 사람들이다. 이런 사람들은 피도 눈물도 없는, 강철같은 심장을 가진 혁명가일 거라는 통념이 틀린 것이란 생각을

최선묵 선생님 부부.

갖게 되기도 했다.

아파트 입구에 마중 나와 계신 김동기 선생님의 안내로 최선묵 선생
님 댁으로 들어가니 사모님은 계시지 않고 낯선 여성이 우리를 맞이한
다. 최선묵 선생님께 '사모님께선 어디 계시냐'고 물으니 어서 들어와
앉으라는 말씀만 한다.

북송 후 결혼해 맞이한 부인은 만수대예술단 출신의 은퇴 배우였다.
아주 다정히 보이는 부부는 악기 연주와 노래로 우리를 즐겁게 해 주셨
었다. 그런데 그만 심장마비로 세상을 떠났다는 슬픈 소식을 전한다.

새로 맞이한 부인은 성격이 온화하고 아주 조용한 분이다. 부인이라
고 소개는 받았지만, 내가 보기에 새 부인이라기보다는 함께 기거하며

최 선생님을 돌봐드리는
동료라는 생각이 든다.

지금은 회고록을 쓰고
있다는 김동기 선생님의
배웅을 받으며 아파트를
나선다. 이분들을 처음
만났던 날, 아파트를 떠
나던 때가 떠오른다. 남
에서는 '간첩', 북에서는
'영웅'. '신고해야만 하는

김동기 선생님의 배웅을 받으며.

북괴의 남파간첩'과 '본받아야 할 공화국의 영웅' 사이에 존재하는 분단
은 이제 사라져야 한다는 생각을 절실히 했었다. 처절한 마음으로 어렴
풋이 알고 있던 〈직녀에게〉라는 노래를 흥얼거리며 호텔로 돌아왔던
기억이 난다. 그 이후 나는 강연장에서 이 노래를 부르곤 한다.

오늘도 여전히 무거운 마음으로 호텔을 향해 터벅터벅 걷는다.

"서양식 카페는 자본주의가 아닙니다"

호텔로 돌아와 로비에 앉아 휴식을 취한다. 경미가 묻는다.

"오마니, 저녁 식사는…? 별로 생각이 없으신 것 같은데 기럼 산책
겸 차집(찻집)이라도 가시겠습니까?"

'차집'이라고 불리는, 분위기 좋은 서양식 카페에 몇 번 간 적이 있지만

'별무리차집' 메뉴.

멀리까지 가고 싶은 기분이 아니다.

"차집? 차 타고 나가기 싫은데…, 요 근처에는 뭐 없을까?"

"여기저기 많이 있습니다. 이 호텔 바로 앞에도 있습니다. 호텔 앞 매대 있지 않습니까. 바로 그 옆에 차집이 있습니다. 산책 겸 가시겠습니까?"

내가 대답도 하기 전에 남편이 '어서 가자'며 일어선다.

호텔 바로 앞에 있는 이 찻집의 이름이 '별무리차집'이다. 이름이 얼마나 예쁜지 메뉴 위에 쓰여 있는 이름을 보는 순간 갑자기 기분이 '명랑'해진다. '별무리차집', 남편은 고개를 갸우뚱한다.

"야아~, 이거 남녘 같으면 이름을 '카페 스텔라(Café Stella)' 아니면 '카페 갤럭시(Café Galaxy)'라고 지었을 텐데…."

남편의 이 말을 들은 경미가 눈을 껌벅거리며 남편에게 묻는다.

"이름을 기렇게 지으면 어케 알고 찾아갑니까?"

"그래도 다 알고 찾아가."

"젊은이들은 영어를 배웠으니 기렇다 치고 늙은이(북에선 '노인'이란 뜻)들은 어케합니까?"

"어차피 노인들은 이런 곳에 안 가니까 상관없는 모양이지."

'별무리차집'에서 고트치즈를 집어든 경미.

　"여기선 기렇게 이름 지었다간 아무도 안 갈 겁니다. 기렇게 짓겠다는 생각조차 못 합니다."

　"경미야, 그건 그렇고 이런 서양식 카페가 많이 생겨나네. 일종의 자본주의풍이 도는 게 아냐? 안에 실내장식도 완전 서양식 카페고."

　"이곳에선 서양식 음료와 음식을 파니까 실내도 서양식으로 해놓은 겁니다. 평양에 일본료리 식당들 많지 않습니까. 그 식당들 실내를 일본식으로 해났는데 기게 일본풍이 퍼진다는 뜻은 아니지 않습니까?"

　그렇다. 남편의 선입견이다. 사람들은 북한에서 서양식의 무언가를 보면 '자본주의가 스며들고 있다'는 생각을 하는 경향이 있는 것이다. 어떤 해외동포는 북한의 핸드폰 가입자가 5백만이 넘는다는 정보를 듣고 '북한에 자본주의가 퍼지고 있다'고 말하기도 한다. 일반적으로 사람들은 '사회주의하에서는 핸드폰의 대중화도, 서양식 카페도 있을 수 없고 오로지 자본주의하에서만 그럴 수 있다'고 생각하는 것이다. 그저 북한 주민들의 생활 수준이 향상되고 있다고 생각하면 그만인 것을.

메뉴도 다양하다. 서양식도 있고 조선식도 있다. 속이 안 좋은 나는 잣죽, 경미는 크림 파스타, 남편은 조개탕을 주문한다. 주문을 하고 음식을 기다리는데 웨이트리스가 '방금 구운 것인데 드셔보라'며 호밀빵을 올리브유와 함께 내려놓는다. 좀 있으니 카페 자체 내에서 만들었다며 고트 치즈와 요구르트도 서비스로 내준다.

이런 작은 카페가 빵도, 치즈도 자체 내에서 만들다니 앞으로 생활수준이 좀 더 높아지면 별걸 다 만들어 내리라는 생각이다. 역시 손재주 좋고 무엇이든지 금방 배우는 우리의 동포들이다.

경미는 치즈를 좋아하지만 염소젖으로 만든 치즈는 좀 경계하는 눈초리다. 한 쪽 집어들고 냄새를 맡곤 열심히 관찰한다. 입에 넣고 좀 지나니 자기는 보통 치즈가 더 좋다고 한다. 향이 별로란다. 요구르트도 한 숟가락 입에 넣더니 맛이 강하단다.

호밀빵은 수준급이다. 자그마한 카페에서 자체적으로 이런 것을 만들어 손님들에게 대접한다는 것만으로도 훌륭하다는 찬사를 보낸다.

이 카페에 오길 너무 잘했다. 이런저런 이야기를 하는 사이 피로도, 우울한 기분도 사라졌다. 남편이 주문한 조개탕 덕에 불편했던 속이 확 풀어졌다.

산뜻한 기분으로 카페를 나온다. 밤하늘의 '별무리'를 머리에 이고 호텔로 향한다. 밤공기가 너무도 상쾌하다.

하이네켄이 쌓여있는 동네 상점

모란봉 공원으로의 소풍

평양에서 드리는 기도

2017년 5월 21일 일요일, 오늘은 주일이다. 북녘의 동포들과 한마음으로 예배를 드린다. 첫 북한 여행 때가 생각이 난다. '호기심과 두려움'을 안고 북녘땅의 교회가 '진짜 교회일까 가짜 교회일까'를 알아내고자 했던…. 오히려 공산혁명의 수도라는 평양의 한복판 예배당에서 나는 난생처음으로 민족의 화해를 갈구했었다.

진정한 예수님의 사랑이 무엇인지, 북한도 사랑하고 계신다는 주님의

평양 봉수교회.

내게 아이크림을 권한 소형 백화점의 화장품 판매원과 함께.

음성이 내 가슴을 후벼 팠었다. 그리고 내 교만하고 위선적인 삶을 부끄러워하며 북녘동포들을 향한 회개의 눈물을 하염없이 흘렸다. 이제 더는 '북한의 교회가 진짜 교회인지 가짜 교회인지'의 논쟁이 적어도 내게는 의미가 없다.

내 마음속이 위선과 교만으로 가득 차 있는 한, 내 마음이 거룩한 성전이 되기 전에는, 그 어느 곳에도 진짜 교회는 없다. 북한에 올 때마다 이곳 예배당에서 예배를 드리다 보니 이곳 교우들과도 많이 친숙해졌다. 반가운 인사를 나누고 교회 문을 나선다.

고가의 유명 브랜드 상품도 판매

오늘 오후에는 평양의 딸들과 소풍이 예정돼 있다. 주문한 도시락을 찾으러 간다. 약속 시각 보다 좀 일찍 도착했다. 근처 상점에서 이것저것

딸들이 좋아할 만한 것들을 산다. 동네 상점치고는 꽤 크고 물건도 다양하다.

북녘의 동포들이 선호하는 외국 맥주 하이네켄이 상자째 쌓여 있다. 경제제재로 인해 외화가 턱없이 부족할 텐데 맛있는 대동강맥주를 놔두고 왜 외국 맥주를 수입하는지 의문이 든다. 자체 생산을 하지 않는 품목을 수입하는 건 어쩔 수 없는 일이지만 맥주 수입은 이해할 수가 없다. 예전 남한에서 외국 물건에 높은 관세를 매겨 수입을 규제하던 때가 있었다. 그 얘기를 해 줄까 하다 그만둔다.

시간이 되어 도시락을 찾으러 가니 조금만 더 기다리란다. 주문이 많이 밀려 있단다. 경미 얘기가 오늘이 일요일이라 야외로 나가는 사람들이 많아서 그렇단다. 경미가 좀 전에 갔던 마켓 위층에 작은 백화점이 있으니 시간도 때울 겸 구경을 가잔다.

입구에 들어서자 판매원 한 사람이 세련된 동작으로 우리를 맞는다. 화장품이 궁금해 다가가니 내게 아이크림을 권한다. 내 눈가에 깊이 새겨져 있는 주름살을 본 게 틀림없다. 2012년 5월 나진·선봉에 있는 장마당 화장품 가게 주인도 내가 지나가자 '좋은 품질의 아이크림이 있으니 한번 써 보시라'며 권한 적이 있다.

판매원과 화장품에 대해 이런저런 대화를 나눈다.

"내가 지난번 왔을 때 '봄향기' 화장품을 사서 써 보니 참 좋았어요. 국산 화장품이 우리 얼굴에 잘 맞는 것 같아요. 국산 화장품은 없나요?"

"이 상점은 외화상점이라 국산품은 없습니다. 가까운 곳에 국산 화장품 파는 곳이 많이 있습니다. 거게 가시면 작년보다 더 품질 좋은 화장품들이 다양하게 나와 있습니다"

미안하단 표정으로 친절하게 말해주는 판매원에게 고맙다는 인사를 하며 화장품 하나를 산다. '수기치료'를 해 주시는 의사 선생님께 답례하기 위해.

대충 백화점 물건을 살펴보니 고가의 유명브랜드 상품들이 많이 진열되어 있다. 아마도 나 같은 외국 관광객들은 본국에서 쉽게 살 수 있는 미국제, 유럽제 상품을 여기서 사지 않을 텐데 대체 어떤 사람들이 이곳을 이용하는지 궁금해진다.

"경미야, 이런 곳에 와서 물건을 사는 사람들은 누구니? 너도 이런 곳에서 물건 사니?"

"아이고 오마니, 저는 이곳에서 안 삽니다. 국영 상점에 가면 훨씬 질 좋고 우리 입맛에 맞는 물건들을 아주 저렴하게 살 수 있는데요. 여긴 우리 인민들도 사러 오고 이곳에 거주하는 외국인들도 오는 것 같습니다."

나오다 보니 구두를 파는 곳에 우리말을 하는 중년의 여성이 남성화를 살피며 판매원과 얘기를 나누고 있다. 얼핏 보니 몇백 불 하는 고가의 유명브랜드 상품이다. 많은 외화식당과 마찬가지로 이용하는 사람이 있으니 이런 백화점도 꾸려 놓고 있겠지 싶다.

어쨌든 지금 평양에는 여러 종류의 상점들이 여기저기 생겨나고 있다. 그만큼 구매력을 갖춘 북한 주민들이 늘어나고 있다는 뜻일 게다.

양손에 짐을 들고 가는 설향이 남편(맨 오른쪽).

변해가는 북녘의 남성들

모임 장소인 모란봉공원 입구에 도착하니 설경이 부부와 설향이 부부
가 기다리고 있다. 우리가 타고 온 자동차 트렁크에서 남자들이 짐을
챙겨 들고 간다. 북한의 남성들이 변해 간다.

일반적으로 북한에서 짐은 여성 몫이다. 한번은 평양에서 이런 장면
을 목격한 적이 있다. 부인이 아이를 업은 채 두 손엔 가방과 장난감을
잔뜩 쥐고 힘겨워하는데 남편은 옆에서 뒷짐을 지고 유유히 걷는 모습
이다. 함경북도에서는 심지어 부인이 끄는 손수레에 올라타 담배를
피우면서 가는 남편도 봤다. 지방으로 갈수록 더 심한 듯하다.

그런데 우리 수양사위들은 다르다. 아내들에게 짐을 지우지 않고
자신들이 도맡아 들고 간다. 늠름한 사위들을 듬뿍 칭찬해 준다. 옆에서
빈손으로 걸어가면서 내 칭찬 소리를 듣고 있던 남편이 방해를 한다.

"하아~, 사람들 하곤. 그런 건 여자들 한테 맡겨야지 체통 없이 그런

나의 북한 수양가족들(오른쪽부터 설경이, 설경이 남편, 경미, 설향이, 설향이 남편).

걸 들고 다녀."

설향이 남편이 묻는다.

"미국서는 녀성들이 듭니까?"

"그럼."

설향이가 끼어든다.

"아바이도 거짓말하시는군요. 저희가 서양인을 안내하는 '조선국제
려행사' 일꾼이라는 걸 잊으셨습니까?"

농담을 하며 걷다 보니 남편이 미안한지 설경이 남편이 들고 가던
짐을 하나 달라고 한다. 그러나 줄 리가 없다.

화강암으로 만들어진 탁자와 의자가 있는 곳에 자리를 펼쳤다. 빙

둘러앉아 도시락을 먹으며 얘기꽃을 피운다. 남자들에게는 며칠 전 발사한 미사일에 대한 이야기가 단연 화제다. 내가 신의주에 도착하기 바로 전날 발사한 화성12호에 대한 얘기 같다. 설경이 남편이 말한다.

"이자(이제) 머지않아 미국 오데라도(어디라도) 때릴 수 있는 탄도로켓트(미사일)도 쏠 겁니다."

"에구, 이 사람아, 무서워서 이 오마니 미국서 어떻게 살라구…."

"걱정 마십시요, 오마니. 그 핵탄두로켓을 실제 쏘는 일은 절대 없습니다."

"그럼 그걸 왜 만들어?"

"조국을 방어하기 위한 것입니다. 우리가 핵으로 미국을 공격할 수 있다는 걸 보여줘야 미국이 우리를 공격 못 합니다."

"앞으로 유엔이나 미국으로부터 경제제재가 더 심해질 텐데…."

"오마니, 우리가 경제제재 받은 게 하루 이틀인 줄 아십니까?"

지난번 경미가 한 말과 같은 말을 한다. 북한동포들에게 서방의 경제제재는 일상생활의 한 부분인듯싶다. 계속 말을 이어간다.

"오마니, 왜 우리가 다른 나라와 싸우며 살갔습니까? 오마니께서도 '조선국제려행사'를 통해 서양인들과 함께 조국 려행해 보셨잖습니까. 우리가 미국 관광객들을, 미국 인민들을 적대시했습니까? 함께 웃으면서 얼마나 재밌게 관광합니까. 북남의 우리 민족이 외세에 지배당하지 않고 당당하게 살기 위해서인데…, 잘 될 겁니다, 오마니. 너무 걱정 마십시오."

솔직히 나는 너무 무서웠다. 그 화성 12호라는 것이 대기권 밖을

모란봉공원 주차장에서 작별인사를 하며.

비행해 길게는 내가 살고 있는 남캘리포니아까지 날라올 수도 있단다. 특히 남캘리포니아의 샌디에이고에는 주요 미 해군기지가 있다. 만일 북에서 남캘리포니아로 핵미사일을 발사한다면 샌디에이고가 그중 하나의 목표물일 텐데….

설향이가 '어서 맥주를 드시라'며 분위기를 바꾼다. 아이들 교육 얘기로 대화의 주제를 바꾼다. 결국은 이 모든 것이 우리의 아이들을 위한 것일 텐데 그 과정이 너무나 무섭고 험난하다.

그래도 옆에서 들려오는 아코디언 반주와 노랫소리에 모두들 어깨춤을 춘다.

북녘의 딸들, 사위들과 함께한 즐거운 시간이었다. 나는 확신한다. 이들이 내가 살고 있는 남캘리포니아로 절대 핵미사일을 발사하지 않을 거라고. 왜냐하면 이들은 평화를 갈구하고, 자식의 미래를 걱정하며 하루하루를 살아가는 사람들이니까.

일찍감치 호텔로 돌아와 휴식을 취한다. 내일은 탈북동포 김련희 씨의 부모님을 만나는 날이다. 부모님께 남녘에 있는 딸의 목소리를 꼭 들려드릴 것이다.

상봉의 그날까지 힘내자요

탈북동포 김련희 씨와 딸 김련금 양의 화상통화

여명의 도시

2017년 5월 22일, 브로커에 속아서 남한에 오게 됐다며 북송을 요구하는 탈북동포 김련희 씨 가족을 만나는 날이다.

아침 식사를 마치고 우선 려명거리로 향한다. 우리가 탄 차가 거리의 입구에 다다르자 옅은 녹색의 초고층 빌딩들이 눈에 들어온다. 거리가 완공된 지 한 달 조금 더 지났단다. 2016년 4월에 착공하여 2017년 4월에 완공했다. 하지만 그사이 3개월은 공사를 중단하고 모든 인력과 물자를 함경북도 홍수피해 지역으로 보내 복구사업을 하였으니 실제 공사 기간은 9개월이라는 것이다.

며칠 전 갔던 미래과학자거리도 1년여 만에 완공했다는 것이 믿어지지 않는데 이 즐비하게 늘어선 고층 건물들을 9개월 만에 완공했다니 대체 이게 건축공학적으로 가능한 일이란 말인가.

파스텔 색조의 옅은 빌딩 색깔이 말해주듯 친환경 거리다. 지열을 이용하여 일부 난방도 하고 건물 안에 온실을 만들어 채소를 생산한다고 한다. 여기저기에 넓은 녹지대를 만들어 놓아 도심지에 있다는 느낌이 전혀 안

평양 려명거리에는 '위대한 김일성 동지와 김정일 동지는 영원히 우리와 함께 계신다'라는 구호가 적힌 탑이 서 있다.

든다. 도심 속에 공원이 있는 게 아니라 공원 속에 도시가 있는 느낌이다. 미래과학자거리와 마찬가지로 건물들의 겉은 페인트가 아니라 모두 타일이다. 가히 도시란 이래야 한다는 생각이 간절히 드는 거리의 모습이다.

이곳 역시 철거민들, 공사 중 사망을 하거나 심한 부상을 당한 건설일꾼의 가족이 먼저 입주했고, 그 외 김일성대학 교원들, 모범 노동자들 등이란다. 김일성대 교원을 위해 두 동의 고층 아파트를 몇 년 전 지었지만 다 수용을 못 했는데 이번 려명거리의 완성으로 모든 교원들에게 최고의 '살림집'을 마련해 줬다는 것이다.

북한에서 학생들을 가르치는 선생은 소학교 선생부터 대학교수에 이르기까지 사람들로부터 많은 존경을 받고 국가는 그들에게 우선권을 부여한다. 아파트 내부를 구경하고 싶지만 집주인을 불편하게 해 드리

탈북동포 김련희 씨의 딸이 요리사로 일하는 려명거리 온반집(왼쪽)과 려명거리에 있는 대성산식당의 요리.

고 싶지 않아 이내 마음을 접는다.

대신 려명거리에서 점심을 먹기로 한다. 마침 이 거리에 있는 식당 '온반집'에서 탈북동포 김련희 씨의 딸 김련금 양이 요리사로 일한다고 해서 찾았으나 오늘은 휴일이란다. 려명거리도 미래과학자거리 만큼이나 상점과 식당이 많다.

사지도 않을 거면서 여기저기 상점에 들어가 구경을 한다. 한 식료품점에 들르니 상점과 식당을 겸하고 있다. 여기서 점심을 먹기로 한다. 경미는 육개장, 남편은 전복죽, 나는 돌솥비빔밥을 주문한다.

음식을 받고 깜짝 놀란다. 달걀을 하트 모양으로 만들어 돌솥비빔밥 위에 얹어 놓았다. 사회주의는 실용을 중시한다는데 꼭 그렇지만도 않은 것 같다. 미적 감각도 고려한다. 비빔밥 위의 달걀을 하트 모양으로 만들어 얹는 식당은 북한의 이 '대성산식당'이 처음이다.

평양친선병원으로 향한다. 려명거리에서 시간을 지체해 약속 시각보다 15분 정도 늦을 것 같다. 오늘이 이번 여행 중 마지막 치료다.

수기치료 의사 선생님과 작별을 하며.

내일 하루 더 시간이 있지만 지방 여행이 예정돼 있다.

그 사이 의사 선생님과 정이 듬뿍 들었다. 매일 한 시간 이상 온 정성을 다해 지압 치료를 해주셨다. 나는 '다시 오겠다, 곧 또 만나자'는 말만 되풀이한다. "병원이란 자주 올 일이 있어서는 안 되는 곳"이라며 그녀는 내 팔을 걱정해 준다. 통증이 계속될 경우에 대비해 이런저런 운동을 하라며 방법을 처방한다. 헤어지는 순간까지 잡은 손을 놓지 못한다. 정겨운 미소를 지으며 나를 배웅한다. 고마운 동포여, 부디 안녕하시라!

절망 속의 흐느낌

병원을 나와 김련희 씨 부모님 댁으로 향한다. 아파트 문 앞에 도착하니 김련희 씨의 남편과 딸 김련금 양이 우리를 맞이한다. 이번이 두 번째 만남이다. 련금 양이 손을 내밀며 인사를 한다.

"안녕하십니까, 녀사님."

"아이구, 련금아. 그러지 않아도 아까 려명거리 '온반집'에 갔었는데 문을 달았더라고."

"그러셨습니까. 오늘은 열지 않습니다. 어서 안으로 들어오십시오."

김련희 씨의 남편과 딸(왼쪽). 슬픔에 젖어 눈물을 흘리는 탈북동포 김련희 씨의 어머니.

집안에 들어서니 노부부가 서서 우리를 반갑게 맞이한다. 김련희 씨의 부모님이다. 자리에 앉아 하염없는 눈물을 흘린다. 김련희 씨의 어머니는 김련희 씨가 남녘에서 북으로 돌아오지 못한다는 사실을 알고 난 후 그 충격으로 인해 시력을 잃어가고 있다. 겨우 희미하게 물체를 알아볼 수 있다고 한다. 치료를 받고 있으나 실명을 할지도 모른다고 한다. 김련희 씨의 남편이 의대 교수라서 정성껏 치료를 뒷받침하고 있지만 그리 낙관적이지 않은 느낌이다.

핸드폰을 꺼내 페이스북 메신저를 열고 김련희 씨를 부른다. 화면에 김련희 씨가 나타났다. 핸드폰을 가족들에게 돌린다. 울음바다를 이루며 서로를 불러 본다. 김련희 씨가 남으로 간 후 6년여 만에 처음으로 하는 통화다.

2015년 10월에는 딸 김련금 양과 김련희 씨를 문자로 연결해 주었다. 그러나 이번에는 화상통화로 서로의 모습을 보고 목소리를 듣는다.

화상의 연결상태가 좋지 않다. 문자전송으로 전환해 계속 대화를

김련희 씨와 딸 김련금 양의 페이스북 메신저 대화.

주고받는다. 차마 옆에서 볼 수가 없다.

메신저를 끄고도 한참 동안 말을 이어가지 못한다. 침묵 속에 흐느낌만 메아리 친다.

응접실 벽에는 행복했던 순간이 박제된 채 가족사진 액자가 덩그러니 걸려 있다. 허탈한 마음만이 허공을 맴돈다. 아무도 말이 없다. 김련희 씨가 남으로 간 지 6년이 지났다. 그까짓 6년 아무것도 아니다. 10년도, 20년도 기다릴 수 있다. 그러나 이들을 고통스럽게 하고 공포에 떨게

김련희 씨 부모님댁에 걸린 가족사진. '가화만사성'이란 글자가 적혀 있다.

하는 건 김련희 씨가 영원히 돌아올 수 없을지도 모른다는 절망감이다.

천지 식당의 미사일 발사 동영상

천지라는 식당에서 저녁 식사를 한다. 중국의 북경에도 '천지'라는 북한식당이 있는데 평양의 이 식당이 본점이 아닐까 추측해 본다. 식당 안 벽면에선 여러 종류의 미사일 시험 동영상이 음악과 함께 펼쳐진다. 트럭에 달린 둥그런 원통에서 미사일이 툭 튀어나오더니 공중에서 불길을 품고 쏜살같이 솟구친다.

"경미야, 저런 미사일은 처음 보네."

"잠수함에서도 저런 식으로 쏴 올립니다. 물속에서 튕겨 나와 물 밖에서 점화되어 날아갑니다."

온 나라가 '미사일' 잔치라도 하는 듯하지만 실제 사람들의 표정은 비장하다. 올해는 어두운 한 해가 될 것 같다. 앞으로도 계속 '탄도로케트(미사일)'를 시험 발사할 것이라는데 미국이 가만 있을 리 없다.

불안 불안한 마음을 안고 호텔로 돌아온다.

땅 밑에도 삼천리 금수강산

평안북도 구장군 룡문대굴

내 인생을 바꾼 여행

2017년 5월 23일, 북한에서의 마지막 일정이다. 밖에는 비가 내리고 있다. 다행이다. 신의주에서 열차를 타고 평양으로 올 때 보니 모내기가 한창이던데 때마침 하늘에서 비님이 내리신다. 경미가 묻는다.

"왜 이번에는 평양에만 계셨나요. 오마닌 오실 때마다 전국을 려행하시는데 이번은….”

"이번 여행은 쌀 전달하러 온 거지 관광이 목적이 아니잖아. 온 김에 평양의 딸들도 만

비내리는 평양.

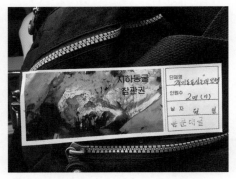

평안북도 구장군에 있는 룡문대굴 입장권.

나고 또 탈북동포 김련희
씨와 가족들 통화도 해드
리고 한 거야."

"기래도 먼 발걸음을 하
셨는데 저희가 마지막 날
하루는 어디 좋은 데라도
모시고 가야겠다고 해서
오늘 일정을 잡았습니다.
기런데 오마니께선 우리 조국 안 가보신 데가 없단 말입니다. 오데로
갈지 정하는 데도 좀 힘들었습니다."

"평안북도로 간다며?"

"네."

경미가 핸드백에서 뭔가를 건네준다. '지하동굴 참관권'이란 입장권
이다.

"입장권을 거기서 사지 않고 평양에서 사?"

"평양에서도 구입할 수 있습니다. 전국 각지의 명소 참관권을 평양에
서 다 구입할 수 있습니다."

"그러고 보니 평의(평양-신의주) 고속도로로 그렇게 많이 다녔는데 평
북 구장군의 이 동굴은 가 본 적이 없구나."

"기래서 이곳으로 정했습니다."

2011년 10월 첫 북한여행을 한 후 지금까지 아홉 차례에 걸쳐 북한의
전국 방방곡곡을 여행했다. 중국과 러시아가 훤히 보이는, 두만강이

빗속의 평의(평양–신의주) 고속도로.

동해로 흘러 들어가는 함경북도 끝머리에서부터 남녘의 연평도가 손에 잡힐 듯한 황해도 해안가까지. 내가 태어나서 자란 남녘보다 북녘을 더 많이 방랑했다.

결국은 이로 인해 남녘의 조국에서 강제출국을 당하고 입국금지 처분을 받았지만, '민족과 사랑'이라는 새로운 세계에 눈을 뜨게 하고 내 삶을 송두리째 뒤집어 새 인생을 살게 해준 북한여행을 나는 내 생애 최고의 선물로 여기며 살아가고 있다.

비야 비야 내려라

주룩주룩 내리는 빗속을 헤치고 차는 북쪽을 향해 달린다. '룡문대굴 73km'라고 쓰여 있는 교통 표지판을 지난다. 도로면이 평탄치 못해 군데군데 물이 고여 있다. 이를 피해 자동차는 이리저리 유람하듯, 때로

평안남도의 농가. 서양의 타운하우스 모습이다.

는 곡예하듯 달린다.

요즘 새로 짓는 농촌의 주택들이 눈에 들어온다. 통상 북한의 농촌 주택인 기와집이 아니라 서양의 타운하우스 모습이다. 여기도 한정된 토지를 이용하려다 보니 면적을 많이 차지하는 단독주택은 피하는 듯하다. 주택 바로 앞에 문전옥답이 펼쳐져 있다.

차창 밖으로 모내기가 한 창이다. 우비를 입고 작업을 하지만 구부린 허리 밑은 빗물로 흠뻑 젖었음이 분명하다. 그래도 논 위에 떨어지는 빗방울 소리에 흥을 맞춰 모를 심고 있겠지. 올 한 해 북녘동포들의 식량이 자리를 튼다.

모내기를 하는 평안남도 안주의 동포들(왼쪽)과 빗속의 청천강.

"깨끗한 강물을 어찌 더럽다고…"

비가 오니 푸르디푸른 청천강이 오늘은 하얗게 그 모습을 드러낸다. 강으로 흘러 들어가는 냇가에서 물고기가 튀어 오르는지 수면 위에 작은 물보라를 일으킨다. 수위가 높아져 생겼을까…, 나무가 우거진 작은 들판이 섬을 이룬다. 자연 그대로의 강은 이토록 아름답다. 우리들 생명의 근원이다.

2014년 겨울, 내가 서울에서 종북몰이를 당할 때다. 북한에 대한 '고무 찬양' 혐의를 찾으려는 검사의 질문이 떠오른다.

"북한의 강물이 깨끗하다고 강연에서 말했는데 북한의 강물이 어떻게 깨끗할 수가 있습니까?"

"깨끗한 걸 어떻게 해요. 아마 산업화가 안 돼서 그런가 봅니다."

당시 나는 이 어처구니없는 눈먼 질문을 받으며 '북한은 아직 4대강 사업을 안 해서 그런 것 같다'고 대답하려다 말았던 기억이 있다.

"당신이 맛있다고 말한 대동강맥주를 북한의 전 주민이 마실 수 있습

평안북도 구장군. 비오는 날 작은 논에 모를 심는 평안북도 구장군의 동포들.

니까?"라고 물은 경찰의 질문이 그래도 검찰의 강물 질문보다는 좀 더 합리적이었다.

차는 청천강을 오른쪽으로 끼고 빗속을 헤집는다. 북녘의 동포들은 마을에 흐르는 냇물에 빨래도 하고, 미역도 감는다. 마시기도 한다. 자연이 내려주는 북녘의 맑은 물을 어찌 '더럽다' 말해야 하오리까.

길이 6km의 룡문대굴

차는 고속도로를 빠져나와 평안북도 구장군으로 들어선다. 우비를 뒤집어쓴 북녘의 동포들이 자전거를 타고 간다. 먼발치에선 한 여인이 우산을 들고 갈 길을 재촉한다.

언덕 아래 붙어 있는, 척박하게 메마른 작은 땅에도 모를 심는다. 비가 내리니 서둘러 나왔을까. 허리를 펴는 사람 없이 모두가 드문드문

평안북도 구장군 룡문대굴.

물이 고인 작은 논에 모를 찔러 넣는다.

1958년 석탄을 캐던 광부들이 발견했다는 룡문대굴은 북한에서 가장
긴 동굴이란다. 그 길이가 무려 6km를 넘는다. 왕복 12~13km를 걸어야
할 텐데 걱정이 미리 앞선다고 말하니 현지 해설원은 '동굴 끝까지
가지 않는다'며 나를 안심시킨다.

세상의 만물이 모두 모여 있는 지하의 우주다. 더 이상의 첨언이나
군말이 자칫 이 동굴의 아름다움을 해칠까 두려워진다. 한마디로 땅
위에도, 땅속에도 '삼천리 화려강산'.

평양으로 돌아간다. 우리에게 북한의 핵시설로 잘 알려진 '녕변(영변)'
을 가리키는 교통표지판이 나온다. 주변이 너무 아름다워 차를 세운다.
도로 옆에 강물이 흐르고 저만치 산이 보인다. 저 산이 소월이 노래한

평안북도 넝변(영변).

'영변의 약산'일까.

　아, 평화롭다!

　"나의 살던 고향은 꽃 피는 산골

　복숭아 꽃 살구 꽃 아기 진달래

　울긋불긋 꽃 대궐 차린 동네

　그 속에서 놀던 때가 그립습니다"

　노래 속, 상상 속 우리들의 고향, 바로 이 모습이리라. 평양으로 돌아가려면 서둘러야 한다는 경미의 말에 아랑곳하지 않고 주변을 거닐며 '고향의 봄'을 흥얼거린다. 옆에서 거닐던 경미가 따라 부른다. 은은한 노랫소리 영변에 울려 퍼진다.

동포들, 안녕!

2017년 5월 24일, 일찍 일어나 가방을 챙긴다. '조선적십자회'가 보내 온 쌀 '기증증서'가 꾸겨지지 않도록 조심스레 챙긴다. 성금을 보내주신 여러분께 그리고 북한에 쌀을 보낼 수 있도록 라이센스를 발급해 준 미 재무부에 보고를 해야 한다. 언젠가는 내가 중국에서 구매한 쌀이 아닌 남녘의 '사랑의 쌀'이 북녘동포들의 밥상에 오르기를 기원하며 눈시울을 적신다. 호텔 방을 떠나며 드리는, 북한에서의 마지막 기도다.

택시를 타고 공항으로 향한다. 길거리에 붙어 있는 정치 선전구호도, 벽화도 아무렇지 않게 눈길을 스친다. 아직 5월인데 여인들은 양산으로 평양의 따가운 햇볕을 가리고 어디론가 부지런한 발걸음을 한다. 차 창밖으로 스치는 이들의 안녕

북한적십자사가 보내 온 쌀 기증 증서.

공항가는 택시 안에서 바라 본 북한동포들(왼쪽). 경미와의 작별.

을 기원하며 작별의 인사를 한다.

체크인을 마치고 마지막 인사를 나눈다.

"경미야, 잘 있어. 이번 겨울에 꼭 올게. 반년 식량 김장도 함께 톤으로 담그고. 그리고 원산에 첫눈이 내리면 마식령으로 스키 타러 가자. 설경이, 설향이한테 이 오마니 잘 갔다고 전해 줘."

"기다리고 있겠다"는 경미를 뒤로하고 출국장으로 향한다.

사랑하는 동포들이여, 안녕!

(첫눈이 오면 마식령스키장 방문하겠다는 약속은 2017년 9월 1일부터 시행된 미 국무부의 '미국인 북한 여행금지 조치'로 인해 지금까지 지켜지지 않고 있다.)

고난을 견뎌낸 북녘동포를 위하여

북한을 아홉 차례 여행하며 민족의 화합과 조국의 평화를 염원하게 된 나에게 남북정상회담이 세 차례에 걸쳐 만나고 세계사적인 북미정상회담이 열린 2018년은 아름답고, 행복한 한 해였다. 매 순간이 흥분과 감동의 연속이었다.

나는 김정은 위원장이 걸어 나온 판문각 건물을 두 차례 들어가 본 적이 있다. 그곳에서 남쪽의 '자유의 집'을 바라보고 있노라면 저절로 눈물을 떨구게 된다. "이 판문점이 열려야 한다. 그렇지 않으면 우리에게 미래는 없다"는 생각, 그리고 "아마도 그런 일은 일어나지 않을지도 모른다"는 절망감과 함께.

그러나 두 정상이 콘크리트 군사분계선을 사이에 두고 마주 바라보며 서로의 손을 잡았을 때, 나는 '마침내 판문점의 빗장이 열리고 있다'는 느낌을 받았다.

두 정상이 서로를 향해 뜨거운 인사를 나눈 후, 문재인 대통령이 김정은 위원장의 손을 잡고서 예정에 없이 군사분계선 북측으로 넘어가는 걸 보곤 깜짝 놀라기도 했다. 왜냐하면, 유엔군 사령부(미군)의 허락 없이 판문점의 군사분계선을 그 누구도 넘어갈 수 없기 때문이다. 심지어는 남한의 특사가 판문점을 통과해 방북할 때도 미군의 허락을 받아야만 했다니 말이다.

문재인 대통령이 이를 무시하고 그 선을 넘어설 때 나는 문득, '문재인 대통령은 판문점에서 조국의 주권을 행사한 최초의 우리 대통령'이라는 생각을 했다. 그의 '무단 방북'이 통일로 향하는 첫 발걸음을 상징한다고 느껴졌다.

의장대 사열을 마치고 양측의 참석 인원들과 인사를 나눌 때였다. 남측의 국방부 장관과 군참모총장은 김정은 위원장에게 거수경례는커녕 꼿꼿한 자세로 서서 손만 내밀었지만 북측의 군 장성들은 거수경례로 문재인 대통령에게 예를 다하였다.

이 또한 나를 놀라게 했다. 내가 북한에서 만난 대부분의 북한동포들은 남한의 군대를 '남조선 괴뢰군'이라고 부른다. 즉 남한의 군대는 미제의 꼭두각시라는 말이다. 따라서 그들에게 남한 군대에 대한 존경은 없다. 오히려 어떤 이들은 남한군에게 동정심마저 품고 있다. 이런 '괴뢰군'의 수장인 문재인 대통령에게 소위 '주체의 나라 인민군' 장성들이 부동의 자세로 거수경례를 하며 존경을 표한 것이다.

순간 나는 이 회담에 임하는 김정은 위원장의 진지한 마음가짐을 읽을 수 있었다. 문재인 대통령에 대한 인민군 장성들의 거수경례는 화합을 위한 민족의 도덕과 예의범절이었다. 이 회담은 대성공을 이룰 것이 분명했다.

김정은 위원장은 스위스에서 학교에 다녔다. 풍요롭고 아름다운 스위스에서 귀국한 김정은 위원장은 북한이 가난한 나라라는 걸 잘 알고 있었다. 그리고 현지 지도를 다니며 북한의 현실을 피부로 느꼈을 것이다.

문 대통령이 "나는 백두산을 가본 적이 없는데 보통 중국 쪽으로 백두산을 가는 분들이 많더라. 나는 북측을 통해서 꼭 백두산에 가보고 싶다"고 하자, 김 위원장은 "문 대통령이 오시면 솔직히 걱정스러운 것이 우리 교통이 불비해서 불편을 드릴 것 같다. 평창올림픽에 갔다 온 분들이 말하는데 평창 고속열차가 다 좋다고 하더라. 남측의 이런 환경에 있다가 북에 오면 참으로 민망스러울 수 있겠다. 우리도 준비해서 대통령이 오시면 편히 모실 수 있게 하겠다"고 말했다고 한다.

"교통이 불비해서", "평창의 고속열차가 다 좋다고 하더라", "민망스러울 수 있겠다", "우리도 준비해서 편히 모실 수 있게 하겠다"는 말을 하며 그는 얼마나 가슴이 아팠을까. 그러나 김 위원장은 북한의 가난을 숨기지 않았다. 그는 솔직했다. 어쩌면 우리가 알지 못하는 어떤 자신감에서 우러나오는 당당함이 그를 진솔하게 만들었을지도 모른다. 김 위원장은 남녘의 지도자와 함께 민족의 운명을 개척해 나갈 수 있는, 신뢰할 수 있는 지도자라는 확신이 드는 순간이었다.

성공적인 남북정상회담에 이어 곧 북미정상회담이 열렸다. 회담 전 미 트럼프 대통령은 "김정은 위원장은 정말로 매우 트인(open) 사람이고 우리가 보는 모든 점에서 아주 고결한(honorable) 사람이다"라고 말했다. 이는 단순히 김정은 위원장을 칭찬하는 말이 아니었다.

"open"이란 '김정은 위원장은 모든 현안에 대해 논의하는 것을 주저하지 않았다'는 뜻이며 "honorable person"이란 'the person who honors what he says, promises, or agrees'라는 말로 "김정은 위원장은 약속과 합의를 지키는 사람"이라는 뜻이다. 이는 곧 '북한과 미국 사이에 이미 모종의 합의가 이루어졌으며 김정은 위원장은 그 합의를 잘 이행하고 있다'는 것을 의미했다. 싱가포르에서 열린 제1차 북미정상회담이 성공적으로 마무리 될 것은 두말할 나위도 없었다.

이렇듯 남북의 평화 분위기는 미국이 북미정상회담에 적극적으로 응하면서 가속화됐다. 미국의 이런 자세 변화를 가능케 한 것은 다름아닌 북한의 핵무력이었다. 2017년 11월 북한이 미국 전역에 도달할 수 있는 ICBM(대륙간탄도미사일) 발사에 성공했을 때 미국의 '솔직한' 전문가들은 이를 '게임 체인저(game changer)'라고 부르며 "게임은 끝났다(The game is over)"라고 말했다. 즉 협상만이 답이라는 것이었다. 역설적으로 북한의 핵이 한반도의 평화를 가져오게 됐다는 말이었다.

북한이 핵무장을 하는 사이 과도한 군비로 인한 자원의 왜곡된 분배와 수십 년에 걸친 국제사회의 경제제재는 북한동포들을 몹시 궁핍하게 만들었다. 김정은 위원장은 문재인 대통령의 방북에 대해 "도로가 좋지 않으니 비행기를 타고 오시라"고 했지만 낙후된 게 어찌 도로뿐이랴. 상수도, 하수도, 통신, 전기, 주택 등등 개선해야 할 게 많다. 게다가 제일 중요한 식량마저 모자라 사람들은 먹을 것을 찾아 탈북을 할 정도였다. 북한의 동포들은 혹독한 시련을 견뎌내야 했다.

아쉽게도 온 국민의 기대와 소망을 안고 하노이에서 열린 제2차 북미 정상회담은 합의문을 도출하지 못 했다. 그러나 70년에 걸친 북미 적대 관계가 한두 번의 만남으로 해소될 수는 없다. 더욱이 북한은 자신들을 핵무장을 완성한 '핵 전략국가'라고 부른다. '핵 전략국가'들 사이의 협상은 쉽사리 어느 한쪽이 양보하거나 굴복해서 해결되지는 않을 것이다. 우여곡절을 겪겠지만 머지않아 한반도에서 평화가 정착하리라 나는 확신한다.

한반도에 본격적인 평화체제가 들어서면 우리에게는 상상도 할 수 없었던 일이 벌어질지 모른다. 많은 사람이 기대하듯 부산을 떠난 열차가 동해안을 따라 시베리아로, 유럽으로 달리고, 목포를 출발한 기차가 평양과 신의주를 거쳐 중국을 횡단한다. 사람들은 아침에 서울에서 출발해 평양에서 냉면을 먹고 대동강 변에서 물놀이를 즐기다 돌아오는 길에 개성에서 저녁을 먹는다. 북방 특수 경기 덕분에 명퇴, 조퇴한 사람들마저 직장에 복귀한다. 청년들을 향한 3포세대니, 5포세대니, 비정규직이니, 이런 말도 사라진다. 그 혜택은 한도 끝도 없다.

따지고 보면 우리가 수확할 평화의 열매는 북녘동포들의 시련과 희생 속에 맺어졌다고 생각한다. 다가오는 평화를 만끽하는 것도 좋지만, 북녘동포들의 고난을 꼭 기억하면 좋겠다. 고난을 견뎌낸 북녘동포들을 위해 뭘 해야 하는가, 무엇을 할 수 있는가를 진지하게 고민해봐야 할 것이다.